Winfried Anslinger

Lutherturm

Erzählungen

JAHRESGABE 2018
Literarischer Verein der Pfalz e.V.

© **Design Pavoni ® Verlag**

1

Lutherturm

Text: Winfried Anslinger

Cover: Design Pavoni® Verlag

2. Auflage – 2018

ISBN 978-3-942199-17-9

Wie fühlt es sich an, wenn jemand plötzlich merkt, er ist seit einem Jahr schon tot und hat noch gar nichts davon mitbekommen? Was wird er tun?

Was geschieht, wenn die Zeit plötzlich rückwärts läuft? Sieht das Leben – rückwärts betrachtet – vielleicht ganz anders aus?

Eine fremde Frau, alt, dement, drängt sich in einen Familienurlaub. Kann so etwas gut gehen?

Am Vatertag fragt ein Junge nach seinem Vater und erhält erstaunliche Antworten.

Ein Guru ist gestorben und seine Anhänger fragen sich, wie das passieren konnte. Mord, ein Übermaß an Qi, oder ist alles nur Täuschung, wie vielleicht unsere gesamte Existenz?

Solche Fragen und noch viel mehr behandeln die fünf Erzählungen von Winfried Anslinger, facettenreich und mit philosophischem Tiefgang. Es macht Mut, die Welt mit anderen Augen zu betrachten, fordert auf, aus lähmenden Denkgeboten auszubrechen – wie „der Fremde" im „Lutherturm", als er zum wankelmütigen Andreas sagt: „Wenn sich nie etwas verändern würde, wär´ das ganze Leben nicht sinnlos?"

Barbara Franke

3

Inhaltsverzeichnis

Aus der Zeit

Für die Osterfeiertage herrscht reger Schiffsverkehr. Ausflugsdampfer, Frachtschiffe, sogar ein Öltanker. Tim steht schon eine ganze Weile am Fenster und beobachtet das Treiben auf dem Fluss. Ein Dunstschleier bedeckt das Wasser, ein kaltes Sieden, das weiße Rauchfahnen aufsteigen lässt und die Schiffsrümpfe einhüllt, dass sie durch Watte gleiten. Hier ist mehr los als auf der Autobahn. Vor einer halben Stunde noch, auf seiner Fahrt über Kaiserslautern, Alzey, Mainz, hat er die Sonne über der grünen Dünung des Pfälzerwaldes aufgehen sehen, ohne dass er auf Verkehr achten musste. In Höhe der rheinhessischen Weinberge hatte die Domhalle eines strahlenden Osterhimmels einen warmen Frühlingstag versprochen.

Als ihm auf der Schiersteiner Brücke plötzlich ein blitzender Goldregen auf die Windschutzscheibe fuhr, erschrak er nicht. Solche erfrischenden Frühjahrsschauer verhinderten, dass es zu heiß wurde. Er hat sich durch die Sonntagmorgenfreiheit nicht zum Schnellfahren verführen lassen, trotzdem kam er eine halbe Stunde zu früh an. Nur der Kleinbus des Reisebüros war vor ihm da. Der Fahrer hatte ihn mit einem kraftvollen Handschlag begrüßt, da hat er noch keinen Verdacht geschöpft und alles erschien ihm völlig normal.

Jetzt fährt unten eine „Loreley" vorbei. Durch das Motor brummen kann er die Jazz tröten der Shuffle - Band an Bord hören. Während einige im Fahrgastraum tanzen, stehen andere auf dem Vordeck und lassen den Wind mit ihren Haaren spielen; er meint sogar Stimmen zu hören; die einfach verglasten Scheiben lassen alles herein. Der wilde Wein wird bald das ganze Fenster zugewuchert haben. Nächstes Jahr soll das Hotel abgerissen werden, hat er gerade gehört, eine Renovierung lohne sich nicht mehr. Schade! mit seinen Erkern, Türmchen und dem kleinen Park gibt das „Vater Rhein" ein schönes Bild ab. Wenn es nur nicht direkt an der Bundesstraße läge und der Putz überall abfiele. Im Foyer hinter ihm schwelt das Gemurmel der Reisegesellschaft, die inzwischen beim Sektempfang steht. Fast alle sind pünktlich eingetroffen, nur die Steiners fehlen noch. Schon letztes Jahr waren sie verspätet. Beide wirkten ein wenig gebrechlich; das wird zwischenzeitlich nicht besser geworden sein.

Tim hat sich vorhin von der Gruppe abgesetzt und ist durchs Restaurant nach vorne gegangen, weil er hier am Fenster seine Unruhe besser im Griff hat. Als vorläufig letzte ist Daniela zur Tür herein gekommen. Im sportlichen Dress, mit federndem Gang, buntem Stirnband, Outdoor - Rucksack. Es war damit zu rechnen, denn alle vom letzten Jahr sind wieder dabei, es war so ausgemacht. Wer alle drei Rheinreisen mitnahm, bekam vom Reiseveranstalter eine Holland - fahrt geschenkt. Sogar der Fahrer ihres Vierzehnsitzers ist derselbe. Daniela bringt ihn trotzdem aus dem Gleichgewicht. Fast zehn Jahre hatten sie zusammen gelebt, dann zog sie Hals über Kopf aus, um diesen Informatiker zu heiraten. Schon länger hatte sie heimlich mit ihm rumgemacht. Schmerzhafter als diese Heimlichkeit empfand er, dass ihre Kündigung auf einer ausgerissenen Seite ihres Terminkalenders erfolgte. Das schief abgerissene Stück Papier lag auf dem Esstisch und sah einem Einkaufszettel zum Verwechseln ähnlich. Sie hatte es ihm nicht sagen können. Obwohl beide wussten, dass es nicht mehr weiter ging. Doch dieser Fetzen Papier? Sie hat drei Tage später ihre Sachen von Bekannten holen lassen. Kein Wort ist dabei gefallen.

Später, als wieder ein zögerlicher Kontakt zustande kam, vermittelt durch eigenartige Zufälle, hat er begriffen, dass ihre Zettelkündigung ein Befreiungsschlag war. Ob er an ihrer Stelle anders gehandelt hätte? Wenigstens sein Groll ist inzwischen verraucht. Manchmal wünscht er sich, man könne ab und zu den Kalender um ein, zwei Jahre zurück drehen.

Sie treffen sich jetzt zum zweiten Mal. Eine Tagesfahrt ohne Übernachtung, ohne bestimmte Absicht. Zwar entsprach das nicht ganz den Reisegewohnheiten in ihren Kreisen, wirkte aber unverdächtig gegenüber dem Ehemann, dessen Karriere viele

Auslandstermine erforderte. Und Tim genoss ein wenig die Revanche. Inzwischen hat sie ihn vielleicht rausgeschmissen oder umgekehrt, jedenfalls stellt er sich das vor. Wo wird sie jetzt leben?

Draußen pflügt eine „Ehrenfels" durch die Strömung, in luftigen Gewändern erheben sich Gestalten wie von Rheintöchtern aus dem Feenschaum, um im Licht der Morgensonne gleich zu vergehen. Der dicke Ausflugsdampfer, der dicke Rußwolken aus dem Schornstein bläst, ist noch ohne Fahrgäste unterwegs. Nachher werden sie so ein Schiff besteigen und damit von Lorch aus an der Loreley vorbei bis nach Boppard fahren. Diese Aussicht schnürt ihm die Kehle zu, er weiß nicht warum.

Aus dem Foyer platzt ein Lachen in seine Betrachtungen, dann ein Quengeln. Andi macht auf sich aufmerksam. Seine Mutter hat ihn immer noch nicht im Griff. Er wird wieder den ganzen Tag an ihren Nerven sägen. Tim blickt auf seine Uhr. Zeit zum Aufbruch, acht Uhr dreißig, laut Programm sind sie schon im Verzug.

Im Foyer müssen die verstaubten Lüster auch tagsüber brennen, um das grelle Gegenlicht zu dämpfen, das vom Rheintal hereindringt. Die anderen stehen schwatzend vor der Hausbar. Rosi Grossmann hat ihre blonden Dauerwellen frisch legen lassen und trägt eine Bernsteinkette auf der roten Strickjacke. Sie führt das Wort. Ihr Mann, breitschultrig und mallorcabraun, nippt an seinem Sektglas und lässt seinen Blick über Seidentapeten und Vitrinen schweifen. Ein Glas fällt zu Boden, die erschrockene Stimme von Andis Mutter.

„Dös Kind ist a bisserl überfordert", stellt Rosi Grossmann fest, „die vielen Leute auf einmal."

„Ich mach das nur für ihn, damit er mal rauskommt", seufzt die Mutter, eine verhuschte Endzwanzigerin mit leicht verwischtem Makeup.

„Soll ich den Andi mal nehmen?" fragt Rosi und streckt die Hände aus, aber die Mutter winkt ab.

„Das gibt sich mit der Zeit", Rosi zieht ihrer Tochter Sarah den Anorak zurecht. Wenn sie mit ihrem eigenen Kind spricht, hört man die Routine der Grundschullehrerin heraus.

Eben sind die Steiners eingetroffen. Sie wirken erschöpft, aber lächeln freundlich in die Runde, als wollten sie sich damit entschuldigen. Für sie gibt es keinen Sekt mehr. Der Fahrer zählt noch einmal durch und gibt Signal zum Aufbruch.

Zwei und zwei geht es hinter dem Hotel die steile Gasse hinauf, über ausgetretene Treppenstufen und Kopfsteinpflaster an einer Bruchsteinmauer entlang. Die Grossmanns haben Sarah in die Mitte genommen. Sie dürfte zehn Jahre alt sein, abwechselnd schaut sie rechts und links an ihren Eltern hoch.

„Der Teppichboden ist seit Wochen nicht mehr gesaugt worden", bemerkt Herr Grossmann. „Sie haben den miesesten Schuppen in ganz Rüdesheim ausgesucht. Wenn das so weiter geht heut´ mittag..."

„Nächstes Mal sind wir sowieso ganz anderswo", fällt Rosi Grossmann ein.

„Hoffentlich nicht in so ´ner Absteige, wo die Spinnweben von der Decke runter kommen", entgegnet ihr Mann.

„Musst nit immer gleich alles mies machen, Heinz", weist Rosi ihn zurecht. „die müssen genauso aufs Göld schaun wie du und gegen den Piccolo kannst nix sagen."

„Und außerdem", mischt sich Herr Steiner verschmitzt ein, „müssen sie ansparen für die Hollandreise."

Tim hat noch kein Wort mit Daniela geredet, obwohl sie neben einander gehen. Er findet einfach keinen Anfang, will nicht holprig wirken, sich von seiner besten Seite zeigen. Ihr Gang ist geschmeidig, er kann von Zeit zu Zeit ihren vertrauten Veilchenduft wahrnehmen. Im Durchgang überfällt sie ein kalter Windstoß, dass er die Augen schließen muss und mit ihr zusammen stößt. Sie müssen beide lachen.

Vor ihnen hat Thomas die Straße erreicht. Er dreht sich lässig um: Trekking - Anorak, Stiefel, Bürstenhaarschnitt, ein dunkler Bart, der gerade auswildert.

„Warst schon in Afghanistan?" fragt Tim.

„Nö, wir kommen nach Afrika."

„Erleichtert?"

„Nö, inzwischen kannste hingehn wo du willst, sone Idioten lauern hinter jeder Ecke."

„Du hast recht. Heut´ kann dir überall der Arsch wegfliegen. Sogar als harmloser Touri, ach, was sag ich, mitten In Dortmund vorm Hotel..."

Thomas merkt man nicht an, dass er zwei Auslandseinsätze hinter sich hat. In Somalia saß er im hinteren Wagen, als der Konvoi in eine Sprengfalle fuhr. Während seiner Zeit im Kosovo hat sich die Freundin von ihm getrennt: „Dat Tusse, hat mir unterstellt, ich würd drunten mit die Weiber rummachen, klar, die Nutten sind billig, aber da hast du doch gar keine Zeit für."

Gern hätte sich Tim jetzt an Thomas Stelle gesehen, der jederzeit Zuhörer fand, wenn er über Hinrichtungen im Hinterhof erzählte und von zerstückelten Bombenopfern — ohne die geringste Regung im Gesicht. Was kann er dagegen bieten? mit seinen acht Semestern Jura, Referendariat und dann Sachbearbeiter bei der Lebensversicherung? Während sie die Straße entlang gehen, stellt Daniela Thomas eine Frage nach der anderen und er liefert ohne Punkt und Komma.

An der Seilbahn brauchen sie nicht anstehen. Der Fahrer kennt den Kartenverkäufer am Schalter, und der winkt sie durch.

Daniela ist mit Thomas und den Grossmanns in die erste Gondel eingestiegen, Tim muss mit dem Ehepaar Steiner vorlieb nehmen und besteigt das folgende Gefährt. Es gibt einen Ruck und sie schweben über den Weinbergen. Herr Steiner hilft seiner Frau, den hellblauen Mantel zu schließen und knotet den Seidenschal neu, damit der frische Luftzug ihr nicht schadet.

„Meine Frau hat eine Chemotherapie hinter sich, da muss ich gut auf sie aufpassen", erklärt er. Sie nickt und lächelt wie eine kleine Prinzessin, die ein wenig in die Jahre gekommen ist. Er streichelt ihre Hand, die zerbrechlich wirkt und durchscheinend, die Haut wie aus Pergament. Sie neigt den Kopf an seine Schulter. Beide zusammen dürften weniger auf die Waage bringen als Rosi oder ihre Freundin Angela, denkt Tim, während sein Blick auf Herrn Steiners Spazierstock fällt, der übersät ist mit Wappen.

„Waren Sie da überall?"

Der alte Mann nickt und zeigt Tim die Seite mit den Stocknägeln: Badenweiler, Bad Füssing, Hohenschwangau...

„Wir waren gern unterwegs, jetzt sind wir froh über jede Tagestour", sagt er mit brüchiger Stimme, „Sie sind so alt wir unsere Tochter, nehm´ ich an."

„Achtunddreißig?"

„Dann ist sie zwei Jahre älter als Sie."

„Was macht sie?"

„Sie wohnt in Frankfurt und arbeitet bei der Deutschen Bank. Im Wertpapierbereich."

„Und Sie wohnen noch in Aachen?"

„Ja, wir sehen die Tochter selten, sie ist ja mit ihrem Beruf verheiratet. Das ist heutzutage so, wenn man es zu was bringen will. Sie sitzt in einem Großraumbüro mit hundert Bildschirmen, ist Leiterin eines großen Fachbereichs, wo Rohstoffmärkte untersucht werden, da fallen manchmal Entscheidungen von einer Sekunde auf die nächste und es geht um Millionen. Jetzt mit dem neuen Vorstand wird alles viel schwieriger."

„Ist der nicht schon seit mehr als einem Jahr im Amt?" entfährt es Tim.

Er übersieht Herrn Steiners irritierten Blick.

„Hat sie Familie?"

„Ihr Mann arbeitet in Stuttgart bei der Commerzbank. Sie treffen sich nur am Wochenende."

Das Rheintal öffnet sich zu einem Blick auf Weinberge und Waldhänge, darüber liegt ein Patchwork bewirtschafteter Felder mit den eingestreuten Dörfern des Hunsrück. Im Vordergrund zeigt Rüdesheim seine Dachlandschaft mit schiefergedeckten Giebeln, Gauben, Zinnen. Das silbrig schimmernde Band des Rheins wird von Nebelbänken unterbrochen. Langgestreckte Inseln schneiden es der Länge nach auf mit der krausen Unordnung ihrer Gehölze.

Die beiden Alten sitzen schweigend da, Hände und Arme verschlungen wie die Stämme einer Zwillingsbuche, Tim ist ein wenig neidisch, auch wenn er ahnt, dass dies ihre letzte Reise sein könnte. Die Gondel schwankt, als es über die Laufwerkrollen der ersten großen Seilbahnstütze geht. Er stellt sich vor, dass die beiden eines Nachts gleichzeitig aufhören zu atmen. Die Tochter wird einen Container bestellen für ihre Möbel und ein Paar Erinnerungsstücke behalten. An Daniela und ihn wird nicht Mal ein Möbelstück erinnern. Von Beginn an passten sie schlecht zusammen: Sie immer in Turnschuhen, er mit Buch auf dem Sofa. Sie unterwegs oder zuhause beim Kuchenbacken, Kochen, Aufräumen, Werkeln. Er am Telefon, in Diskussionen mit seinen Kumpels, Verabredungen im Löwenkeller, sein Rauchen, ihre Unordnung. Ähnlich waren sie sich hauptsächlich im Aufbrausen, im Nachtragen, in ihrer Mutlosigkeit, wenn es galt, Niederlagen im Studium und beim Berufseinstieg zu verkraften.

Oben das Niederwald-Denkmal: Fast erschrickt er vor der grimmig blickenden Bronze-Germania, die plötzlich aus dem Wald ragt, um einen Sieg über die Franzosen zu feiern. Als ob sie ahnte, dass mit dem Siegen kein Ende abzusehen ist, hält sie weiterhin die Wacht am Rhein, Mutter und Amazone, eifersüchtige Liebhaberin ihrer Gaue, hält sie in der Linken ein Schwert, mit rechts eine Kaiserkrone. Wenigstens reicht ihr besorgter Blick noch nicht bis nach Afghanistan. Tims Augen folgen Daniela, als sie sich mit wehendem Haar von Thomas löst und zur Rotunde strebt, wo sich noch einmal ein Blick auf Rüdesheim und das Rheintal bietet.

„Der ist vielleicht ein Angeber", platzt es aus ihr heraus.

Da kann Tim nicht anders als seinen Arm um ihre Schultern legen. Still stehen sie an der Brüstung, die wie ein Schwalbennest über den Weinberghang ragt, als gebe es keine andere Aussicht auf die Welt, und es fühlt sich an wie im Auge eines Orkans.

„Kannst endlich mal dein Smartphone ausmachen?" blafft Rosi Grossmann. „Nit ma im Urlaub hat man a Ruh."

Heinz Grossmann führt sein Mobilteil seelenruhig zum Ohr und fängt an zu sprechen. Sie gehen durch einen Waldtunnel, der leicht abschüssig Richtung Assmannshausen führt.

„Die Saudinger, mochen di abhengig, den ganzen Tag hängst da dran und bist für nix zu gebrauchen."

Sie spricht zu Sarah gewandt, als wolle sie ihr eine Gewohnheit ausreden, die eine Neunjährige vielleicht noch gar nicht hat. Inzwischen hat sich Angela zu den beiden vorgearbeitet. Angela, die frühpensionierte Schreibkraft aus dem christlichen Jugenddorf mit dem vorwurfsvollen Blick.

„Die Begrüßungsrunde ham se schon mal gleich verpfuscht!", trötet Herr Grossmann in sein Smartphone. „Das speckigste Hotel von ganz Rüdesheim, der Sekt warm wie abgestandener Kamillentee und dann kommen wir 'ne halbe Stunde zu spät weg, weil die zwei Alten nicht in die Puschen kommen."

Rosi, Angela und Tim beschleunigen ihre Schritte auf dem federnden Waldboden.

„Dabei hab ich dem Arzt extra noch gesagt", klagt Angela, „er soll mir sämtliche Blutwerte machen, weil ich hab schon länger so'n Gefühl gehabt, als würd' bei mir was nicht stimmen. Ja, ja, Frau Memling hat er gemeint, ich kümmere mich drum. Und was

12

war? Garnix hat er gemacht. Belügt mich ins Gesicht rein. Und immer dieses Ja, Ja, Frau Memling, wir haben alles im Griff."

„Du hättst noch ama nachfragn solln", entgegnet Rosi, „Wos für Werte ham sie denn jetzt von mir, und wie schaun die denn aus? Woast, ich hob den Ärztn noch nie übern Weg getraut, Angela. Koanem."

„So was nennt sich Internist, Rosi! Also wenn ich Arzt bin, dann muss ich doch für meinen Patienten da sein, dann darf ich nicht fragen, ob die und die Untersuchung noch in meinem Budget drin ist. Und den Leuten Lügenmärchen erzählen. Ich hab doch Verantwortung. Aber da wird halt ein Unterschied gemacht. Bis du Privatpatient, kriegst 'ne andere Behandlung als unsereiner. Ne Schande ist das."

Tim kennt das alles. Es kommt ihm vor, als habe er dasselbe Gespräch irgendwann schon einmal gehört; er weiß sogar, wie es weiter geht. Angela wird gleich auf ihren Diabetes kommen, viel zu spät erkannt vom Hausarzt. Er sei verantwortlich für ihre Leiden. Dass sie manchmal beim Konditor vor der Auslage stünde und sich nicht ins Geschäft rein traue, aus Angst, ihr Zuckerspiegel könne wieder entgleisen - als ob Kontrollverlust angesichts einer Tortentheke noch nie bei ihr vorgekommen sei.

Ein Ärger steigt ihm hoch, weil er es nicht fertig bringt, an Angelas Lamento vorbei zu hören. In ihrer weit geschnittenen dunklen Trainingshose und dem darüber geworfenen Anorak blockiert sie ihm den Blick nach vorne. Weil er nicht hinsehen mag, schaut er unter sich auf den Filz aus braunen Tannennadeln, wo Wurzeln sich wie Adern über den Weg winden, verzweigen und wieder in der Erde verschwinden. So stellt er sich Angelas Arterien vor, ein bizarres Geschlinge, das ihren fetten Leib durchwuchert und jetzt nach und nach verkalkt, weil sie es nie schafft, von den Auslagen der Konditoreien loszukommen. Bis es eines Tages „pling" macht und sie liegt stöhnend auf dem kleingemusterten Teppich neben den Einbauschränken ihrer Eigentumswohnung im Stadtteil Süd. Besinnungslos kaut sie den

Schaum, der zwischen ihren dicken Lippen hervorquillt, man findet sie erst nach Stunden, wenn alles zu spät ist, und es stellt sich überhaupt kein Mitgefühl bei ihm ein.

Er hat nicht gemerkt, wie Sarah zu ihm aufgeschlossen hat. Ihre rosa Sneakers steigen und hüpfen über die Sandsteine, die bockig ihre Buckel aus dem Untergrund recken. Als er sie nach der Schule fragt — worüber soll man sich sonst unterhalten — ist es, als habe er einen Damm bei ihr durchstochen. Sie freut sich so auf die Sommerferien, danach darf sie aufs Gymnasium. Dann hat sie endlich andere Lehrer, nicht mehr ihre Mama, die auf alles aufpasst und ihre Hausaufgaben schon daheim kontrolliert. Es wäre so komisch, die Mama vor der Klasse stehen zu sehen, sie schämt sich ein wenig vor ihren Freundinnen, die sie manchmal anschauen, als würde sie daheim erzählen, was auf dem Schulhof gesprochen wird.

„Deine Mama ist doch nett."

„Sie streitet so oft mit dem Papa und er geht dann weg."

Tim stellt sich vor, wie es sich anfühlte, wäre Sarah sein Kind. Ein Kind mit Daniela könnte in ihrem Alter sein. Sie wollte damals nicht, kurz nach dem Vordiplom. Wie soll das gehen? Wer nimmt es mir ab, wenn ich zur Uni muss? Du schaffst so was nicht, nicht mal auf meinen Hund kannst du aufpassen. Ihr ginge es jetzt vielleicht wie Andis Mutter. Sie wohnte mit dem Kleinen in einem Dreizimmerküchebad und pendelte missmutig zwischen Schule, Lidl und Wohnung. Wenigstens würden sie sich regelmäßig sehen, wenn er sein Besuchsrecht wahrnähme. Sie würde das Kind streng behandeln, weil sie von der Schule genervt heim kommt und ihre Ruhe braucht. Ihr Nervenkostüm ist fein gewebt, ihr Gewohnheitskorsett bietet wenig Spielraum für Quirliges im Alltag.

Später, als sie auf dem Panoramaweg anhalten und auf die Rheinenge am Binger Loch schauen, sagt Thomas zu Herrn Grossmann:

„Und wie der Özil dann den Elfer auch noch verschießt, da hab ich mir gedacht: So wat wär' dir nich' passiert. Aber so nen Özil biste halt nich'. Bist der Arsch mit Ohren, der beim Bund anjeheuert hat und jetzt musste dir drunten bei den Schwarzen die Birne wegschießen lassen."

Unten keucht ein Schubverband durch die reißende Strömung. Erstaunlich, dass ein so wasserreicher Fluss durch diese Enge passt. „Panta Rhei", alles ist in Bewegung, langsam oder schnell, und immer geht dieselbe Menge Zeit durch die Uhr, denkt er. Wie in einem Fluss reißt der Zeitstrom nie ab, bleibt stehen oder fließt rückwärts. Und weil immer dieselbe Menge durch die Uhr geht, wie bei einem Fluss das Wasser, müssen sämtliche Ereignisse hineinpassen. In Phasen, wo wenig los ist und in Phasen, wo sich alles überstürzt. Wenn einem die Zeit stillzustehen scheint, passiert in Wahrheit anderswo mehr. Man bekommt es nur nicht mit, wie im Tiefschlaf, wo der Kopf unter Wasser ist. Dann kann nebenan das Haus abbrennen oder im Orient ein Krieg ausbrechen. Manchmal wiederholen sich Ereignisse, aber nie wiederholt sich die Zeit. Immer fließt anderes Wasser das Flussbett hinunter und wir werden mitgerissen. Deshalb kann nicht sein, dass er diesen Tag schon einmal erlebt hat: Das Gespräch in der Seilbahn, Angelas Krankheit, die Angeberei von Thomas. Die haben letztes Jahr genau dasselbe erzählt, diese Leute sind in ihrem Leben einfach stehen geblieben, sie sind in ihren Gewohnheiten eingefroren und führen eingefrorene, vorgefertigte Redensarten. Aber seine eigenen Bemerkungen? seine Fragen in der Seilbahn? Hängt er nicht ebenso fest? Wenigstens hat er was gemerkt. Aber es stimmt trotzdem etwas nicht: Sarah passt nicht in seine Erinnerung. Kann sie schon letztes Jahr aus der Grundschule gekommen sein und jetzt erneut? Kann man sich zweimal aufs Gymnasium freuen? Ein solcher Übergang ist doch einmalig. Trotzdem - ihr verhaspeltes Erzählen, er sieht die rosa Turnschuhe ganz genau vor sich, wie sie von Stein zu Stein hüpften. Der Weg folgt dem Rheintal auf gleicher Höhe. Seit sie aus dem Wald heraus sind, spüren sie mehr und mehr die drückende Schwüle, die sich im Flusstal eingenistet hat.

Er blickt Richtung Daniela, die neben dem greisen Ehepaar Steiner geht und gestenreich auf sie einredet. Seit er sich mit dem Mädchen unterhielt, hat sie sich von ihm ferngehalten. Sie sind eine gute dreiviertel Stunde gewandert. Daniela trägt heute ihr Haar offen, anders als früher, wo sie in einen Pferdeschwanz trug oder ihre Pracht irgendwie hochgesteckt zähmte. Dunkelbraun fließt es heute über ihr Regenbogen – Stirnband. Keine einzige graue Strähne darunter, obwohl sie vor Wochen ihren siebenunddreißigsten Geburtstag gefeiert hat. Wieso hat er ihr nicht gratuliert? Es muss ihm entfallen sein. Das ist ihm noch nie passiert, selbst in dem finsteren Jahr nicht, als sie ihn gegen den Informatiker getauscht hatte. Überhaupt kann er sich an das vergangene Jahr nicht erinnern. Es erscheint ihm wie ein Abgrund. Nicht einmal an gestern kann er sich erinnern, nicht einmal an seine Abfahrt heute Morgen. Erst seit ihn der heftiger Kopfschmerz auf der Schiersteiner Brücke überfallen hat, funktioniert sein Gedächtnis. Sich an nichts erinnern zu können, fühlt sich an wie ein Filmriss im Kino. Es gibt einen Blitz auf der Leinwand, alle erschrecken und Sekunden später sitzt man im Finsteren. Im Saal wird's unruhig. Eine Schwerkraft zieht, man landet in einem weltlosen Zustand. So muss es Schlaganfallpatienten gehen, wenn sie wieder zu sich kommen.

Daniela löst sich von den beiden Alten und kommt vorsichtig auf ihn zu. In der Sonne changiert ihre Augenfarbe von braun nach grün, sie lächelt ihre Unsicherheit weg.

Vor ihnen reitet Andi auf den Schultern seiner Mutter, das hat ihn beruhigt. Seine Hände durchwühlen ihre Frisur, zausen, rollen Strähnen auf, sein Mund brabbelt ohne Pause. Sie hat längst kapituliert.

Der Fahrer drängelt: „Wir müssen einen Zahn zulegen, sonst kriegen wir in Assmannshausen kein Mittagessen mehr. Dort ist heute ne Großveranstaltung."

„Ich hab aufgehört zu rauchen", sagt Tim. Es sind seine ersten

Worte zu Daniela. Seit Wochen oder Monaten, er weiß nicht.

„Das glaub ich dir nicht."

„Ich kann es beweisen."

Sie lacht auf wie früher, wenn er ein wichtiges Telefonat vorschob, während das Geschirr noch in der Spüle stand.

Auf schmalem Weg durchqueren sie jetzt einen steilen Weinberghang, unter ihnen hält sich die Burg Ehrenfels auf einem Vorsprung über dem Fluss. Die Frühlingssonne hat sich mit Macht durchgesetzt, eine Schar Vögel zieht Richtung Norden. Am Wegrain blühen erste Malven und Hahnenfuß aus der spärlichen Grasmatte. Warm weht es von den Hängen herab. Daniela erzählt von ihrem bevorstehenden Wegzug aus Frankfurt.

Vor drei Wochen habe sie eine Stelle in Mainz angetreten, an einem Gymnasium mit großem Kollegium, außer ihr gebe es zwei weitere Lehrer mit derselben Fächerkombination. Vertretungen seien jetzt gut zu organisieren, das war vorher immer schwierig.

Als sie zum Aussichtspunkt kommen, steht dort schon der Rentnertrupp und prostet sich mit Rheinwein aus Plastikbechern zu. In einem Holzverschlag stehen angebrochene Flaschen, aus denen man sich einschenken kann. An der Kordel baumelt ein Korkenzieher. Der Winzer vertraut auf die Ehrlichkeit der Wanderer, denn die Blechbüchse mit Schlitz hängt nur an einer Uhrkette.

„Was trinken wir?" ruft Herr Grossmann. „Rüdesheimer Magdalenenkreuz, Riesling, oder Geisenheimer Mönchspfad. Assmannshäuser Höllenberg, Kabinett?...."

„Mir egal... gibt's auch was ohne Alkohol? Ich brauch auf jeden Fall mal 'ne Pause", japst Angela.

„Ich wunder mich immer über deine Kunden, Heinz." beharrt Rosi. „Koanen Termin konnst einhalten. Bei mir rufen die Leut an und beschwern sich. Wann krieg ich mein Wagen? Es war doch nur der TÜV zu machen. Und i weiß als nit, was i soll sagn."

„Eine Lehrerin, die aufs Maul gefallen ist. Hör mir auf. Bei mir wird's richtig gemacht. Wem das nicht passt, der soll sonst wo hin gehn. Wegen mir in die Vertragswerkstatt, da zahlt er das Doppelte."

„Wenn ma aber täglich sein Fahrzeug braucht? I würd′ mei Auto nit zu ′ner Schlafmütze gebn."

„Du hast keine Ahnung, Rosi. Bei mir zählt, ob der Wagen hinterher fährt, oder ob er nach drei Wochen auf der Autobahn stehen bleibt. Bei dir ist egal, ob die Kinder hinterher richtig lesen und schreiben können. Du kriegst dein Gehalt sowieso."

Das routinierte Zanken hört sich für Tim an, als würde ein gelangweiltes Ehepaar sich die Zeit vertreiben. Sie scheinen einander nicht wirklich böse zu sein. Nur Sarah macht ein unglückliches Gesicht. Er sieht Herrn Grossmann in einem verrauchten Kabuff stehen. Neben seiner verwahrlosten Werkstatt tippt er mit zwei Fingern auf einer mechanischen Schreibmaschine herum. Derweil liegt der Stift draußen im Funkenregen eines Schweißgeräts. Rosi bedient an der Empfangstheke einen Kunden aus dem Kaffeeautomaten. Heinz holt Ersatzteile, möglichst vom eigenen Schrottplatz, wo hundert Rostlauben aufeinander gestapelt darauf warten, dass der Preis für Alteisen wieder steigt. Seine Kunden werden zu schätzen wissen, dass er nicht nach Vorgabe repariert wie die Vertragswerkstätten und übersehen die Durchtriebenheit, mit der er künftige Reparaturen an anderer Stelle provoziert. Sein Mercedes SLK sieht trotzdem nach Leasing aus, und die Ringe an Rosis Fleischverkäuferinnen - Hand glänzen in Katzengold. Nur die blasse, schmale Sarah erscheint ihm authentisch, sobald sie außerhalb der Reichweite ihrer Mutter ist.

Das war letztes Mal alles genau so.

„Daniela, wie waren gestern deine Schüler drauf?"

Danielas ratloses Gesicht jagt ihm einen Schrecken ein: Ist bei ihr auch alles weg? Er überlegt, ob er sich vielleicht in einem Traum befindet, aus dem ihm nicht gelingt, aufzuwachen. Als Kind hat er sich manchmal in den Arm gezwickt, wenn etwas hinter ihm her war und seine Beine immer lahmer wurden, er wachte dann mit rasendem Herzen, aber erlöst, in seinem Bett wieder auf. Das wird heute nicht funktionieren, für einen Traum dauert dieser Tag schon viel zu lang.

In Assmannshausen läuten Glocken, die Ostermesse ist vorbei. Oder sie fängt gerade an. Wie viel Uhr ist überhaupt? Der Weg neigt sich, gleich geht es im Zickzack durch den Wingert hinunter ins Dorf. Danielas Hand ist ihm abhanden gekommen. Am Treppenweg vor der eisernen Pforte ein letzter Blick übers Tal. Kaum Fahrzeuge auf der Uferstraße, kein Zug auf den Geleisen, der Strom fließt still dahin, am Abhang gegenüber winkt eine rheinromantisch bezinnte Burg mit bunten Fahnen.

Da fällt sein Blick auf die Anlegestelle an der Uferstraße. Eine Betonrampe führt abwärts. Er sieht das aufgewühlte Wasser auf sich zukommen. Nach dem furchtbaren Krachen ist die Windschutzscheibe zerbröselt und links alles eingedrückt. Der Bus schleudert, bricht rechts hinten aus, driftet über die Fahrbahn, dreht sich um die Achse und kippt die steile Uferböschung hinab. Es geht kopfüber, er hält sich krampfhaft am Sitz fest, auf der Betonpiste ein heftiger Aufschlag, dann rollen sie die schiefe Ebene hinunter. Der Fahrer liegt bewegungslos über dem Lenkrad, durch die vordere Fensteröffnung sieht er die aufspritzenden Wogen, Angela und Rosi fangen an zu schreien. Die ersten Wellen schwappen herein. Unwirklich kommt ihm die Szene vor, würde er nicht die stechenden Schmerzen spüren und den Geschmack von Blut im Mund. Eiskalt der Rhein, der von unten kommt, brackig riecht er nach Industrie, Abwasser und Fisch. Dann wieder ein Filmriss wie heute Morgen auf der Brücke. Er ist zurück in der Gegenwart. aber er weiß jetzt, dass sie letztes Jahr nach dem Mittagessen in den Bus gestiegen sind, um nach Lorch zu fahren. Dort sollte es mit dem Schiff weiter gehen. Der Minibus war von der Reisegesellschaft hier abgestellt worden und hat auf dem Parkplatz gewartet.

Im Ort quellen die Gassen über. Motorräder, Autos, Touristen, Polizei, ein Event ist im Gang, ein Biker-Treffen. Es knattert und knallt, Bremslichter leuchten auf, umständliches Rangieren. Grobschlächtige Motorrad-Outlaws, ganz in schwarz, führen stolz ihre Maschinen vor, die Lederbräute posieren auf dem Sozius. Die Harleys scheinen Tim tiefer gelegt als üblich, die Vorderradgabeln großzügiger nach vorne ausgestellt, es herrscht Wettbewerb um die ausgefallenste Kleidung, die bizarrsten Bemalungen auf Seitenkoffern, Tropfentanks und Schutzblechen. Wenn ein Trike kommt, müssen alle hoch auf die schmalen Trottoirs. Auf der Uferpromenade wummert laute Rockmusik.

Fünf Minuten später sitzen sie im Restaurant „Anker."

„Das Nebenzimmer heißt Loreley-Taverne", erklärt der Fahrer großspurig. Dort ist ein langer Tisch für sie reserviert, zwischen Stilmöbeln und Porzellanhechten, Spinnrad und Nippes. Eine geschnitzte Rheintochter mit Fischschwanz neigt sich von der Wand herab, als wolle sie zur Rheingold-Arie ansetzen. Während der Kellner routiniert die Bestellungen aufnimmt, gehen Tim die Bilder nicht aus dem Kopf und er denkt: Wie können wir hier sein, wenn die Fahrt im letzten Jahr so zu Ende ging? Vielleicht bildet er sich alles nur ein, manchmal soll das ja vorkommen: Man meint, etwas schon einmal gesehen zu haben, aber es ist Täuschung, eine Art Fehlschaltung im Hirn.

„Das Haus empfiehlt heute Lammbraten mit Frühlingsgemüse an Petersilienkartoffeln, das Osterlamm ist butterzart."

„Kann ich zum Hirschgulasch auch Pommes haben?"

„Mir bitte die Forelle Müllerin mit Rieslingsoße."

Das pomadige Haar des Obers glänzt im Schein der Lampen, als er die Getränke bringt:

„Wer bekommt den Spätburgunder? Einmal Germanentrunk..."

„Hier sind die Schnitzel noch so groß wie der Teller und die Bratkartoffeln kommen direkt aus der Pfanne", sagt der Fahrer, der seine Strickweste über die geschnitzte Stuhllehne gehängt hat.

Er krempelt die Ärmel hoch und prostet Thomas mit seinem Cola-Bier zu. Angela bekommt als Vorspeise Steinpilzcremesuppe mit Sahne und Kräutern serviert. Sie sitzt neben Tim und braucht anderthalb Plätze.

Nach den ersten Löffeln stupst sie ihn an: „Hast du ... darf ich du sagen? Hast du zufällig den Motorradführerschein gemacht?"

„Das wär mir viel zu gefährlich."

„Hach, ich würd gern mal wieder so 'n Ding reiten. Im Reiten bin ich gut."

Sie lacht mit heiserer Kettenraucherstimme.

„Ich hatt' nen Freund, der fuhr ne Hayabusa, die dreizehnhundert von Suzuki, die hatte hundertfünfundsiebzig PS, kam in drei Sekunden von null auf hundert, das war unbeschreiblich. Wir waren überall."

„Und?"

„Als er verunglückt ist, war alles vorbei. Von einem Tag auf den nächsten. Du musst dir vorstellen: Ein Landwirt, der schert mit seinem Traktor plötzlich aus, auf gerader Strecke, mit so was rechnet man doch nicht. Er wollt auf sein Feld fahren, hat er hinterher gesagt, hätt' nicht gesehen, dass er überholt wird. Wenn so ein Trottel nicht in den Rückspiegel guckt, dann nützt dir keine Vorfahrt."

„Wie lang ist das jetzt her?"

„Bald werden's zehn Jahre."

Tim nickt und sagt: „Hinterher hatten sie dann ein ziemliches Alkoholproblem." Er beobachtet ihr Gesicht.

„Sie konnten kaum noch schlafen, sind von einem Arzt zum nächsten gerannt, aber keiner konnte ihnen helfen."

„Woher weißt du das?", Tim genießt ein wenig ihren entgeisterten Blick.

„Weil Sie mir das alles schon letztes Jahr erzählt haben."

„Du meist, wo wir in Bacharach beim Feuerwerk waren?"

„Nein, das war hier und Sie haben letztes Jahr schon mal Hirschgulasch gegessen."

„Du musst da was verwechseln", erwidert sie und macht sich kopfschüttelnd über den Rest ihrer Suppe her. Daniela versetzt ihm einen Rippenstoß. Jetzt ist es an ihm, sich einen Reim zu machen: Wenn für Angela heute das erste Mal ist, dass sie im „Anker" sitzt und plappert, er aber weiß, wie der Tag weiter geht, dann wiederholt sich dieser Tag nur für ihn. Alle anderen scheinen nichts zu ahnen. Sie werden nachher blind in den Bus steigen und verunglücken. Würden sie nicht verunglücken, würde der Fluss weiter fließen, nur er wäre in der falschen Zeit, indem sich nur für ihn alles wiederholt. Wer weiß, wie oft?

Tim hat diesmal nur den großen Nizza-Salat mit Thunfisch bestellt. Letztes Mal hat er auf einem zähen Steak herum gekaut. Am Tisch kommt das Thema Airbus-Absturz auf.

„Dat man so wat nich' vorher merkt," wundert sich Thomas. Piloten, Fluglotsen, so Leute müssten bei mir regelmäßig zum Vertrauensarzt. Dann kommt so wat nich' vor." Alle nicken.

„Na warten sie mal ab", wirft Herr Steiner ein und streicht sich über die Echsenhaut seiner Glatze, „noch ist nicht alles untersucht. Als Ursache ist auch eine Verkettung unglücklicher Umstände möglich, zumindest sollte man es nicht von vornherein ausschließen."

„Wenn ich mir das vorstelle", sagt Angela, zu Tim gewandt, „ich sitze in 'nem Flugzeug und das stürzt ab, und ich kann nichts machen."

Tim spürt einen Impuls zu sagen: Das ist doch gerade der Fall, nur weißt du es nicht, aber er schweigt, will sich nicht lächerlich machen.

„Wie war das denn damals nach dem Unfall, Angela?", fragt er stattdessen.

„Ich hab´versucht, daran vorbei zu leben, aber es vergeht kein Tag... Mitten in der Nacht kam dieser Anruf, ich soll ins Krankenhaus kommen, wir wohnten damals seit einem halben Jahr zusammen. Und als ich dort ankam, hieß es, eigentlich geht es nur noch um die Freigabe von Spenderorganen, aber ich wäre ja gar nicht berechtigt, wir sind nicht verheiratet, die Angehörigen hätte man inzwischen aber verständig...“

Als die Schnitzel kommen, ruft Thomas: „Achherrjeh, dat ham wir ja in fünf Minuten niedergemacht.“

„Wann müssen wir eigentlich weiter?“ fragt Daniela.

„Um Viertel nach zwölf, halb eins“, meint der Fahrer, „das Schiff legt viertel nach eins in Lorch ab.“

„Kann man eigentlich auch oben ´rum fahren?“ fragt Tim, „vom Parkplatz aus wäre das gleich rechts über die Bahn, glaube ich.“

„Sie meinen durch den Wald?“

„Sieht man von oben nicht auch das Rheintal?“

„Nö, gar nichts sieht man da, das is ´ne langweilige Fahrt“, entgegnet der Fahrer, würd´ ich nicht machen. „Aber wie ihr wollt....“

„Quatsch!“ ruft Thomas, „wir sind doch hier, dat wir die ganzen Burgen sehn und det Panorama.“

„Die sehn wir nachher auch vom Schiff aus“, bemerkt Tim kleinlaut.

„Dat sind andere. Warum willst du denn da oben ´rum, wo nur Bäume stehn? Dafür hättst auch zuhaus´ bleiben können.“

Tim zwingt sich, eine Gabel Salat zu essen. Im Traum geht so was nicht. Es schmeckt ihm nicht, aber es ist Kopfsalat mit Ei und Thunfisch, die Soße säuerlich, da besteht kein Zweifel.

Angela war vorletztes Jahr dabei, als sie in Bacharach das Feuerwerk sahen. Sie weiß aber nicht, was im letzten Jahr passierte. Also existiert sie im Jahr 2015. Sie lebt in ihrer eigenen

Vergangenheit, und das scheint ihre einzige Existenzmöglichkeit zu sein. Da sie letztes Jahr verunglückt ist, hat sie seitdem keine Gegenwart mehr. Die Gegenwart ist aber doch Ostern 2016!

Mit einem Ruck steht er auf, die Gabel fällt scheppernd zu Boden. Am Durchgang unter den Porzellanhechten stolpert er über den Teppich. Seine Augen gehen fieberhaft auf die Suche.

„Kann ich ihnen helfen?" Der Kellner steht neben ihm.

„Eine Tageszeitung", stammelt Tim, „von mir aus von gestern."

Der Mann blickt ihn verwundert an, geht hinter den Tresen, zur Registrierkasse, kramt in Papieren, dann hält er ein paar zerlesene Seiten in der Hand.

„Wir haben leider nur den Rheingau-Kurier da", er zuckt bedauernd die Schultern.

„Macht nix, hilft mir auch", stößt Tim hervor und greift nach dem Blatt. Es dauert, bis er zwischen all den Belanglosigkeiten und Anzeigen am oberen Seitenrand das Datum gefunden hat. Er liest im Stehen: 5. April 2015 und augenblicklich braucht er einen Stuhl. Das Lokal ist voll besetzt, er wankt Richtung Toilette. Ein kleiner Resopal-Tisch, zwei Hocker, ein Untersetzer mit Münzen, er lässt sich fallen.

Bis vor einer halben Minute stand für ihn fest, dass Ostern 2016 ist. Der Kellner wird ihm keine Zeitung gereicht haben, die ein Jahr alt ist. Das Gespräch am Tisch drehte sich um einen Flugzeugabsturz, der ist 2015 passiert. Wenn 2016 wäre, läge der Absturz lange genug zurück, dass man anhand der Blackbox den Hergang rekonstruiert hätte. Vor allem aber, und das versetzt ihn in Panik, müsste er wissen, was gestern passierte, was letzte Woche war, wie er heute Morgen aufgestanden ist. Er weiß es nicht, so sehr er den ganzen Tag immer wieder gegrübelt hat. Der Unfall auf der Uferstraße, er hat gespürt, wie das Wasser von unten einströmte, das war absolut real. Und doch wieder nicht, denn er hat oben am Treppenweg vor dem Eisentor gestanden und die anderen gingen an ihm vorbei. In den Oberschenkeln spürt er ein leichtes Ziehen von der Anstrengung des Abstiegs. Lebt er sich selbst voraus? Ist er aus der Zeit gefallen wie das Hotel heute Morgen und glaubt bloß noch, in der Gegenwart zu schwimmen? Ist er unterwegs aus dem Zeitzug gesprungen, der sie letztes Jahr ins Verderben gebracht hat? Steht er dieses Jahr am selben Bahnsteig und muss nun definitiv einsteigen?

Vermutlich fängt es so an. Wenn man den Verstand verliert, wenn im Hirn eine Ader zugeht, wenn der Stoffwechsel entgleist, weil man nie an den Auslagen der Konditoreien vorbei kam.

Daniela steht vor ihm. Er hat sie nicht kommen hören. Ihr Blick.

„Ist was mit dir?"

„Ich kann es nicht erklären, du wirst mich für verrückt halten."

„Ich beobachte dich schon den ganzen Morgen, mit dir stimmt was nicht."

„Daniela, weißt du, was gestern war?"

Sie macht das gleiche Gesicht wie vorhin.

„Warum fragst du?"

„Ich kann mich auch nicht erinnern. Nicht an gestern, nicht an letzten Monat, das ganze Jahr ist bei mir weg."

Als sie sich auf die Bank gegenüber setzt, sieht es für ihn aus, als suche sie ihr Gleichgewicht. Dann kommt ihre Antwort, mit fester Stimme:

„Ich kann es dir im Augenblick nicht sagen. Aber wir haben Osterferien und heute ist schönes Wetter."

„Ja, sicher ist ein schöner Tag, wenn wir überhaupt am Leben sind...“

„Veräppel mich bitte nicht."

„Welches Jahr haben wir?"

Tim zieht die Zeitung unter der Achsel hervor und legt sie vor Daniela hin.

„Das ist die Tageszeitung von heute, Osterausgabe."

Sie überfliegt die Schlagzeilen, die Bilder, sie begreift nichts.

„Schau doch mal aufs Datum."

Sie stutzt.

„Hast dir 'ne Zeitung vom letzten Jahr andrehen lassen."

„Hat deine Armbanduhr eine Datumsanzeige?"

Beide blicken gleichzeitig auf ihre Digitaluhren.

Als er aufschaut, ist Danielas Gesicht kalkweiß.

„Ich hab das falsche Jahr eingegeben!"

„Schau auf meine Uhr!"

„Erklär' mir das!"

„Daniela, wir sind am fünften April 2015 nach dem Mittagessen hier im „Anker" in den Bus eingestiegen. Dann sind wir auf die Rheinuferstraße eingebogen und hatten kurz danach einen Zusammenstoß mit einem großen Trike. Richtig? Unser Bus ist von der Straße abgekommen und in den Rhein gerollt."

Danielas Augen scheinen sich zu erinnern.

„Wir sind seit einem Jahr tot. Meiner Meinung nach."

Nach einer langen Pause, in der jeder sehr mit sich selbst beschäftigt ist, sagt Daniela: „Woher willst du das alles wissen?"

„In welche Klasse wirst du zu den Sommerferien deine Schüler versetzen? In welchem Jahr hast du die Schule gewechselt?"

„2015 natürlich, ich hab mir eingebildet, die Zeit wäre weiter, beziehungsweise, ich hab überhaupt nicht darüber nachgedacht, wenn ich ehrlich bin."

„Klar gibt es kein 2016, wenn man tot ist. Da gibt es keine Zeit mehr. Dann tauchst du unter und alles bleibt für dich stehen."

„Du meinst, die Wanderung auf dem Rheinsteig eben, das liegt in Wirklichkeit ein Jahr zurück? Wieso waren wir beide davon überzeugt, wir hätten 2016?"

„Ich kann es mir nicht erklären. Es war nur ein Gefühl, begründen kann ich es nicht, weil ich überhaupt nicht weiß, was 2016 passiert ist."

Tims Stimme zagt.

„Ich kann mich jedenfalls noch gut an die Fahrt nach Bacharach erinnern", hört er Daniela sagen. „Da gab es abends dieses Riesenfeuerwerk."

„Rhein in Flammen und wer drei Rheinfahrten mitmacht, bekommt von Götten - Reisen eine Hollandfahrt geschenkt. Das war 2014."

„Aber was ist mit diesem Unfall?" Auch sie klingt jetzt, als wären ihre Stimmbänder aus Papier, das gleich reißt.

„Kannst du dich nicht mehr erinnern? Dann hast du deinen Filmriss früher als ich. Was ist das Letzte, woran du dich erinnerst?"

„Das Lokal hier."

„Was hast du gegessen?"

„Ich hab Tafelspitz bestellt, heute wieder. Ich nehm´ das eher selten. Glaubst du, heute läuft alles genauso ab?"

„Es ist alles gleich. Ich weiß immer schon, was die als nächstes sagen."

„Die reden eh immer dasselbe. Ob sie tot sind oder lebendig. Die sind ja jetzt schon so tot, dass man sie überhaupt nicht mehr beerdigen braucht."

Der letzte Satz ist Daniela raus gerutscht, worüber Tim sehr erleichtert ist. Er sieht ihre Hände zittern.

„Die sind tatsächlich unbeerdigbar."

„Meinst du, deswegen müssen sie jedes Jahr wieder raus und umgehen?"

„Der 5. April 2016 ist wahrscheinlich gar kein Sonntag. Irgendwie scheint mir, wir existieren in einem luftleeren Raum."

„Wir saßen letztes Jahr im Bus neben einander. Richtig? Uns ist das gleiche passiert."

„War vielleicht ein bisschen unübersichtlich da drin und wir wurden vergessen."

Daniela zwingt sich zu einem Lächeln.

„Meinst du, uns vermisst jemand?"

„Keine Ahnung, ich hab ja mit niemandem gesprochen."

Tim greift in seine linke Jackentasche. Brieftasche und Geld hat er einstecken. Kurz entschlossen steht er auf, ergreift Danielas Hand, geht um den Tisch herum, zieht sie von der Bank hoch. Es spürt, wie sie ihr anfängliches Widerstreben aufgibt.

Da kommt Sarah aus der Damentoilette.

„Was macht ihr?"

„Wir machen einen Spaziergang. Kommst du mit?"

„Hab den Teller noch nicht leer. Aber ich kann die Klöße nicht essen."

„Du brauchst nicht alles aufessen. Wenn du mit uns kommst, sind sie nachher weg, weil der Kellner die Teller mit den Resten abräumt."

„Und die Mami? Ich muss den Teller immer leer machen. Sonst ist Fernsehen gestrichen und ich darf nicht raus."

„Die Mami sagt garantiert nichts, wir haben dich ja mitgenommen auf ein Eis."

Das Wort wirkt sofort.

Tim hat gesehen, wie am Ende des Flurs eine Tür aufging. Dahinter lag eine andere Gaststube. Dort müssten sie durch, um ohne Aufsehen aus dem Haus zu kommen.

Minuten später stehen sie hinter dem Gebäude im Hof.

Markierungen auf dem Asphalt weisen die Fläche als Parkplatz aus, eine Kette sperrt die Einfahrt ab. Sie nehmen das Mädchen zwischen sich, biegen nach rechts in die Straße ein, die neben den Bahngleisen entlang zum Übergang führt. Vor zwanzig Minuten haben sie ihn in umgekehrter Richtung passiert. Niemand nimmt von der kleinen Familie Notiz. Jenseits der Gleise blickt man auf eine Häuserreihe, dahinter ragen steile Weinberge auf. Tim hat keinen Plan. Vielleicht genügt es, eine Stunde lang im Ort zu verbringen, in einem Eiscafé´ versteckt, jenseits der Bahn. Man wird sie vermissen, aber der Bus muss pünktlich sein. Nur die Eltern von Sarah werden nach ihr suchen und in den Unglücksbus nicht einsteigen. Vielleicht wird durch ihr Fehlen aber alles durcheinander gebracht. Wahrscheinlich wird man warten müssen, bis die Sirenen heulen. Dann dürfte die Gefahr vorüber sein und man sieht weiter.

Da schreit Sarah neben ihm auf. Von links kommt ein Zug angerast, so unwahrscheinlich schnell, dass Tim nur ein Reflex bleibt, er macht einen Satz und reißt das Kind mit sich. Daniela ist gleichzeitig gesprungen. Sie finden sich atemlos neben den Schienen. Neben sich donnerndes Räderwerk und halb über sich die rasenden Waggons. Der Fahrtwind zaust ihnen das Haar, nimmt den Atem, ihre Hände krallen sich in den Schotter. Als es vorbei ist, sieht er die Schranke. Sie steht offen. Zum Glück ist außer ihnen niemand anderes über den Gleiskörper gegangen. Daniela reibt sich den Fuß, am Knöchel hat der Socken ein Loch. Sie rappeln sich auf, nehmen Sarah wieder in die Mitte und lassen sich in sicherer Entfernung ins Gras fallen.

„Wieso funktioniert die Schranke nicht?"

„Nochmal so was und wir hätten ebenso gut in den Bus steigen können."

„Hätten wir nicht", entgegnet Tim, noch außer Atem, „wenn du auf der Autobahn fährst und merkst, auf deiner Spur kommt einer entgegen, weichst du doch aus, selbst auf die Gefahr hin, dass du hinterher im Graben landest."

Daniela nickt und im gleichen Augenblick sieht Tim seinen Vater vor sich, wie er im Bademantel am Waschbecken seines Krankenzimmers steht. Der hat es kommen sehen und kein Ausweichmanöver unternommen. Nach der Diagnose gaben ihm die Ärzte ein Vierteljahr. Er wollte keinen Arztwechsel, keine Zweitmeinung. Wenn die Mutter das Gespräch auf Mistelpräparate, Wärmetherapie, auf die heilenden Steine ihres Homöopathen steuerte, brach er unwirsch ab. Mit größter Gelassenheit hat er alles geregelt: Wertpapiere verkauft, letzte Schulden aufs Haus getilgt, Testament aufgesetzt, den Notar bestellt. Während Tim und die Mutter, in Schreckstarre verfielen, redete der Alte über seine Beerdigung, als handle es sich um die Vorbereitung zur Feier eines runden Geburtstags.

Jetzt stehen sie über der Trasse, klopfen sich Staub und Grashalme von den Kleidern und blicken den kleinen Abhang hinunter. Sarah klammert sich an Danielas Arm. Die Schranke zeigt zum Himmel wie ein mahnender Zeigefinger. Der ausschließlich ihnen gilt. Biker holpern mit ihren Choppern über die Trasse, Fußgänger queren scherzend den Übergang, ohne Blick auf die Schienen. Niemand scheint beunruhigt.

Daniela gibt sich einen Ruck und sie steuern mit schnellen Schritten auf eine Gasse mit Kopfsteinpflaster zu, wo Fachwerkhäuser mit Weinlokalen und Pensionen die Touristen locken.

„Wo gehen wir hin?"

„Es gibt hier eine zweite Seilbahn, Sarah. Hast du nochmal Lust zu fahren? Oder sollen wir lieber gleich das Eis essen gehen?"

„Eis!" Das Wort wirkt zwar noch, aber Sarahs Klammergriff lockert sich nicht.

Erneut sieht Tim den Vater vor sich. Er hat keine Resonanz bekommen. Vielleicht wartete er auf eine Art von Anerkennung und war enttäuscht. Tim fehlte das Format, seinem Vater die gleiche Gelassenheit zu zeigen, ihm zu demonstrieren: Schau, ich bin so cool wie du, kannst beruhigt gehen. Dass er vor diesem Anspruch, versagt hat, beschämt ihn bis heute.

„Warum hast du vorhin eigentlich nichts gesagt?" Danielas Frage überrascht Tim, doch sie liegt nahe.

„Die hätten mich ausgelacht, so wie du am Anfang. Du weißt doch, wie unterirdisch die drauf sind. So bist wenigstens du mit dem Mädchen dabei."

„Man hätte den Fahrer daran hindern müssen, zweimal Cola-Bier zu bestellen und hinterher noch diesen Verdauungsschnaps."

„Glaubst du, so einer lässt sich das verbieten? Am Ende gab's sogar noch nen Rüdesheimer Kaffee aufs Haus."

Daniela kommt jetzt alles wieder vor Augen, sie erinnert sich an das stechende Aroma des „Asbach Uralt", wie er mit dem heißen Kaffee durch die kühle Sahne strömte. Es war gut eingeschenkt.

„Der Bus konnte überhaupt nicht ausweichen", versucht Tim abzulenken, „das war der Trike - Fahrer. Ich schätze, der hat mindestens achtzig Sachen drauf gehabt. Die Uferstraße verläuft ziemlich gerade. Ich glaub nicht, dass man so was überleben kann."

„Vielleicht hätte der Fahrer mit klarem Kopf schneller reagiert."

Tim kann mit dem Gefühl, das Daniela bei ihm auslöst, nicht umgehen. Er fühlt sich bloßgestellt, wie damals vor seinem Vater, dem er nicht hat sagen können, dass es ihm leidtat. Sein heimlicher Studienabbruch in Medizin, seine Lügen. Nach zweimaligem Scheitern am Physikum gab es keinen Ausweg, und er hatte sich in Jura eingeschrieben. Aber dass er erst fünf Jahre später alles zugeben konnte, auf hartes Nachfragen, da hatte der Vater gerade seine Kanzlei verkauft. Es war eine Eselei. Eine gut gehende Anwaltskanzlei abzustoßen, während der Sohn gerade die erste juristische Staatsprüfung ablegt. Das hätte er so gern bereinigt. Bevor der Vater ins Koma fiel.

Gefangen in seinen Erinnerungen, hat er auf das Motorgeräusch nicht geachtet. Es ist schon sehr nahe, als Sarah an seiner Hand zerrt. Er dreht sich um und sieht einen Darth Vader auf seiner Motorradfestung heranbrausen. Er ist noch dreißig Meter entfernt und beschleunigt mit aufheulendem Motor mitten in der engen Gasse. Augenblicklich fährt Tims Kopf herum, auch die beiden anderen lassen sich los und suchen. Suchen an den Häuserwänden, an den Fenstern, den Türen. Alles verschlossen, ostersonntagmittagsmüde. Sie fangen an zu rennen, erreichen eine Steinmauer, die links eine kleine Grünanlage begrenzt. Im Geheul des Trike krallen sich ihre Hände in die Mauersteine. Auf der Mauerkrone reicht Tim die Rechte und zieht Sarah hoch, dann rennen sie zum Portal des alten Herrenhauses. Es ist ebenfalls verschlossen. Das Gefährt donnert an der Mauer entlang. Kommt er zum Eisentor herein? Nein, es ist ebenfalls zu.

Das ist kein Zufall mehr", stammelt Tim, Daniela weiß es auch so. Der Darth Vader war hinter ihnen her. Wie zuvor der Zug, der nur ihretwegen gefahren ist. Niemand sonst hat ihn bemerkt. Was, wenn der Jedi - Ritter jetzt absteigt und zu Fuß herein kommt? Das Motorrad entfernt sich. Minuten später, alles ist wieder ruhig, kehren sie auf die Straße zurück. Im Laufschritt eilen sie bergauf, Richtung Weinberge. Die Straße heißt hier „Höllenbergweg", das passt. Nach fünfzig Metern nimmt Tim Sarah auf die Schultern. Links in einer Baulücke öffnet sich die Häuserzeile zu einer asphaltierten Fläche für Stellplätze, dort klettern sie keuchend den steilen Grashang hinauf, ducken sich zwischen engen Rebzeilen, steigen schließlich eine ausgetretene Weintreppe hoch, bis sie einen Pfad erreichen. Er verläuft parallel zum Hang wie die meisten Wege hier; steinig, schmal und hüfthoch zugewachsen. Rechts führen weitere Steintreppen in die oberen Weinterrassen. Hier kommt kaum ein Mensch hoch, erst recht kein Motorrad. Drüben schlägt die Kirchturmuhr zwölf - am fünften April 2015. Wären die Schalllamellen nicht, könnten sie direkt in die Glockenstube blicken. Vor halb eins werden sie unten im „Anker" nicht aufbrechen. Noch dreißig Minuten.

Vom Dorf dringt ein Summen herauf, wie aus einem Bienenstock. Hunderte von Motorrädern, ein einziges genügt, aber hier oben sind sie sicher. Sie setzen sich mit dem Rücken zur sonnenwarmen Mauer neben eine Fluchttreppe.

„Müssen wir sterben?" fragt Sarah.

„Nein, Schätzchen." Daniela legt ihren Arm um sie und das Kind birgt seinen Kopf an ihrer Brust. „Wir müssen jetzt eine halbe Stunde warten, dann können wir wieder runter. Dann bekommst du endlich dein Eis."

„Und die Mami?"

Ein lauter Knall lässt sie aufschrecken. Wie von einer Explosion, oder war das ein Zusammenstoß? Es kam aus dem Dorf. Beide blicken gleichzeitig auf die Uhr und schütteln den Kopf. Ihre Blicke wandern Richtung Sarah und begegnen sich. Unten gibt es einen Tumult, mit Hupen und Geschrei. Worte erscheinen ihnen jetzt ganz überflüssig, zum Glück schöpft die Kleine keinen Verdacht und die Häuserreihe verdeckt, was dort unten passiert sein mag. Vor ihren Füßen besucht eine Hummel erste Löwenzahnblüten und zeigt sich wählerisch. Der Rhein rahmt das Ortsbild mit den krummen Gassen und Häuserreihen durch seine große Wasserfläche. Scheinbar ruhig fließt er dahin, doch hat er eine lehmige Farbe angenommen, als habe er gerade einen Kampf hinter sich.

Ein kleines Flugzeug durchquert den Himmel und bemerkt nichts.

„Wir müssen uns verteidigen können", meint Tim und springt auf.

Die Winzerhütte liegt versteckt hinter einem blühenden Strauch, Tim bricht die Tür mit einem Stock auf. Drinnen finden sich Sense, Hacken, ein Mulch-Gerät. Wahllos greifen sie nach Axt und Haue, das Kind sieht ihnen mit erstaunten Augen zu.

„Wir bringen die Sachen nachher wieder zurück", beschwichtigt Daniela. Sie sagt es auch zu sich selbst.

„Sind wir noch bei Trost?" fragt sich Tim.

„Es fühlt sich sicherer an", erwidert sie seinen halblaut gesprochenen Satz, „auch wenn ich den Eindruck nicht los werde zu träumen. Aber das kann gar nicht sein"

„Ich versteh was du meinst. Manchmal wachen Menschen von einem Traum in den nächsten auf und glauben, sie wären in der Realität. Oder sie erleben Träume, die aufeinander verweisen."

Ihr Versteck wählen sie zwischen Hütte und Haselstrauch, über sich das blaue Geviert eines Himmels, auf dem weiße Wolkenschiffe segeln. Ein silberner Pfeil zieht Kondensstreifen, ein kleiner Schatten steht unbewegt und fern, ein Milan vielleicht.

„Ich kann dich wenigstens spüren", sagt Daniela im Sitzen, sie schmiegt sich an ihn und ein Lächeln erscheint auf ihrem Gesicht, „Außerdem tut mir mein Knöchel noch weh, da schau, die Abschürfung."

„Gefühle sind nur innere Wahrnehmungen. Sie können ebenso täuschen."

„Worauf willst du dich dann noch verlassen?"

„Mit dir ist mir so was schon mal passiert. Ich bin wochenlang im Viertel 'rum gelaufen und hab nicht mehr gewusst, wer ich bin. Nur weil du plötzlich weg warst. Um mich herum war alles wie immer. Es lag nur an mir."

„Tut mir leid. Ich bin aus dir ja auch nicht mehr schlau geworden. Da war plötzlich so eine Mauer zwischen uns. Du bist immer gleich explodiert und ich hab mich anstecken lassen. Erst mein Mann hat mir klar gemacht, wie empfindlich ich selber bin. Der eigene Blickwinkel ist schief."

„Pass auf, Daniela", ruft Tim, als das Fluggerät in ihrem Himmelsausschnitt erscheint. Er macht einen Satz, um zwischen sie und die Drohne zu kommen, die gut einen Meter misst und auf sie herabstößt wie ein Raubvogel. Erst jetzt hört man ihr Propellerschlagen. Mit der Hacke holt er aus und trifft. Sie schmiert zur Seite ab und fällt zwischen die Rebzeilen. Ihre Luftschrauben verfangen sich knatternd zwischen den

Weinstöcken und wirbeln Erde auf. Während sie den Weg entlang rennen, jagt ihnen die Explosion eine Druckwelle hinterher, die im ganzen Tal widerhallt.

Die Treppenwege führen nach unten, sie eilen über Stufen und ausgetretene Pfade, dann durch die Hausgärten zurück auf die Straße. Weiter Richtung Ortsende. Sie halten sich im Schatten der Häuser, und als deren Reihe endet, biegen sie nach rechts in eine schattige Nebenstraße ein, die bergauf in eine Allee mündet. Unter den Bäumen fühlen sie sich ein wenig sicherer. Atemlos halten sie inne.

Hier ist nur Gegenwart. In frühlingsgrünem Laub steht unbewegt die Ahornreihe, in den steil einfallenden Strahlenbündeln der Mittagssonne zeigt sich feiner Blütenrauch, der von den Gärten herauf weht und mit seidigen Schleiern den Weg bedeckt. Kein Ton, nur Insekten summen arglos um die Rhododendren.

„Glaubst du, das passiert, damit die Rechnung am Ende wieder stimmt?"

„Drei Personen mehr oder weniger, das ändert überhaupt nichts an der Weltgeschichte. Morgen wird niemandem auffallen, wenn auf der Todesliste drei Namen fehlen. Wir sind ja im Jahr 2015, es entscheidet sich alles nochmal neu: Die Toten kommen in die Gerichtsmedizin, die Polizei ermittelt, die Zeitungen werden berichten, fertig.

Daniela zuckt die Schultern. Ihre Angst scheint in Gleichgültigkeit umgeschlagen zu sein. Tim erschrickt ein wenig vor seinem kalten Pragmatismus; immerhin waren sie drei Anschläge wert gewesen, die mussten ja irgend einen Zweck erfüllen. Er greift in seiner Jacke nach der Schachtel Gitanes, die er seit Wochen nicht angerührt hat. Danielas Lächeln verrät ein wenig Spott. Sie nimmt sich auch eine und lässt sich von ihm Feuer geben.

Er nimmt einen tiefen Zug, pafft weiße Wölkchen vor sich hin, während in seinem Kopf Gedanken hin und her ziehen,

Aufstellung einnehmen, sich wieder umstellen, neue Konstellationen bilden, wie auf einem Schachbrett.

„Mit uns ist was schief gegangen, Daniela. Schon dass wir dasselbe zweimal erleben, ist paradox. Das widerspricht jedem Gesetz. Deswegen muss der Fehler ausgebügelt werden. Würden wir es schaffen, erfährt doch alle Welt, dass es solche Ausnahmen gibt. Exotische Ausnahmen von der Regel. Die Konsequenz wäre dieselbe wie bei allen Gesetzen, die ohne Sanktionen gebrochen werden. Das gesamte System kommt in Gefahr. Folgst du mir darin?"

„Nein." Daniela ist jetzt ganz bei der Sache.

„Du bist Jurist, ich seh' es mathematisch: Manches kannst du beweisen, aber nie anschaulich machen. Anderes ist zwar anschaulich, aber nachweisbar falsch. Wir begreifen vieles nicht, auch wenn wir es vielleicht ausrechnen können."

„Wenn die Welt im Letzten unbegreifbar ist, wären die inszenierten Unfälle aber überflüssig."

„Keineswegs", fährt Daniela unbeirrt fort, „das Ganze muss in unserer Lebenswelt plausibel bleiben, vor allem im sozialen Gefüge, sonst bricht doch das Chaos aus. Das ist unabhängig von den größeren Zusammenhängen, die haben sich immer schon im Unendlichen verloren."

„Da geb' ich dir recht. Mit unserem Tod ließen sich die Irritationen im Kleinen tilgen. Aber es gibt immer nur eine Wahrscheinlichkeit für sein Eintreten. Dem System müsste eigentlich egal sein, was mit uns passiert, wichtig ist da nur die Gesamtbilanz. Abgerechnet wird vielleicht ein andermal."

„Das Problem mit unserem Überleben ist, dass wir morgen zurück kommen können zu all den Leuten, die uns letztes Jahr beerdigt haben."

„Das wird glaube ich nicht passieren. Es gibt eine Welt, in der leben wir - und es gibt eine Welt, in der leben wir nicht. Sie vermischen sich nicht. Beides existiert. Wahrscheinlich.

Gewissermaßen nebeneinander her."

„Dann wären wir tot und lebendig zugleich? Glaubst du etwa an Gott?"

„Keine Ahnung, hab mir über so was lange keine Gedanken mehr gemacht. Wenn es keine Folgen hat, ist es doch gleich."

„Als Physikerin glaub ich vielleicht ein bisschen an die String – Theorie, demnach könnte es unendlich viele Parallelwelten geben, die nichts voneinander wissen. Aber der Tag ist ja auch noch nicht zu Ende."

„Von solchen Sachen versteh ich nichts, aber wenn wir tatsächlich tot wären, hätte der heutige Tag nicht stattgefunden. Außerdem, im Jenseits gibt es Schnaken!" Tim schlägt sich heftig auf den Arm.

„Es ist wie mit allem: Nichts ist perfekt. Nichts klappt richtig, im Leben nicht und auch nicht im Tod."

„In einer perfekten Welt gäbe es uns nicht mehr."

„In einer perfekten Welt passieren keine Unfälle."

„In einer perfekten Welt stirbt man an Langeweile."

Vor ihnen taucht eine große Rabenkrähe auf. Sie kam von links aus dem Gebüsch und quert ihren Weg mit Vogelstechschritt. Unvermittelt legt sie den Kopf schief und blickt in ihre Richtung. Dann kommen zwei weitere Krähen, zanken mit der ersten und flattern kreischend davon.

Sie gelangen zu einem kleinen Friedhof. Die Grabstätten liegen in Reihen unter ihnen. Sie ähneln den Rebterrassen am Berg gegenüber: Einmal Winzer, immer Winzer. Vor der Friedhofskapelle setzen sie sich im Schutz des Vordachs auf eine Bank. Tim schaut auf die Uhr:

„Noch zehn Minuten vielleicht."

„Je nachdem wie schnell sie essen. Angela hat bestimmt zweimal Nachtisch bestellt. Und dann noch die Runde mit dem

Rüdesheimer Kaffee."

Plötzlich kommt es ihm vor, als habe er Angela seinen spitzen Ellbogen in die Seite gerammt, in ihr wehrloses Fleisch. Aber vielleicht hat der Knall vorhin die ganze Reisegesellschaft auf die Straße gelockt, vielleicht sind die Grossmanns auf der Suche nach Sarah verunfallt und die Weiterfahrt entfällt. Dann müssten sie erst recht auf der Hut sein.

„Du glaubst also, wenn sie im Rhein sind, ist alles vorbei?"

„Weil wir dann nicht gestorben sind. Und wenn man nicht gestorben ist, sitzt man vergnügt im Restaurant und trinkt seinen Wein. Oder fährt mit der Seilbahn zum Niederwald hoch."

„Es scheint nach wie vor Gründe zu geben, uns von der Rechnung zu nehmen."

„Weißt du, was ich glaube? Dieses Jahr 2016 ist nie angebrochen. Wir waren immer nur im Jahr 2015, denn dort stimmt ja alles. Wir sind unserer Zeit nur einfach voraus gesprungen. Wir, vielmehr ich, habe vorhergesehen, wie dieser Tag weiter gehen wird. In so 'ner Art von prophetischer Vision. Und weil wir das wussten, konnten wir uns ausklinken. Rechtzeitig. Wenn wir schlau sind, halten wir in Zukunft einfach die Klappe. Sagen, wir hätten uns die Beine vertreten und wären zu spät gekommen. Was anderes würde uns sowieso niemand glauben. Die Zeit fließt weiter, als wär' nix gewesen, genau wie der Rhein. Dann werden wir wahrscheinlich in Ruhe gelassen."

„Ich hab da Zweifel."

Sarahs Augen funkeln in der Sonne wie zwei Glitzersteine, dann laufen sie über und zwei kleine, heiße Bäche stürzen über ihre Wangen. Daniela nimmt sie in beide Arme und streichelt ihren Rücken, der sich heftig hebt und senkt.

„Der Tim und ich, wir sind doch für dich da, du brauchst keine Angst haben. Noch ein paar Minütchen, dann ist alles vorbei. Dann fahren wir erst mal zusammen mit der Seilbahn, und oben auf dem Berg, du weißt schon. Und nächste Woche nehmen wir dich in die ganz hohen Berge mit, zum Schi - fahren. Warst du da schon mal? Und danach kommst du doch ins Gymnasium. Freust du dich denn nicht?"

Sarah zuckt die Schultern.

„Hättest du eigentlich gern mal ein kleines Geschwisterchen?"

Daniela übersieht Tims Irritation. Unten hört man einen Zug. Im Talausschnitt, der ein Stück Gleis freigibt, schwimmen Trasse und Schienenstrang in der Hitze. Tim wirft den Zigarettenrest weg und fasst Daniela um die Schultern.

„Wenn man so das eine oder andere Jahr wiederholen könnte..."

„Ach du Spinner", sagt sie lachend und schüttelt sich, „dann würde man andere Fehler machen."

Unten auf der Treppe erscheint eine Frau. Sie trägt schwarz, geht leicht gebeugt, hat rechts eine Gießkanne im Arm und einen kleinen Rechen in der Linken. Grabzeile um Grabzeile müht sie sich zu ihnen herauf. Am Ostersonntag, zur Mittagszeit ein Grab pflegen, das ist ungewöhnlich. Entweder sie hat niemanden, oder es stimmt etwas nicht. Tim und Daniela umfassen ihre Waffen. Langsam nähert sich die Frau; sie scheint nichts zu bemerken. Daniela wechselt ein paar Worte mit dem Kind, um sich zu entkrampfen. Die Frau blickt auf.

„Grüß Gott und Frohe Ostern!", sagt sie, schwer atmend nach der letzten Stufe.

„Guten Tag", antwortet Daniela, „heute auch unterwegs?"

„Ich bin jeden Tag hier", antwortet sie. „Das Unkraut wächst im Frühjahr, da kann man zusehen."

„Pflegen Sie eine große Grabstätte?"

„Unser Familiengrab. Mein Mann und die Tochter. Sonst hab ich keinen mehr. Brustkrebs, sie war vierundzwanzig, da geht das rasend schnell."

„Das tut mir leid, so was ist furchtbar. Wollen sie sich zu uns setzen?" Daniela macht eine einladende Handbewegung. Tim bleibt skeptisch, er rückt ans Ende der Bank und seine Hände halten die Axt umklammert. Die Frau ist gut eins achtzig und hat noch eine kräftige Figur.

„Das ist freundlich von ihnen, ja, danke. Aber ich muss mir gleich noch was zu essen machen."

„Ein schöner Tag heute."

„Ja, ein richtiger Ostersonntag. Aber manchmal frag ich mich an so Tagen: Wofür? Für wen? Vierundzwanzig Jahre. Ich wär´ gern für sie gegangen, stellvertretend, damit sie hätt´ leben dürfen. Das Haus war gerade fertig, sie war mit ihrem Mann eingezogen, haben von Kindern geredet. Warum passiert so was?"

„Das versteh ich. Es geht nicht vernünftig zu in der Welt. Manchmal wird sogar das eine Leben gerettet auf Kosten eines anderen. Nichts fügt sich, wie es sein soll. Mit dem Leben nicht und mit dem Tod auch nicht."

„Wir sind nämlich auch tot", mischt sich Sarah ein. „Aber nachher, wenn es rum ist, fahren wir mit der Seilbahn auf den Berg und gehen Eis mit Pommes essen."

Die Frau weiß nicht, ob sie lachen oder den Kopf schütteln soll.

„Was ist denn heute los in Assmannshausen?" fragt Tim, „so viele Motorräder..."

„Die kommen jedes Jahr. Die meisten sind in Rüdesheim, dort gibt es ´ne Art Kirmes, aber viele kommen auch zu uns. Das ist alles eine bestimmte Sorte Motorräder, so eine amerikanische Marke. Aber schon toll, mit was für Aufbauten und Bemalungen die hier ankommen. Es wird von einem Verein veranstaltet, und die laden Leute aus ganz Deutschland ein, dass sie ihre Maschinen zeigen. Das geht übers ganze Wochenende."

„Ich hab mich schon in Rüdesheim gewundert über die vielen Bikes", sagt Daniela, „mir gefällt das auch."

„Ich geh nicht mehr hin, mir ist das zu laut, und die aufdringliche

Musik immer", winkt die Frau ab, „sind meist junge Leute."

„Gibt´s da nicht manchmal auch Unfälle?"

„Soweit ich weiß, nicht. Doch, warten Sie, letztes Jahr, auf der Uferstraße, da war alles gesperrt und es gab viel Blaulicht, aber das hab ich nicht richtig mitbekommen, ich musste mich in diesen Wochen um den Nachlass kümmern und all das, Sie können sich vorstellen, wie es einem da geht."

Unten auf der Straße macht sich ein Pulk Motorräder bemerkbar. Hochtourig nehmen sie die Steigung, fahren dröhnend an der Steinmauer entlang, biegen aber nicht in die Allee ein. Sie fahren weiter durch den Wald zum nächsten Ort. Eine einzelne große Maschine, kommt hinterher, sie folgt der Gruppe.

„Sind Sie Ausflügler?", fragt die Frau.

„Wir sind auf einer Rheinfahrt. Nachher geht es weiter mit dem Schiff."

„Das ist schön. Für eine junge Familie bringt so ein Wochenende mehr als diese Flugreisen, die man heutzutage macht. Man kann richtig entspannen. Wie lange sind Sie schon verheiratet, wenn ich fragen darf?"

Das Bellen der Motorräder ist leiser geworden. Es wird immer leiser, bis es kaum mehr zu hören ist und vom Rauschen der Baumkronen übertönt wird. So ist auch nicht zu bemerken, wie dieses Bellen allmählich in ein anderes Bellen übergeht. Man könnte es verwechseln, aber als es wieder näher kommt, ist das Mechanische daraus verschwunden. Es zerlegt sich in eine Vielstimmigkeit. Sie versammeln sich in dem Waldstück, das zwischen Landstraße und Friedhof liegt. Es kommt näher. Plötzlich schlägt es um ins Aggressive, Animalische, kommt den Weg herauf, den sie gerade gegangen sind, und dann sieht Tim schon die ersten. Es sind Rottweiler, eine ganze Rotte, aber keine gewöhnlichen, es sind riesige Tiere, so was hat er noch nie gesehen. Die kommen direkt auf sie zu, da gibt es keinen Zweifel. Drei Kampfmaschinen mit ockerfarbenem, glattem Fell und

41

aufgerissenen Mäulern. Gedrungen die Leiber, kraftvolle Läufe, die zielstrebig und behänd den Weg herauf hetzen, losgelassen.

„Gehen sie da rein!" ruft die Frau, „bringen sie das Kind in Sicherheit und ihre Frau!"

Sie entreißt Daniela Hacke und Rechen und stellt sich auf den Weg. Die Rottweiler sind jetzt so nah, dass man ihr hetzendes Atmen hört und das Schlagen ihrer harten Läufe auf dem Brasche – Weg. Heiseres Kläffen. Tim drückt heftig auf das schwarze Türblatt, die Kapelle ist tatsächlich offen, und schiebt Daniela, die Sarah auf den Arm genommen hat, hinein.

„Kommen sie, ruft er der Frau zu, sie müssen auch rein!", aber da ist es schon zu spät. Die Bestien haben sie erreicht, sie steht mit erhobener Hacke und schlägt dem ersten mit Wucht auf den breiten Kopf. Tim steht starr in der Türöffnung, er sieht, wie der zweite Kampfhund die Frau anspringt. Ihn wehrt sie mühsam mit dem Rechen ab. Dann fährt sie mit den Geräten rotierend um sich herum und trifft den Dritten, der sich jaulend auf den Boden wirft. Sie verfügt über ungeahnte Kraft. Tims Hände verkrampfen sich, drei sind zu viele, sie sind zu groß, stark wie Braunbären, er wirft die Axt nach einem und verfehlt ihn. Da bemerken ihn die Ungeheuer und scheinen sich zu besinnen. Die Frau nutzt die Pause und schlägt dem ersten erneut ihre Hacke ins Kreuz, dass er einknickt. Tim sieht vier glühende Kohlen auf sich gerichtet. Daniela zieht ihn von hinten in die Kapelle, als die Bestien schon heran stürzen. Mit lautem Knall schließt sich die Tür, es poltert, als die schweren Hundeleiber gegen das Holz prallen, mit Armen und Füßen, in äußerster Not, halten sie die Untiere draußen. Nach diesem ersten Angriff sichert er das Tor mit den Hebeln der beiden Türstopper im Fliesenboden und dem Stahlriegel, es kommt aber zu keiner weiteren Attacke. Den Rottweilern wäre es bei ihrer Körperkraft nicht schwer gefallen, das Portal mit Verriegelung einzurennen. Durch die seitlich anschließenden Buntglasfenster sieht er, wie sie ihn suchen. Sie nehmen Witterung auf, scheinen aber nichts zu begreifen. Ihre Beute ist in der Nähe, aber unsichtbar geworden. Und wie ihr Zorn sich dann auf die Frau stürzt. Zweimal schreit sie laut auf, dann ist nur noch tollwütiges Rasen und Knurren zu hören. Daniela gibt einen harten, langgezogenen Ton von sich, der sich anhört wie eine Fortsetzung.

Tim begreift nicht, wieso plötzlich alles still ist. Lautlose Leere wie nach einem heftigen Sturz. Er sitzt auf einem Stahlrohrstuhl in der hintersten Reihe und hält den Kopf zwischen den Fäusten. Langsam kehrt die Welt zurück. Drei Rottweiler, acht stiegen in einen Bus, drei sind davon gekommen. Seine Angst, die der Courage im Weg stand. Dass sie davon kamen, fühlt sich unstatthaft an. Unstatthaft für den Sohn eines erfolgreichen Anwalts und Strafverteidigers, dem der Ausgleich von Rechten und Pflichten auf den Leib geschrieben war. Er war dieses Vaters und seiner Gerechtigkeit nicht würdig.

Doch er lebt. Und er lebt, weil er ihrer nicht würdig gewesen ist. Es kommt ihm vor, als sei alles so arrangiert gewesen. Von selbst wäre er nicht auf den Gedanken gekommen, die Tür zur Kapelle könnte offen stehen. An einem Tag, wo fast alle Türen privat sind und geschlossen.

Sein Blick verliert sich im Halbdunkel des Raums, wo die Frühlingssonne einen bunten Teppich auf den Terrazzoboden zaubert. Er steht auf, geht zur Tür und zieht die Riegel. Knarrend öffnet sie sich, Blütenduft strömt ihm entgegen. Hart bricht sich die Mittagssonne auf Dachblech und Schiefer. Über den Abhang blickt er auf einen brausenden, lärmenden Talausschnitt. Es hört sich an, als sei man aufgetaucht aus einem Strom, ein Schwimmer, der sich behauptet hat gegen Strudel und Felsen, der mit einem geschenkten Leben jetzt am flachen Ufer liegt. Der es noch nicht glauben kann. Vorplatz und Wege liegen im Mittagsschlaf, von der Frau und den Hunden keine Spur.

Geblendet wendet er sich um. Drinnen herrscht sanftes Zwielicht. Als seine Augen an den Dämmer gewöhnt sind, sieht er Daniela mit Sarah auf dem Schoß, sie sitzen in der hintersten Reihe nahe am Durchgang. Wortlos macht er ein paar Schritte. Das Farbenspiel der Buntglasfenster verwandelt den Raum in ein Opernhaus, auf der Bühne gibt ein Feuerwerksorchester schillernde Ouvertüren und auch wenn er nicht daran glaubt, bleibt er für eine Zeit im Goldregen stehen.

Erst als er Danielas Stimme neben sich hört, erwacht er wieder.

„Hast du auf deine Uhr geschaut?"

An seinem Handgelenk ist der 5. April 2015.

Für einen langen Augenblick sitzen sie nebeneinander und es geschieht nichts. Für einen Augenblick, der geeignet scheint, alles restlos zu vergessen was während der letzten Stunden geschehen ist, damit es wieder wie ungeschehen wird.

Erst als das zu Ende ist, wendet Daniela den Kopf, blickt ihm über die Schulter geradewegs ins Gesicht und sagt:

„Und was machen wir jetzt mit so einem angebrochenen Leben?"

Tim lehnt sich zurück und atmet tief durch:

„Was fragst du? Wir haben doch ein Kind."

Jahrhundertsommer

Wenn es im Sommer wochenlang nicht regnet, die Felder verdorren, Flüsse das Gebiss ihrer Kiesufer entblößen, wenn die Städte unter einer Dunstglocke liegen und die Zeitungen schreiben, so schlimm war es schon lange nicht mehr, erleben wir jetzt gerade einen Jahrhundertsommer. Jahrhundertsommer kommen jetzt häufiger vor. Bei dem letzten Mal standen im Park Halbwüchsige unter den Wasserfontänen der Springbrunnen und bespritzten sich. Im Venezia schwitzten die Kellner ihre Hemden durch, während die Eiscreme beim Auftragen schmolz, aber keinen regte das auf. Nur die Urlauber wurden bedauert, sofern sie in den Süden gefahren waren.

Wahrscheinlich wäre diese Frau von den meisten übersehen worden. Nach stundenlanger Schwitzkastenfahrt durchs Tessin war ich ausgestiegen und halb besinnungslos zum Container gewankt — beide Hände voll mit Chiptüten, Plastikflaschen und zerknüllten Zeitungen. Das Schild an der Einfahrt zum Rastplatz hatte 24 Kilometer bis Mailand angezeigt. Als ich den Containerdeckel hob, kam mir ein Wespenschwarm entgegen. Beim Zurückweichen wäre ich fast über ihren Rollstuhl gefallen.

Er stand neben dem Müllbehälter, als sei er nicht mehr hineingegangen. Ein beiger Sommermantel hing von hinten über die Lehne. Ich ging um das Gefährt herum, da saß die Frau drin. Schief, nach vorne gekrümmt, die Augen halb offen. Wie bei einer Katze, die zusammengerollt in der Sofaecke döst. Geblümte Bluse, grauer Rock, weiße, verbeulte Schuhe, die Unterlippe hing herab. Dann ihre

45

Hand: ein Zweig mit trockener, adriger Haut darüber, wie zuletzt bei meiner Mutter.

Wie soll man einen Namen erfahren, wo so jemand hingehört, was das soll, wenn sie auf nichts reagiert, immer nur geradeaus starrt und sich anscheinend völlig vergessen hat? Die jemand anders wohl ebenfalls vergessen hatte. Im Jahrhundertsommer auf einer Autobahnraststätte in Italien, neben dem Müll.

Als erstes brauchte ich eine freie Hand, dann ein Taschentuch für ihren Mund. Wer weiß, wie lange sie schon in der prallen Sonne stand. Von Haustieren hatte ich gelesen, deren Besitzer sie, an Bäume gebunden, auf Parkplätzen vergaßen. In diesem Fall konnte kein Tierheim helfen.

Ich packte die Rollstuhlgriffe und schob sie die Magnoliensträucher entlang neben unseren Kleinbus. An und für sich sind die Italiener nette Leute. Leider verstehen sie wenig Deutsch. Dafür können sie ausdrucksstark reden und bedeutungsvoll gestikulieren. Vom Getränkekiosk schickte man mich zur Tankstelle und wieder zurück. Niemand fühlte sich zuständig, die Raststätte hatte kein Büro, in dem jemand saß, der sich um außergewöhnliche Probleme kümmerte. Weit und breit keine Carabinieri, denen man eine hilflose Person anvertrauen konnte. Was hätten Sie da gemacht?

Als ich zum Wagen zurückkam, stand Gudrun mit einem ratlosen Gesicht daneben: „Hast du die bei uns rein gesetzt?"

Auf der mittleren Sitzbank: geblümte Bluse, grauer Rock, verbeulte Schuhe...

„Keine Ahnung, die stand beim Container", sagte ich verblüfft.

46

„Und du willst sie mitnehmen?" Gudruns Augen flackerten.

„Wie kommst du darauf?"

„Nein, Omi hierbleiben!" rief Johannes, unser Jüngster. Er kletterte auf ihren Schoß und begann, an der Bluse herum zu spielen.

Meine Mutter war im Frühjahr zuvor gestorben. Wir hatten sie nachmittags im Lehnstuhl gefunden. Johannes lag an ihrer Brust und schlief, er hatte nichts gemerkt. Er wollte nicht mehr runter von ihr. Wollte die Blumen von ihrer Bluse pflücken, sie hatte Wochen vorher ein Ländchen mit ihm angelegt – Stiefmütterchen, Vergissmeinnicht, ein Paar Erdbeerpflanzen gesetzt. Ihr Garten stieß an unser Grundstück. Wenn wir unsere Kinder suchten, mussten wir nur zur „Blumenomi" rüber. Erst an der Toten erkannten wir die Veränderung: Papierhaut, ihre Augen eingesunken, Hände, die man sich gar nicht mehr traute anzufassen. Wochenlang hatten wir ihren heiseren Husten überhört, das Rasseln in der Lunge. Wir hatten einen Bogen um sie gemacht wie um eine ansteckende Krankheit. Wahrscheinlich taten wir ihr damit einen Gefallen. Uns selbst auch. Sie hinterließ kein Testament und jetzt hat mein Bruder mich verklagt. Fast mit Gewalt haben wir unseren Jüngsten von ihr wegholen müssen.

Mir blieb nichts übrig, als mich erneut auf die Suche zu machen. Nach mehreren Stationen fand ich endlich ein Telefon. Der Hörer glühte, sämtliche Münzschlitze waren mit Kaugummi verklebt. Meine Armbanduhr war stehengeblieben, die Sonne röstete alles, was nicht flüchten konnte. Schweißnass kehrte ich zurück. Da standen zwei von uns an der Schiebetür, auf dem Schoß der Frau hockten die beiden anderen.

„Wir müssen was unternehmen!" befahl Gudrun. „Hilf mir mal!"

„Alles auf die Plätze, wir fahren weiter!", rief ich ins Auto.

Dann griff ich ihr von hinten vorsichtig unter die Arme; Gudrun schob außen den Krankenstuhl zurecht, doch beim Anheben schrie sie auf mit einer Stimme, die mich an die Christkindlglocke zu Heiligabend erinnerte. So hörte sich Rheuma an oder Osteoporose, Gicht, und wie sonst diese Krankheiten hießen, die man sich durch ein zu langes Leben einhandelt.

„Dann zur Autobahnpolizei!" rief meine Frau, „So was muss es doch geben!"

Als ich unseren Kleinbus startete, saß rechts von der Frau unser Johannes und las ihr mit dem Zeigefinger aus seinem Bilderbuch vor, während Marie versuchte, sie von links mit Chips und Nüssen zu füttern. Auf der Rückbank blickte der Älteste enttäuscht aus dem Fenster. Zum Glück war mein Surfbrett daheim geblieben, sonst hätte der Rollstuhl nicht mehr aufs Dach gepasst.

Milano, Corsico, Lodi, San Colombano al Lambro: Flach lag das Land vor uns; in der Hitze fingen die Pappelreihen an zu steppen, Getreidefelder wogten, als wollten sie das Meer ankündigen. Da, auf der Standspur! Ein Streifenwagen! Vollbremsung! Ich stieg aus und rannte zurück, zwei verdutzte Polizisten hielten gerade ihre Siesta. Mit vielen Gesten ließen sie sich zu unserem Fahrzeug bewegen. „Look! Old woman!"

Die beiden schauen einander an. Gudrun versuchte es auf

Französisch. Ich holte den Stuhl vom Dach. Kaum hoben wir sie auf, ging die Christkindlglocke wieder an. Da schüttelten die Carabinieri den Kopf. Wir sagten „malade" und „help", ließen unsere Hände vorm Gesicht kreisen, ernteten erneut Schulterzucken. Ihre Gesichter sagten: Wenn ihr Streit habt mit eurer Mutter, ist das eure Sache, das ist nichts für uns. Meiner Frau traten Tränen in die Augen, als sie auf den Beifahrersitz zurückkehrte.

Unsere gestorbene Blumenomi war in ihren letzten Jahren wie umgedreht. So viel hatte sie früher nie gelacht. Sie konnte die schönsten Kindergeburtstage im Viertel ausrichten. In ihrem Garten haben die Kleinen Heuschrecken erbeutet, Junikäfer, regenbogenfarbige Raupen, was immer in die kleine Box mit Vergrößerungsglas hinein passte. Sie wusste die Namen von Schmetterlingen und Wanzen; in dem Winzerdorf an der Weinstraße, wo sie her stammte, hatte jeder seine Stücker gekannt mit allem was darin wuselte. Ab elf Uhr stand sie am Herd, die Kinder um sie herum. Waren die Zwetschgen reif, stand tagelang ein Riesentopf mit Latwerge auf dem Feuer und ihr Siedlungshäuschen roch nach Bonbonladen vom Keller bis unters Dach. Diese da konnte weder Latwerge kochen noch Vanillepudding mit Schokosoße. Früher vielleicht. Inzwischen brauchte sie Pampers. Aber Gudrun hatte natürlich recht, wenn sie sagte: „Ist deine Sache. Du hast sie angeschleppt. Ich versorg´ das ganze Jahr über die Zwerge".

Im Grund genommen konnten wir uns nicht beschweren. Drei Wochen Toskana, Ferienhaus, wir wohnten ganz für uns in einer ehemaligen Mühle: „Veccio Mulino, mitten in alter Kulturlandschaft, idyllisch gelegen." Die Zimmer einfach

49

rustikal, Wände gekalkt, Möbel von Ende neunzehntes Jahrhundert. Aus den Mahlsteinen hatten sie runde Tische gemacht, ein Bach floss vorbei, in den Wiesen zirpte es, morgens fanden die Kinder junge Kröten auf der Veranda. Unter den Steineichen führte das Sommerlicht ein Ballett auf. Wenn sie oben im Dorf ihren Abwasch machten, wehte eine Wolke von Abwassergestank über unseren Frühstückstisch. Doch von hier brauchte man keine fünf Minuten bis zur Autobahn und nach Pisa fuhr man höchstens eine Stunde. Allerdings waren wir nicht dort.

Die Italiener sind an und für sich unkompliziert. Ich weiß zwar nicht, ob unser Vermieter alles verstanden hat, als ich bei der Ankunft in gestenreichem Französisch zu erklären versuchte, warum wir einer mehr sind als im Prospekt vorgesehen. Doch er hat gegrinst und mit dem Kopf gewackelt. Da war ich erleichtert und habe das alte Kanapee mit der großkarierten Reservebettwäsche bezogen.

Auf den letzten fünfzig Kilometern wäre Gudrun beinahe ausgestiegen. Sie habe sich nicht freigenommen, um ihren Urlaub mit einem Pflegefall zu verbringen, am liebsten würde sie mit der Bahn heimfahren. Ohne uns. Doch als unsere Drei am ersten Abend mit der Omi im Rollstuhl übers Pflaster holperten, immer bis zur Hauswand und zurück bis alle japsten, schien sie fürs erste beruhigt. Ich tat mein Bestes. Nachmittags fand Gudrun sogar Zeit für ihre Krimis, die sie ursprünglich zu Hause lassen wollte. Jetzt reichte es, wenn einer von uns unter der Weinrebe saß und gelegentlich ein Auge über den Buchrand warf. Alle waren beschäftigt. Abends, wenn die Kids schliefen oder so taten, erzielte meine Frau Fortschritte beim Yoga, indem sie, auf der

50

Veranda mit verrenkten Gliedern zur Statue erstarrt, das Mondlicht anbetete. Schon nach der ersten Woche hatte sie sämtliche Reiseführer durch, morgens beim Brötchen holen in einer engen Seitengasse, nahm ich italienische Modezeitschriften mit und kaufte auf der Piazza die einzige deutsche Zeitung. „Veccio Mulino, mitten in alter Kulturlandschaft, idyllisch gelegen." In der Umgebung unseres Städtchens roch es nussig nach Sommerheu, das in langen, regelmäßig gerechten Schwaden auf den Feldern lag. Wenn bloß diese Hitze mal nachgelassen hätte.

Meine Frau wollte zum Rolling Stones-Konzert nach Rom. Ich sagte: „Vierhundert Kilometer im Backofen und wahrscheinlich gibt's längst keine Karten mehr." Als ich vorschlug, stattdessen zum „Großen Preis von Italien" zu fahren, Monza sei nichtmal halb so weit, sagte Gudrun: „Frisst Körnerbrot und fährt mit dem Liegerad ins Büro! jetzt will er mit hunderttausend Formel-Eins-Deppen Dosenbier saufen gehn´."

Wir einigten uns auf Lucca: Kirchen, Mauern, Palazzi, drei, vier Geschlechtertürme. „Erleben Sie Lucca, die Stadt zwischen Tradition und Moderne." Vor Jahrhunderten waren die Türme von Familien gebaut worden, die sich bekriegten. Über Generationen. Deswegen unten nur eine einzige Haustür, neben der die Alten wohnten. Alle übrigen lebten in den Stockwerken darüber. Mit meiner Mutter wär´ das nicht gegangen. Ihr hätte es vielleicht gefallen: Jeden, der uns besucht, gleich ausfragen und hinterher maulen: „Mit was für Leuten gebt ihr euch bloß wieder ab?" Zu allem, was im Haus passiert, hätte sie erst mal ihren Senf gegeben, selbst wenn sie keine Ahnung hatte. Nach spätestens einer Woche wäre ich ausgezogen. Unsere neue Großmutter war viel angenehmer. Sie fragte nicht, meckerte nicht, und was um sie herum passierte, war ihr gleich. Sie wollte keine Kontrolle, bloß ihre Ruhe und regelmäßig was zu essen. Das Einzige, was sie von sich aus tat, bezog sich auf eine Perlenkette. Ihre gichtigen Finger umfassten einen der Klunker, dazu bewegten sich ihre Lippen.

„Das ist der Rosenkranz, sie betet den Rosenkranz", belehrte mich Gudrun.

„Kann man beten, ohne zu sprechen?"

„Das ist so was katholisches, es funktioniert automatisch, soweit ich weiß."

Von Lucca sahen wir wenig. Kinder interessieren sich für Eisstände und Trattorien, die Pizza, von einem gockelnden Kellner serviert, erinnerte an die Tiefkühlware aus der Schachtel. Wir sind schließlich nur in eine einzige Kirche hinein gegangen. Im kühlen Seitenschiff zwei Schneewittchensärge mit verdorrtem Besatz. Die Heiligen hatten früh das Zeitliche gesegnet, aber segneten immer noch, denn zahllose Teelichter dankten ihnen für allerlei Wunder, dass ihr ganzes Eck in einem schummrigen Glorienschein flackerte. Neben ihnen reihten sich lebensgroß an der Außenmauer marmorne Apostel und Märtyrer, die alle, ihren theatralischen Gesten nach zu schließen, viel mitzuteilen hatten. Einem steckten lauter Pfeile im Adonisleib. Er erinnerte ein wenig an unseren Osterhasen, wenn Gudrun ihn mit Rosmarin, Speck und Salbei gespickt auf den Ostersonntagstisch stellte. Er guckte schräg von unten Richtung Himmel, ziemlich jammervoll, und doch wiederum nicht richtig. Eher wie einer, der sich bei der

Domina Gewichtchen an die Brustwarzen hängen lässt.

Unsere Omi sagte plötzlich: „Je nu, so jeht et zu im Leben! Mein Mann hat Krebs jehabt und ick hab ooch schon keene Briste mehr. Dir isset och nich anders jejangen." Sie sprach ja. Sie sprach ja deutsch. Mir blieb der Mund offen. Es gab auch nichts weiter zu sagen, denn ihre Bemerkung meinte offenbar nicht uns. Sie schien sich an eine andere Instanz zu richten, eine, die ich in einem Verklärungsschleier über den Heiligen rangieren sah. Wegen ihrem Mann vielleicht, oder wegen sich selbst. Allerdings konnte man abends beim Duschen durchaus sehen, was noch alles an ihr dran war. Von wegen. Gudrun half beim Ausziehen, das machte sie dann schon. Gemeinsam setzten wir sie auf einen Hocker, ganz vorsichtig, dann ging es mit der Brause von oben nach unten und sie ließ es sich gefallen. Unser Badezimmer war nicht mehr als ein abgetrenntes Eck mit Fliesen und Vorhang. Im Abfluss bildeten sich kleine Seifenstrudel.

Einmal stand unser Vermieter vor der Tür. Er wolle nach dem Rasen sehen, es wär′ jetzt alles so trocken, so haben wir ihn jedenfalls verstanden. Er trug einen Gartenschlauch über der Schulter. Ob wir nicht abends ein wenig spritzen könnten. Das versprachen wir gerne. Die Dorfjugend, berichtete er radebrechend, veranstalte am Wochenende eine Disko oben auf der Piazza, auch als Touristen dürften wir uns eingeladen fühlen.

Am Abend ging es unserer Omi schlecht. Sie hustete vom Herzen her, als wollte sie unser Engagement mit einem raschen Abgang belohnen. Ich erschrak: Was machen wir mit einer Toten?

Gudrun meinte: „Sieh zu, wie du klarkommst!"

53

Ich sah mich mit dem Auto losfahren, einen Teppich kaufen, so einen billigen, aber breit genug, dazu eine große Rolle Klebeband. Die Kinder hätten natürlich nichts merken dürfen.

Wir würden sagen: „Gestern Abend, als ihr schon geschlafen habt, sind Leute gekommen und haben die Omi abgeholt. Es war ein Versehen."

Im Appenin gibt es jede Menge Schluchten und Brücken. Da konnte man zwischendurch kurz mal anhalten und sagen: „Mama und ich, wir steigen jetzt aus und tun was weg. Ihr wartet so lang."

Gudrun hätte helfen müssen, den Teppich vom Gepäckträger zu heben. Dann über die Brüstung und — runter. In Italien kümmert sich keiner darum, die Täler liegen voll mit allem möglichen Zeug. Ach ja, der Rollstuhl. Entweder im Haus verstecken oder abends noch mal losfahren, im Gebüsch schaut auch keiner nach.

Jedenfalls, auf dem Wagendach bis nach Deutschland, das wäre nicht gegangen. Über all die Mautstellen und Raststätten. In einem Jahrhundertsommer. Eine Woche früher daheim und am Ende wäre uns noch was angehängt worden. Wenn bloß diese Hitze nicht gewesen wär´.

Gudrun meinte: „Lebendig kann es noch schwieriger werden. Kein Ausweis, keine Scheckkarte, neuerdings gibt´s auch Mautkontrollen hinter der Grenze. Wenn jemand ohne Papiere ist und sieht noch ein bisschen südländisch aus, denken die sofort an Libyen. Und zuhause erst. Wer glaubt uns das? Eine Familie, die sich eine fremde Frau ins Haus setzt, Pflegefall, wo wir die Sache jetzt grad´ erst hinter uns haben, also dermaßen blöd ist ja eigentlich niemand. Außer dir vielleicht."

Ich musste ihr Recht geben. Was kam da auf uns zu, selbst im günstigsten Fall? Aufsicht und Pflege, rund um die Uhr, aber keine Rente, keine Krankenversicherung, keine Adresse.

Dafür lief anderswo ein Konto über. Schön für ihre Verwandten. Sie konnten ein paar Jahre lang die Pension kassieren und sie anschließend als vermisst melden. Behaupten, sie wäre im Gewühl verloren gegangen. Während einer Urlaubsfahrt. Auf einer Autobahnraststätte in der Nähe von Mailand.

Meine Mutter starb über Pfingsten. Wir waren gerade vom Aldi zurück, da fand ich sie im Fernsehsessel. Auf der Mattscheibe rührte ein Fernsehkoch in Töpfen und Tiegeln herum und Johannes schlief auf ihr. Ihren Kühlschrank brauchte ich nicht mehr einräumen. In der stickigen Zimmerluft ein Geruch nach Vorwurf. Als ich es endlich begriff, stand ich da wie die Birke im Garten, wenn im Herbst ein Sturm rein fährt. Ein Tornado wollte mich aufsaugen und hundert Meter weiter wieder ausspucken. Hinterher schrieb es Gudrun den Nerven zu, aber ich glaube das nicht.

Ich hatte mit meiner Mutter nie ein gescheites Gespräch geführt. Entweder ging unten die Ladentür oder ich musste vor ihr in Deckung gehen. Später hieß es nur:

„Kommst wieder so spät heim!"

Seit der Vater weg war, musste sie um jedes Stück Brot kämpfen und mein Bruder kam gerade erst in die Schule. Ich hab meine Kameraden beneidet, weil es bei denen zuhause ruhiger zuging. Den Müll musste ich immer raus bringen, im Winter zusätzlich die Asche im heißen Schuber, und wir hatten viel von beidem wegen dem Geschäft. Bei Sperrmüll stand unser Trottoir voll mit Kartons und Kisten, wo die kaputten Geräte drin waren und all das andere Zeug. An manchen Tagen hätte ich sie am liebsten dazu gestellt.

Aber im Nachhinein muss ich sagen: Es war eine Leistung. Ein Kind erkennt das nicht und sie hätte nichts davon wissen wollen. Aber sie hat eine Leistung erbracht. Heute wäre ich froh, es hätte eine Gelegenheit gegeben, ihr das mal zu sagen. Nicht aus Dankbarkeit, sondern wegen der Gerechtigkeit. Manches muss einfach irgendwann einmal gesagt werden, unabhängig davon, ob es gerade passt oder nicht. Damit es geradeaus geht im Leben.

Nachmittags immer dunstig. Kein Blatt regte sich im Pappelwäldchen. Aus den Wiesen riefen Zikaden. Marie drehte die weißen Haare der Omi auf Gudruns Lockenwickler, die hielt still und grinste. Später half sie beim Gemüseschneiden: Karotten und Paprika, die Zucchini, alles in gleichgroße Würfel. Ich sah hinterher nach, ob noch alle Finger dran waren. Bei diesem Wetter gab es meistens Eintopf. Wir redeten viel mit ihr und sie lachte dazu, von sich aus erzählte sie nichts. An den Herd ließen wir sie nicht mehr, seit Andreas ihre Brille aus der Lasagne gefischt hatte. Da muss nacheinander Schicht um Schicht gelegt werden, Gemüse, Nudelplatte, Hackfleisch. Sie muss da was verwechselt haben. Es war auch wegen dem Gas. Ich sagte: „Ach Omi, hast doch genug geschafft im Leben. Wir wissen das alle."

Einmal bestand sie darauf, unser Wohnzimmer zu putzen. Sie holte sich einen Plastikeimer, füllte ihn am Küchenhahn halb auf, hob ihn ächzend vom Wasserstein herunter auf den Boden, wackelte zur Besenkammer, wo sie Schrubber und Feudel fand. Es ging mühsam auf den holprigen Steinfliesen, mit vielen Pausen, aber in den routinierten Abläufen ließ sich die jahrzehntealte Übung noch erkennen. Wenn sie über dem Eimer den Feudel auswrang, hörte sich das an, als wollte sie damit ihr persönliches Fazit über die Welt und das ganze Leben ziehen.

Dann ein richtig schwüler Abend. Nicht mal die Vögel wollten singen. In der brütenden Stockstille unseres Winkels vollkommene Ruhe. Die Kinder waren in ihren Betten mit sich selbst beschäftigt, der Große passte auf.

„Wir sind nicht lang weg."

Mit Gudrun quälte ich mich hoch zur Dorfdisko. Der Platz war überfüllt mit Einheimischen, aus allen Lautsprechern dröhnte Gianna Nannini. Zwischen Verkaufsbuden eine improvisierte Bühne, auf der eine Tanzgruppe ihren Auftritt vorbereitete. Erstes Wetterleuchten zuckte über den Horizont. Während der Musikpausen redete Gudrun nur über Florenz, die Medici, Michelangelo, die Uffizien. Bevor sie eine Stadt besucht, informiert sie sich immer, selbst wenn sie am Ende gar nicht hinfährt.

An einem Weinstand mussten wir den örtlichen Chianti probieren, rot wie Ochsenblut, schwer wie Südwein. Entsprechend ausgelassen war die Stimmung zwischen jung und alt, italienisch und touristisch, lachend, schreiend, küssend, gestikulierend. Es gab sogar ein Kinderkarussell im Stil der fünfziger Jahre mit jauchzender Besatzung. Hätten wir das mal vorher gewusst. Wir kauften den im Dauerlachen beschwingten Winzerinnen zwei von den Bastflaschen ab, die auffordernd ihre Regale zierten. Dann kam der Wind.

Um die Piazza schwankten die Platanen, Staub wirbelte auf, an den Weinständen räumten sie eilig Gläser und Flaschen weg, Tischdecken und Zeltplanen flogen davon. Ein heller Donnerschlag knallte über den Platz und jagte Kinder mit ihren Müttern in die Häuser. Im Durcheinander suchten wir unseren Abstieg. Grell leuchteten die Blitze den steilen Pfad aus, im Gegenlicht zerrissen sich Wacholderbüsche, die Böen peitschten uns mit Ästen und erstem Hagel.

Wir schafften es gerade noch bis zur Terrasse, dann brach das Unwetter los. Wie dankbar die Gesichter der Kleinen, die uns, an den Großen geklammert, in der Küche erwarteten. Es tobte die halbe Nacht. Mehrfach trat ich vor die Tür um nachzusehen, ob der Mühlbach nicht ins Haus kommt.

Der folgende Morgen war vollkommen still. Die Wiese zeigte ein erneuertes Grün, der Himmel blau mit leichter Bewölkung. Nur der Hibiskus hing zerzaust herunter. Schon trockneten die Pfützen. Eine leichte, frische Brise kam auf und rüttelte an der Weinrebe.

Ich ging in die Küche, stapelte Tassen und Teller auf dem Tablett fürs Frühstück. Längst musste ich nach der Omi schauen, die Zeiger meiner Armbanduhr, die auf der Anrichte lag und plötzlich wieder funktionierte, wiesen auf halb zehn. Sie dürfte schlecht geschlafen haben bei diesem Krach.

Aber ihr Kanapee hinter dem Vorhang war leer, die Bettbezüge waren weg. Im Eck lag das alte Federkissen. Ihr Sommermantel hing nicht mehr an der Garderobe. Im Bad stand der Hocker verlassen da. War Gudrun mit ihr weg gefahren?

Das Auto wartete noch in der Einfahrt.

Ich begann den Frühstückstisch zu decken.

Meine Frau erschien in der Tür und fuhr sich durchs Haar. Sie gähnte.

„So ein Unwetter."

Sie blickte auf den alten Holztisch und legte den Kopf schief.

„Sind wir heute einer mehr?"

Ich zählte nach: Wir waren fünf plus die Omi.

„Es stimmt doch."

Sie blickte mich an und zuckte die Schultern.

„Was meinst du mit einer mehr?"

„Zwei plus drei sind bei mir fünf. Und da stehen sechs Teller."

„Wir haben alle kaum geschlafen."

Gudrun ging zum Tisch und nahm einen der Teller wieder herunter.

„Es ist doch kein Problem, Gudrun. Ich will nur wissen, wo du sie hingebracht hast."

„Wen soll ich wo hingebracht haben? Steckt dir die Hitze noch im Kopf?"

„Die Hitze ist vorbei, aber die Omi ist weg."
„Welche Omi bitte?"

Todesblumen

Die schneeweißen Chrysanthemen passen nicht, sie dominieren den schlichten Buchensarg. Besser hätte man was Gefälligeres genommen, etwas weniger Belastetes. Die Kerzen schicken schwarze Rußfäden zur Decke. Aus der Tür links, wo die Träger warten, dringt ein Geruch nach warmem Fleischkäse. Seit die Glocke der Hedwigskirche drei Uhr geschlagen hat, dehnt Ungeduld unsere Zeit. Dass endlich die rechte Tür aufgeht und den Trauerredner herein schickt. Ins an und abschwellende Hüsteln schneidet eine Kreissäge aus der Nachbarschaft unregelmäßige Lärmsegmente. Vorhin ist Herbstregen ins Friedhofsgrün gefallen, es rinnt von Schuhen und aus Schirmständern, alles fühlt sich nass und nach Erkältung an. Ein verkehrter, überflüssiger Tag. So verkehrt wie die schneeweißen Chrysanthemen, die bisher Mannis Logo auf der Homepage rahmten. Jetzt liegt Manni vor uns, eingehüllt in Buchenholz, wie eine Reliquie, bejubelt von einem Blumenmeer, vier zum Ernst mahnende Trauerkränze halten die Ehrenwache. Er selbst lacht uns aus einem großformatigen Foto an, als könne er diese Feier nicht recht ernst nehmen. Ich hätte jedenfalls kein Orgelspiel bestellt, aber man kann Angehörigen nicht reinreden. Niemand von uns kennt den Bruder, der mit seiner Familie in der ersten Reihe sitzt. Zu Manni hätte was Asiatisches gepasst, vielleicht Klangschalen, meinetwegen noch Klassik, aber nichts Kirchliches. Wenn man bedenkt, wie er gelebt hat.

Ich weiß noch nicht, was ich nachher am Grab sage. Mir haben sie einfach die Verantwortung aufgehalst: „Du als

Vereinsvorsitzender." Unser Kranz sagt doch auf seinen drei Schleifen schon alles.

Erst hieß es: Das muss ein Irrtum sein, ein Unfall. Einer wie Manni macht so was nicht. Petra hatte ihn in der Badewanne gefunden, mit einer Plastiktüte über dem Kopf. Das war nicht sein Stil. Wenn, dann wäre er ohne Fallschirm aus einem Flugzeug gesprungen oder so. In seiner Hinterlassenschaft hätte sich eine hundert seitige Begründung gefunden, besser noch das Manuskript für ein posthum zu verlegendes Manifest.

Petra ist aus dem Haus gerannt und hat uns auf dem Weg zur Polizei mit bebender Stimme angerufen. Rudi schickte auf der Stelle seine Patienten nach Hause. Sabine fiel — das Handy noch in der Hand — über ihren Hund. Hinterher konnte sich mancher vorstellen, dass er ein heimliches Parallelleben geführt hatte, man erinnerte sich an Reisen nach Lateinamerika, Marie erzählte von nächtlichen Streifzügen durch den Stadtpark, wo zu dieser Zeit nur Dealer, Stricher und Ehebrecher verkehren.

Hinterher fällt einem manches auf, oder man sucht einen Sinn im Bizarren. Nichts davon ergibt ein Bild. Wir hatten ein falsches Bild – womöglich war es einfach nur Mord. Gut getarnt als Suizid, raffiniert ausgeführt. Bei der Obduktion wird es sich herausstellen, dachten wir. Man müsse abwarten. Aber wie soll man auf Fragen antworten, die einfach nur peinlich sind? Petra hat sich auf das Qi herausgeredet, über das man auch mal die Kontrolle verlieren könne, jemand, der so viel davon hatte wie Manni. Es stiftete noch mehr Verwirrung, denn erklären Sie mal Leuten ein Qi, die gar nichts davon ahnen, die nie was davon gehört haben. Wenigstens hat man verstanden, warum wir am Ende doch nicht warten konnten auf das, was die Pathologie herausfand. Darüber, was vorletzte Woche zwischen Freitagnacht und Sonntagmorgen in Mannis Haus passiert ist. Es liegt einsam genug für ein Verbrechen, und wir haben uns vorläufig darauf geeinigt. Aber wahrscheinlich hat Manni wieder alle an der Nase herum geführt. Ich sehe sein verschmitztes Lachen vor mir.

„Man muss sich erden. Damit fängt alles an. Entspannt hinstellen, die Füße etwa parallel, sich in die Knie setzen, dabei aufrecht bleiben, den Kopf gerade, als sei er an einem goldenen Faden aufgehängt, der bis in den Himmel reicht."

So steht er vor uns, eine Eiche, durch das Fenster fällt ein Sonnenstrahl auf seine rechte Schulter. Wir lassen das Feuer aus uns heraus, empfangen das Wasser, jeder für sich und vor mir halb links Beate.

„Das Qi hat seinen Sitz im Bauch, alle Energie geht vom Bauch aus, von dort fließt es durch den ganzen Körper. Es muss in Fluss gehalten werden, darf nicht stocken durch Einseitigkeiten. Sonst geht Energie verloren oder macht uns krank. Alles wandelt sich, wir wandeln uns",

Manni steht inmitten aller Wandlungen unbewegt. Er bewegt uns.

Ich weiß, wenn er nachher mit Beate nach Hause geht, wird es wieder kein Halten geben für sein Qi. Doch hab ich das Recht, ihn dafür zu tadeln? Vergesse ich nicht ständig, mein Vitamin D zu nehmen? Achte ich etwa konsequent auf laktosefreie Kost? Hab ich an meine Spurenelemente gedacht?

Erst waren wir im Zoo, danach im Cafe´ Schubert, da hatte ich die Kapseln nicht einstecken, meine Augen hingen nur an Philipps Zappelbeinen, wie soll ich mein Leben auf die Reihe bringen, wenn es schon an Elementarem hapert?

„Philipp lass das! Wir gehen sofort heim zur Mami!"

Immer diese Kindwochenenden. Alles bricht auseinander. Erst nächsten Freitag wieder der Workshop. Wenn Philipp endlich zurück ist bei Mama, muss ich mich sofort hinlegen. Frühestens wenn ich aufwache, werde ich meine Übungen absolvieren können, dann geht es direkt ins Büro. Frühstück später.

Aber es ist vieles besser geworden. Mein Qi beginnt den Körper aufzutauen, fließt stockend wie Eisgang im Frühjahr, meine Schneeschmelze hat lange gebraucht, um in Gang zu kommen, es ist eine Frage der Zeit, auch der Jahreszeit. So richtig muss man gar nicht daran glauben. Es wirkt auch ohne. Darin liegt der Beweis: Dass es wirkt, auch wenn man nicht daran glaubt. Du musst es ausprobieren, sagt Manni, dann erklärt sich das Qi von alleine. Worte sind Schall und Rauch.

Durch das Buntglasfenster fällt uns ein falscher Schein ins Gesicht und macht die Leichenhalle umso düsterer. Vergebens mühen sich die beiden Feuerengel, ein wenig Gegenlicht vom Himmel herab zu rufen. Der Regen klopft an am Dach, spielt auf dem Trommelfell der Schirme draußen. Ein überflüssiger Regen. Schon treten Flüsse über die Ufer, heute Morgen Hochwassermeldungen an Rhein und Donau. Bald steht alles unter Wasser. Danach kommt die Kaltfront und wir werden in einem Eisland wohnen, uns morgens durch einen halben Meter Neuschnee graben, kein

Auto springt an. Mit Motorschlitten werden wir die Schluchten zwischen unseren Häusern befahren, immer auf der Hut vor Kreuzungen, denn Vorfahrt wird in eine andere Zeit gehören.

Eine tote Zeit wird sich über uns breiten, alle Bahnen stehen still, unter den Brücken türmen sich die Eisschollen zu vielfältig gezackten Pyramiden. Keiner denkt mehr an die Herbstgärten, fruchtschwer, an blaue und rosafarbene Chrysanthemen, die am Zaun blühen, an Gemüsebeete, Vogelschwärme und an den Geruch frisch umbrochener Felder. Schneestürme werden unsere Erinnerungen verwehen, heftig an Läden rütteln, Dächer abdecken. Es wird keine Hoffnung bleiben.

Dabei hat alles erst vor einem dreiviertel Jahr angefangen. Im Frühjahr, als sich im Volkshochschulkurs der neue Trainer vorstellte. Er sei frisch aus Wien zugezogen, stand im Programm. Aus Wien in die Provinz? Manni sprach klares Hochdeutsch, niemand von uns kam auf die Idee nachzufragen, nicht mal Beate. Auch Kerstin, Petra, Laura, Marie, Sabine, Renate nicht. Für uns drei Männer war die Vergangenheit eines Mannes ohnehin kein Thema - Micha und ich waren frisch geschieden, wir hatten genug mit uns zu tun. Ein Qi Gong-Lehrer aus Wien mit zehn Kursteilnehmern, sieben davon weiblich, die meisten Mitte zwanzig bis Mitte vierzig, aus allen Berufsgruppen mit Schwerpunkt beim Akademischen.

„Wir beugen uns, verschieben den Riegel, richten uns auf, dann verbinden wir mit unseren Armen Himmel und Erde, gewinnen Kraft für einen heftigen Fauststoß, das Auge funkelt...“

Maries Augen lachen mich an, ihr zeremoniöses Schreiten erinnert mich an Menuett-Tänze im Spiegelsaal zu Cembalomusik. Es ginge ihr besser, wenn sie ihrem Mann mehr Grenzen setzte.

„Wir sammeln die Früchte ein, nähren Leib und Geist, schließen in der Grundstellung ab."

Einmal fehlte Beate. Das gab es noch nie. Ihre Position an Mannis Seite verbot jede Schwäche - Machte sich jetzt die eine oder andere Hoffnung? Die schusselige Marie? Laura kann nicht mal ihren Namen tanzen. Spekulationen schossen ins Kraut, wir verhielten uns wie Dorfbewohner, die sich, am Zaun stehend, gegenseitig überwachen. Dabei kannten wir uns erst seit einem halben Jahr.

Doch der gemeinsame Urlaub im Engadin hatte alles verändert. Bergtouren, meditieren, Hüttenromantik auf zweitausendzweihundert Metern. Ein Schrankfach voll mit Schweizer Schokolade, ein anderes mit Müsli und Dosen, eine überquellende Garderobe im Flur, im Heizraum liegen kreuz und quer die Walking Sticks. Morgens lege ich Schwachholz, Papier und duftende Kiefernscheite auf den Eisenrost, zünde an und warte, bis die gusseiserne Platte warm ist. Draußen fülle ich am Brunnen die Kasserolle und setze sie auf, hole Kaffeefilter für die Kannen, während Micha draußen lärmend seinen Lada startet, um im Dorf frische Brötchen zu holen. Das Schwarzbrot schneiden wir dick mit dem Sägemesser vom Laib, während alle eng gedrängt um den groben Holztisch sitzen. Micha singt zur Gitarre „Wild world", „My Lady d´Arbanville", vielleicht auch „Moonshadow." Marmeladengläser, Nussmus, Emmentaler, Dosenleberwurst, Appenzeller, Bergader,

Vacherin, die Kaffeekannen und Renates Karaffe Kräutertee, schon die Tassen müssen auf Anrichte und Fensterbank ausweichen, weil für Teller auf der verschnitzten Vollholzplatte kein Platz bleibt, wir essen wie Holzfäller mit Messern in der Faust.

Auf dem kleinen Plateau vor der Hütte die Übungen mit meditativem Blick auf Dreitausender und Betrachtungen in tantrischer Trance. An bewaldeten Hängen und Felswänden schauen wir entlang bis tief in die schattigen Täler. Tags darauf, am Nachmittag, stehen wir schwitzend und glücklich auf einem Gipfel, reihum von Mund zu Mund geht eine Flasche Slibowitz, danach schütteln wir uns vor der Schärfe des Ouzo, den Rudi aus seinem Rucksack zieht und spülen mit ein paar Schluck Dosen – Cola - Bier nach. Die dem Alkohol entliehene Beseligung lässt uns die leeren Flaschen in den Abgrund, dem alten Leben vor die Füße werfen, ohne dass jemand ein Bersten oder Splittern hört.

Zur Abendhandlung klingen Klavierkonzerte von Schumann und Chopin aus Sabines Boxen und wir massieren uns gegenseitig die Beinmuskeln. Später trocknet das bunt zusammengewürfelte Geschirr neben dem Ausguss und die Boxen singen „Sail away." Ich stehe im Krähennest des viktorianischen Viermasters, über mir die Albatrosse, ein auffrischender Wind greift in die Rahsegel, im Westen sinkt die Sonne blutrot in den Atlantik und hinterlässt gigantische Wolkengebirge. Von dunkelorange über violett ins Dunkelblau türmt es sich und kann doch die Nacht nicht abhalten. Schatten huschen an der Zirbenholztäfelung entlang, während im Kamin die Scheite bersten und ihr Harz die Flammen füttert. Wir sprechen kaum und trinken, ein

Streichholz flammt auf, es riecht würzig verboten, der Joint geht um. Im Sitzen dämmern wir davon, riesenhaft schreiten wir durch Hallen, tasten uns im Dunkeln einzeln zu den Kojen.

Als der Kripobeamte fragte, ob Manni Feinde hatte, konnte ich mich nicht entsinnen. Niemand redete schlecht über ihn, selbst für kleine Übertretungen konnte man ihm nicht böse sein. Er war gewinnend. So war man auch nicht weiter gekommen und hatte die Leiche freigegeben, zum großen Erstaunen, ja Entsetzen einiger. Vor einer Woche hat mich der Bruder gebeten, ein wenig auf sein Haus zu achten. Ich bot an, für ein paar Wochen dort einzuziehen, bis der Verkauf abgewickelt sei. Fast jeder hatte einen Schlüssel, Manni teilte alles mit uns, sogar die Frauen, obwohl er selbst keine mitgebracht hatte. Kein Problem bei sieben zu drei, wenn man zusätzlich Rudis medizinisch – psychohygienisch begründete Monogamie in Anschlag bringt und absieht von Renate. Manni vertrat ein buddhistisch fundiertes Konzept von Gemeineigentum, wie es einige Klöster im Himalaya praktizieren. Ich kenne mich da nicht aus, fragte mich aber, wie jemand mit einem Einkommen aus VHS-Kursen eine Villa mit acht Zimmern, zwei Bädern, Pool, Bulthaup - Küche und Fitnessraum im Keller finanzierte, auf parkähnlichem Grundstück. Sein zweites Leben kannte vielleicht nur Beate. Als ich sie einmal fragte, warum der Chrysanthemen-Kranz in seinem Logo mal weiß, mal bunt sei, erzählte sie was von „Lieferbereitschaft." Sie schien ihm zu vertrauen mit einer Arglosigkeit, wie ich sie von meiner Mutter kannte, die Ihr Wertpapierdepot einem Vermögensberater anvertraute, der es in weniger als zwei Jahren halbierte.

Erst jetzt verstehe ich Mannis doppeldeutige Vorliebe für die Farbe Weiß. In Asien bedeutet sie: Ich bin noch zu haben. Bei uns ist die weiße Chrysantheme eine Todesblume. Beides passt und passt auch wieder nicht.

Zwei Leben, eine Person, eine Person, viele Leben. Mannis Vielgestaltigkeit hat uns die Augen geöffnet für unsere eigene Mannigfaltigkeit. Morgens, wenn es regnet, hat das eine Selbst die Läden zugelassen. Beim Mittagessen hat ein anderes Lust, mit Mariah Carey im Hitradio zu singen, ein drittes kommt, wenn Kerstin nicht da ist. Ein Viertes will Sex und zwar gleich, das nächste pflegt seine Migräne. Sie flattern auf wie Schmetterlinge, wenn man im Sommer eine Wiese überquert. Ihre Zahl ist vielleicht größer als die Zahl der Dämonen, die Jesus beim Besessenen zu Gerasa austrieb. Nur dass sie bei mir nicht in die Säue ausfuhren und mit denen in den See Genezareth, sondern mich verfolgen, manchmal wie ein Schwarm Wespen, manchmal wie die schwache Erinnerung an einen goldenen Herbsttag an der Weinstraße, nicht mal im Schlaf werde ich sie los.

Mein Wechsel von Petra über Sabine zu Kerstin hatte eigentlich nicht in meiner Absicht gelegen. Ich bezweifle, ob ich überhaupt je ausgeprägte Absichten bei Frauen verfolgt habe. Mein Trost in Petras Armen wurde dieser irgendwann lästig. Sie liebte wilde Feten, die sich bis in die Morgenstunden zogen. Ihr Reihenhaus mit Jugendstilfassade war als Treffpunkt der örtlichen Künstlerszene bekannt. Ich passte nicht auf ihre Designsofas, von denen man Kreuzweh bekam. Ihre Weichholzmöbel aus den 20er Jahren mit den vielen Macken, ihre bronzierten Lüster mit den glitzernden Kristallbehängseln, die feinen Risse im abblätternden Stuck.

Die Seidentapeten aus verschossenem Rosenrot erinnerten mich an muffig vor sich hin rottende Barockschlösser. Mir fehlte die spezifische Genussfähigkeit ihres Milieus, wo man sich vor großformatigen Leinwänden begeistern konnte, auf denen nichts zu sehen war als Farbkleckse. Ihre Atelierfeste mit all den blasierten Selbstinszenierungen und dem missgünstigen Getuschel drum herum, die Vorliebe ihrer zahlreichen Gäste für alten Cognac, Cremant und das ganze Fingerfood, ihre langen, bunten Gewänder, in denen sie durch die Kunstszene irrlichterte. Was sollte ich mit geräucherter Eismeerlachsforelle an Pilzerde und Pastinake im Einweckglas, wenn mir nach einem Leberwurstbrot war? Statt des Rummels hätte ich lieber mehr Zeit auf der Recamiere ihres Wintergartens verbracht oder auf einer Mittelmeerreise, oder auch bloß samstags auf dem Wochenmarkt mit anschließender Schlemmerei im kleinen Garten.

Sabine muss das gemerkt haben, oder Petra gab ihr einen vielsagenden Tipp. Auf ihrer letzten Party warf sich Sabine mit ihrem weichen Busen so an mich heran, dass mir die Luft wegblieb. Bevor ich recht begriff, lagen wir zusammen in Petras Gästebett unter der Dachschräge, es vollzog sich nahezu öffentlich unter der Aufsicht ihrer ganzen Gästeschar. Wortlos trennten wir uns, gegenseitiges Einvernehmen unterstellend, Sabine übernahm es gern, meinen Anorak und den Blazer bei Petra abzuholen und versäumte nicht, mir von dem athletischen Raubritter zu berichten, den sie mit Dreitagebart und wirrem Schwarzschopf an ihrem Frühstückstisch angetroffen habe. In Wahrheit hieß der Recke Manni, das erfuhr ich aber erst Wochen später durch Zufall.

Sabine unterrichtete an der Grundschule und wohnte in einem Neubauviertel. Ihr Arbeitsplatz war ans Bürgerzentrum angebaut, fußläufig der Edeka, und unten, an der Umgehungsstraße, eine Tankstelle mit Autowaschanlage, 24 Stunden offen. Ihre Welt war mit dem Lineal gemacht: die Fassaden und Trottoirs, Hochhäuser und Garagenzeilen, die Kücheneinrichtung in Schleiflack. Sabine dachte an alles. Wenn der Sohn früher heimkam, standen Teller, Besteck und Trinkglas auf dem Tischset, die Aluschale mit der Tiefkühlkost neben der Mikrowelle. Zu Zeiten unserer Ekstasen, das Kind hatte einen guten Schlaf, glitzerte der Spätburgunder schon in der Dekantierkaraffe, wenn ich die Wohnung im Hochhaus betrat. Zwei Tischkerzen flackerten im Halbdunkel der Essnische, aus der Küche drang ein Duft von Überbackenem. Was war daran verkehrt? Ich sollte bei ihr einziehen, das frühere Zimmer ihres Mannes bewohnen, Wand an Wand mit ihrem Sohn, der eifrig Hi-Fi - Anlage und Playstation betrieb und unter sich schaute, wenn er mir über den Weg lief. Bei Einladungen beobachtete sie mich aus den Augenwinkeln. Während der zwei Wochen, die ich mit ihr Tisch und Bett teilte, wollte sie wissen, wann ich abends nach Hause komme, als ob man vorhersehen könnte, wie eine Vereinsversammlung ausging. Ihre Tage waren bis auf die Minute durchgeplant. Wenn ich bei ihr aus dem Fenster blickte, drohte das Neubauweiß der Fassaden herein, die Einfalt der Zeilenbauten, das reglementierte Grün der Anlagen, die mit Rasentraktoren Golfplatz - kurz gehalten wurden. Trost gab nur der Hund, ein Rauhaardackel, das einzige wild gewachsen Lebendige, wenn man von den Platanen vorm Fenster absieht, die sich jedoch im Spätsommer einen radikalen Kronenschnitt gefallen lassen mussten. Zeitgleich mit meinem Einzug begann der Volkshochschulkurs, zu dem wir uns beide angemeldet hatten. Schon nach der ersten Übung wusste ich, wo mein Unbehagen herkam, was mich seit Wochen beunruhigte: Die Ahnung, demnächst zu explodieren. Ich war eine scharfe Granate und Sabine fummelte am Zünder herum. Es hielt noch bis zur Konfirmationsfeier des Sohnes. Der Vater des Jungen war ein untersetzter Mittdreißiger mit Stirnglatze, gekleidet wie ein Versicherungsvertreter, er verkaufte SUVs und Sportwagen. Der Sohn unterhielt sich über seine Fernsteuerautos und die Rennprogramme auf der Playstation ausschließlich mit ihm. Beim Essen, nur fünf Personen einschließlich Großeltern waren eingeladen, gab es Karottenschnitzel und Spinat – Tofu – Feta - Lasagne, dazu Chilli – Knoblauch – Gemüse und Bambussprossen, übergossen mit dem süßen Feuer exotischer Soßen. Das Gespräch bei Tisch drehte sich um die Omega- 3 - Fettsäuren und makrobiotische Ernährung, low – carb – Diäten und die Rolle von Vitamin D. Langsam schnürte sich mir der Hals zu. Dann kleckerte der Kleine Thaisoße aufs Tischtuch und Sabine schlug ihn. Ihr Gesicht verriet, dass ihr gerade die Kontrolle entglitt, zum ersten Mal, seit ich sie kannte. In mein Entsetzen fuhr ein erster Angina pectoris Anfall, es fühlte sich an wie von Robin Hoods Pfeil durchbohrt. Ich sah meinen herzkranken Vater vor mir, der beim dritten Infarkt geblieben war und floh aus der Wohnung.

Wir sahen uns noch dreimal. Zweimal bei den Übungen, ohne miteinander zu sprechen. Unsere Blicke gingen sich aus dem Weg. Einmal auf der Straße, wo ich es vorzog, die Seite zu wechseln und dafür ihr hartes Lächeln empfing. Dann kam Sabine nicht mehr zu den Übungen. Von Kerstin erfuhr ich, der SUV - Verkäufer sei zurück.

„Für den Sohn ist es sicher das Beste."

Keiner meiner Frauen hatte ich genügen können, und ich fand nicht heraus, woran es lag. Wochenlang hockte ein Rabe auf meiner Schulter. Sein scharfer Schnabel fuhr mir in den Hals, von dort raste der Schmerz durch die Schulter Richtung Herz. Das Herz ist der Palast des Geistes. Lange wird er nicht mehr stehen. Wieder und wieder wühlte der Schnabel in meiner Wunde. Auch Kerstin war schon auf dem Sprung und ich konnte nichts tun, obwohl meine Augen doch geöffnet worden waren. Es stürzte so viel auf mich ein, dass ich längst den Überblick verloren hatte. Übrig blieb nur eine Gewissheit: Ich bin ein Niemand und niemand kann Interesse an mir haben.

Manni kannte keine Feinde, aber seine Feinde kannten ihn. Und es gab mehr davon, als man für möglich hielt. Am Morgen als ich ihn fand, stand auf dem Hocker neben der Wanne ein Glastablett mit einer Strecke Schnee. Das Schnupfröhrchen lag daneben, er lebte noch. Sein Körper sehnig, schlaff, aber gar nicht athletisch, wie ich immer gedacht hatte. Die Gesichtszüge entspannt. Nur der Penis stark und pulsierend, als habe er gerade seine Arbeit verrichtet. Bei Beate, Julia, Petra, Marie, sogar bei Kerstin, mit der ich zuletzt hatte Vorlieb nehmen müssen, sogar bei Kerstin. Womöglich übertreibe ich. Mir stehen jetzt bloß Bilder vor Augen, Szenen, die den Zeitzünder endgültig in Gang setzten, er tickt wie ein alter Reisewecker: Beate und Julia, Petra und Marie, und zu guter Letzt auch Kerstin. Sogar Kerstin. Wie das Ticken in ein Zischen übergeht.

„Man muss das Qi entwickeln. Es ist die nie versiegende Quelle in uns, es spendet alles Leben und wir müssen ihm Bahn schaffen, freie Bahn, damit es in uns wirkt, über die Meridiane zirkuliert, uns über den Körper hinaus katapultiert, auf die anderen übergeht und sie mitnimmt. Alles mitreißt, es gibt keine Grenze. "

Ich will nicht behaupten, die Aldi-Tüte habe nahe gelegen. Ich musste suchen, erst in der Schublade neben der Spüle wartete sie auf mich, rief nach mir. Wenn man bedenkt, wie viele Tode wir täglich sterben und wie wenig es bedarf, um jenen Sprung zu wagen, der uns noch trennt von der endgültigen Mattheit nach all den Eruptionen, ist es ohne Belang. Ein handelndes Selbst geht da völlig unter, und wenn erst die Granate explodiert, hält niemand mehr irgendetwas. Wenn Sie mich fragen, Herr Kommissar, ich glaube nicht an ein planmäßiges Vorgehen. Er rutschte praktisch von allein unter die Wasseroberfläche, ich hätte kaum etwas tun müssen. War ich überhaupt anwesend? Vor den aufsteigenden Luftblasen erschrak ich ein wenig. Als der Brustkorb sich hob und senkte, hielt ich da nicht die Tüte noch in meiner Hand? Nein, Herr Kommissar, eine Aussage zu Protokoll wäre der Rede nicht wert...

Seine Feinde kannten ihn und wussten, wie man einen Manni erledigt: Das geht wie bei den Hochseilartisten. Manche fallen sich selbst zum Opfer, indem sie für Beifall immer riskantere Manöver wagen. Er nahm auch andere mit hinauf, die nicht schwindelfrei waren, natürlich ist jeder für sich selbst verantwortlich. Die ihn belieferten und die er belieferte waren freie, erwachsene Personen. Wird man jemanden tadeln wollen? Muss er sich selbst beschuldigen?

Dass er zu viel wollte, sich schließlich aus seiner Verantwortung stahl? Manche Freunde waren Feinde, manche Feinde hielten sich für Freunde, niemand musste Hand an ihn legen. Doch nun ist ausgelöscht was uns wärmte, was uns bewegt hat, steht still, und der Novemberregen geht leise nieder. Selbst die Feuerengel verlöschen im Nebelgrau. Ich hasse Chrysanthemen, weil sie lügen.

„Der Bauch ist Sitz und Zentrum des Qi. Im Fluss der Übungen lösen sich deine Blockaden. Wir erleben Feuer und Wasser, bilden das Holz, greifen zur Wurzel aus, uns wachsen Äste und wir spüren den Wind. Dann empfangen wir das das Gold, das den Weg zum Himmel öffnet. Mit unserer Kraft können wir den Tiger umarmen, dann kehren wir zur Erde zurück. Diesen Weg können wir täglich beschreiten, dann wird alles vertraut und wir beherrschen unsere Lebensenergie, die uns auf Flügeln der Morgenröte zu neuen Ufern bringt: „sail away, sail away..."

Nachher werden wir wortlos auseinander gehen, ein jeder in seine Kälte. Ich in die tiefste. Ich spüre, Mannis Haus verbirgt etwas, das sich anfühlt wie eine schleichende, heimtückische Krankheit. Es ist keineswegs leer, auch wenn jetzt niemand mehr darin wohnt. Ich werde kein Licht machen, denn was dort lastet, geht nicht weg, wenn man einen Schalter betätigt. Im Dunkeln seh´ ich sie sogar besser, zumindest glaube ich das. Sie sind auch schon zuhause aufgetaucht, in meiner Zweieinhalbzimmerwohnung mit Balkon. Ich wäre nirgendwo sicher vor ihnen. Besser, ich stelle mich hier, am Ort des Geschehens. Die mir neulich über die Schulter geschaut haben, die mir den Weg in die

Küche zeigten, Hand anlegten, die viel zu viel über mich wissen. Immer abends suchen sie mich heim, flüstern aus dem Dunkel: Wie geht es zu mit dir? Einmal stehst du mitten in der Nacht zerzaust im Bett, dann wieder sind die Vorhänge zu, ein andermal wirfst du ein Amselnest auf die Straße, dann ist Kerstin in der Wohnung, dann räumt jemand anders deine Küche auf, danach Musik? Und ich werde sagen: „Ich bin und weiß nicht, warum und wie, ich bin die leere Schale der Auster, die Manni an diesem Abend geschlürft hat, bevor er Kerstin zuprostete, und die immer noch in ihm schwimmt."

Kerstin war erst gegen Morgen nach Hause gekommen. Somnambul wankte sie zum Bett, ich brauchte mich diesmal nicht schlafend zu stellen, schon beim Hinlegen schwebte sie im Tiefschlaf. Zehn Minuten später war ich in der Villa. Ich bin die abgestreifte Haut einer Gift- otter, die weder am Abend noch am Morgen dort war, mein Ich ist auf und davon. Hat es je existiert? Einmal sah ich mich als Schmetterlingsfänger mit dem Käscher über die Weise laufen. Ich fing die Flattergeister ein. Ich wusste schon, es ist sinnlos, weil immer Neue hervorkommen, während die Gefangenen im Netz verkümmern. Ich musste sie wieder freilassen, meine innere Landschaft blieb zerstört. Alles wandelt sich, das Universum fließt, es existiert kein Halt. Es gibt keinen Grund, es gibt nur Wandel, sagt der große Meister. Yin und Yang und alles ständig in neuen Gestalten, und Manni mittendrin. Einmal werden wir vielleicht erwachen und merken, wir sind in Wahrheit ein Schwarm Schmetterlinge gewesen, die einen langen Traum hatten, die geträumt haben, sie seien ein Mensch. Mit einem Leben, das sich selbst erinnern kann.

Ich weiß jetzt, dass Manni selbst es war, der mir die Aldi-Tüte in die Hand gedrückt hat.

Der Schnee macht so matt, dass man hinterher kaum aufstehen kann, um sich vom Kühlschrank ein Bier zu holen. Ich fröstle und kann mich nicht einmal zudecken, mein Körper gehorcht mir nicht, er gehört den Dämonen. Erst wenn sich im Morgengrauen die letzten Gespenster schlafen gelegt haben, weicht der Bann. Ich werde hochkommen und mir zitternd eine Decke greifen. Es geht mit Macht auf den Winter zu. Man spürt ihn schon, wenn die Sonne sinkt und der Kreislauf in den Meridianen stockt. Der Regen trommelt heftig aufs Hallendach und wir husten. Wir haben vergessen, wer wir waren und nichts wird uns bleiben. Keiner von uns hat eine Idee, wie es weiter gehen soll.

Nein, diese schneeweißen Chrysanthemen passen überhaupt nicht. Auf Mannis Buchenkiste nicht und in seinem Logo nicht, das wir demnächst löschen. Ich muss aufpassen, dass ich nachher das Richtige sage. Ein „unersetzlicher Verlust", zum Beispiel, wäre angemessen, ein „Schlag für uns alle." „Der uns die Augen geöffnet hat, der uns erweckt hat" aus dem „selbstvergessenen Schlaf der Unmündigen." Er fehle jetzt. Alles, „was uns bewegte", sei nun „ausgelöscht", das geht auch noch an. Es darf mir nur kein falsches Bild vor Augen kommen. Es darf kein verräterischer Satz heraus rutschen. Am schlimmsten wäre — ja ich habe geradezu Angst davor — dass ich ihm nicht gerecht werde. Darauf hat er nämlich Anspruch. Trotz allem.

Er, soweit ich ihn begreife, so tief wir in seine Welt eindrangen und ihn verstanden haben, unter dem Eindruck des Qi. Das uns alle verändert hat, nachdem wir auferweckt worden sind. Auch wenn der Schnee und die Chrysanthemenlüge ebenso zu Manni gehören und am Ende vielleicht das Gegenteil bewirkt haben. Oder hat beides vielleicht von vornherein zusammen gehört, weil das eine ohne das andere kraftlos wäre?

„Wenn wir durch tägliche Qigong Yangsheng Übungen unser Qi mehren und pflegen, schützt es Körper und Geist sogar vor der Vergänglichkeit, wir zerteilen die Wolken, tragen den Mond."

Rudi meint, alles ging viel zu schnell. Man hätte ihn rechtzeitig finden müssen — mit Notbeatmung könnte Manni heute noch leben. Es fehle jetzt die Synthese. Doch kann man die Splitter einer Granate hinterher wieder einsammeln und alles neu zusammensetzen? Auch Manni hätte das nicht fertig gebracht. Die Neurochemie war am Ende stärker als der Geist. Sie hat mit uns allen nur gespielt.

Vielleicht ist es aber anders herum: Wir haben an einem Zaubertrank genippt, nach dessen Genuss man nicht mehr zurück findet. Nie mehr ins Gehäuse der Illusionen. Es öffnen sich die Augen und man ist in einer anderen Welt, wo Vorurteile, Ängste, Dumpfheit, Kreuzweh nicht mehr vorkommen. Von einem Achttausender herunter erscheint alles klein. Leider merkt man nicht, wie dünn dort oben die Luft wird. Illusionen sind die Luft, die wir ständig atmen, so lebenswichtig wie die Angst. Wahrscheinlich fand Manni von seinem Gipfel nicht mehr herunter, warum haben ihm die Dreitausender nicht genügt? Nur ein Genie konnte so blind sein.

Heute jedenfalls können wir es uns nicht leisten, an etwas anderes zu glauben als an einen heimtückischen Mord. Ich hüte mich, etwas anderes in Betracht zu ziehen, denn woran wir glauben, macht uns zu dem, was wir sind. Ich werde nachher am Grab die nachlässige Arbeit der Ermittlungsbehörden beklagen und viel Zustimmung erfahren.

Donnernd schlägt die Uhr der Hedwigskirche Viertel nach drei. Die Tür fährt auf, ein Mann in blauem Talar schreitet zum Ambo, die Orgel hebt an mit ihrer Klage und alles zerfällt zu Staub.

Ich komme langsam zu mir und finde mich im Halbdunkel wieder. Vor dem Fenster Taubengurren.

Die Lamellen des Rollladens tigern mein zerwühltes Bett mit Morgensonne. Mühsam setzt sich meine Erinnerung zusammen: das Leich-imbs gestern bei trockenem Kranzkuchen, in Bohnenkaffee getunkt, unser wortloser Abschied, meine Flucht aus dem Haus, kann ich mich darauf verlassen?

Vielleicht ist das Leben nur ein Traum und erst das Erwachen bringt uns um.

Vielleicht ist es umgekehrt.

Der Tod ist nur ein Traum und erst beim Sterben begreift man, dass es damit auch bald vorbei sein wird.

Vatertag

Zu erzählen ist eine Geschichte. Eine, die bisher wenig interessiert hat, weil es so eine kleine Geschichte ist. Eine kleine in der großen, die man längst kennt. Wenn ich sie jetzt, nach so langer Zeit, doch noch mitteile, dann nur, weil uns sonst etwas verloren ginge, was vielleicht noch gebraucht wird.

Es geht in der Geschichte um einen Vater. Einen von denen, die nie da waren und irgendwann überhaupt nicht mehr kamen. Deshalb ist auch von einem Großvater zu erzählen. Die Großväter waren meistens da. Oft traten sie an die Stelle der Väter, was die Sache für uns Junge nicht einfacher gemacht hat.

Zunächst also ist von meinem Großvater Krischan zu erzählen. Der ist Reservist gewesen ist im letzten Krieg und Freiwilliger im Krieg davor. Zwischen den Kriegen ist er Arbeiter gewesen in der großen Fabrik und gegen Ende war er immer bei uns zuhause, weil pensioniert. Im ersten Krieg hat er sich mit siebzehn Jahren freiwillig zu den Waffen gemeldet, als es im Jahr 1917 schlimm stand ums Vaterland. Da sind viele aus seinem Dorf hin gegangen, weil man so auch mal heraus kam aus dem Dorf, heraus aus der Pfalz in die Welt. In der Welt konnte man etwas erleben und ein Mann sein. Mein Großvater Krischan, Träger des Eisernen Kreuzes und Besitzer eines Regimentskruges des 93er Königlich Bayerischen Leibregiments „Prinzregent Luitpold" war, glaube ich, ein ganz normaler Mann in seiner Zeit. Er fiel nie auf, hat immer seine Pflicht getan, morgens seine Zeitung gelesen, abends seine Stumpen geraucht und die Ohren gespitzt, wenn Anweisung kam von oben. Er hat nichts erfunden und nichts verbrochen. Er war in keiner Partei und hat keinem über den Weg getraut. Ich sehe ihn im Garten auf seiner Bank sitzen, das Unkraut ist gerupft, der Salat gegossen, die Kaffeekanne steht vor ihm auf dem rissigen Holztisch und er wartet auf die Erdbeertorte. Oder dass die Oma aus dem Haus kommt und Bratkartoffeln mit Ei und Speck aufträgt. Dann greift er nach der Flasche, zieht den Korken und schenkt einen kühlen Schoppen ein. Sein Name steht deshalb in keinem Geschichtsbuch.

Er war aber immer da und hat auch mir die Ohren gespitzt, indem er mir aus seinem langen Leben erzählte. Ich gehöre erst ans Ende seiner Geschichte, als Hopfen und Malz längst verloren war. Damals war ich neun und ging in die Volksschule unseres Viertels. Sie war ebenfalls nach Prinzregent Luitpold benannt, einem der gottesfürchtigen Anwärter auf den bayerischen Königsthron, für den Krischan im ersten Krieg den Kopf hingehalten hat. Vom Prinzregenten hatten wir nicht nur den Regimentskrug zuhause stehen, im großelterlichen Schlafzimmer hingen auch zwei Bilder in geschnitzten Rahmen, die ihn einmal als Jäger im dunklen Tann zeigten, einmal bei einer Hoffußwaschung an Gründonnerstag in der Münchner Residenz. In Religion hatten wir Fräulein Schrader.

Mit ihr fängt die Geschichte eigentlich an, denn an einem schönen Frühlingsmorgen sagte sie zu uns:

„An Himmelfahrt, da steht der Himmel weit offen, damit unser Herr Jesus Christus hinauffahren kann zum lieben Gott, dem Vater, der dort droben sein ewiges Reich hat."

Sie malte einen Heiland mit langem weißem Kleid an die Tafel, der auf einer Wolke stand. Links davon erschien in leuchtendem Kreidegelb die zuvor erfolgte Auferstehung, links daneben ragte blutrot das Kreuz auf, dann in grün das letzte Abendmahl. Hellblau die Pfeile, die von links nach rechts die Reihenfolge die Heilsgeschichte anzeigten, um am rechten Tafelrand, wie gesehen, in der Himmelfahrt zu gipfeln.

„Es ist ein schöner Tag, weil seitdem unser Herr Jesus bei Gottvater zur Rechten auf dem Thron sitzt und die Welt anschaut. ER sieht auch uns...“

Während unsere Buntstifte emsig durch kleinkarierte Religionshefte fuhren, stellte ich mir vor, wie Fräulein Schrader eines Tages gleichfalls auf so einer Wolke stehen und lobpreisend auf uns herabblicken könnte, denn sie hatte die gleichen bodenlangen Röcke an wie weiland der Heiland und seine Jünger. Nichts als graue Wollstrümpfe und Sandalen sah man darunter, die Brust bedeckte flach eine blaue, hochgeschlossene Bluse, die sie selbst im Hochsommer nicht öffnete. Das kam mir widersprüchlich vor, viel zu wenig aristokratisch für jemanden, die ein himmlisches Königreich auf Erden vertrat. Dafür schien sie die einzige zu sein, der man zutrauen konnte, einmal dem Herrn Jesus nachzufolgen, indem sie, vielleicht an Himmelfahrt, die Gesetze der Natur auf die gleiche wundersame Weise aufhob: Nach ausführlicher Wolkenpredigt, in der sie uns abschließend alle einschlägigen Tugenden des christgemäßen Lebens in Erinnerung rief, würde sie mit einem würdevoll geflöteten „Lebet Wohl“ in den strahlend blauen Frühlingshimmel entfahren, während wir in andächtiger Gebetshaltung verharrten, bis uns die Knie schmerzten.

Vorläufig jedoch weilte sie noch im Irdischen und hörte den Katechismus ab: „Wilhelm, welches sind die Eigenschaften Gottes?"

Ach, gern wäre ich Wilhelm gewesen, der sich einen Vers zweimal durchlas und auswendig konnte:

„Gott ist ewig und unveränderlich, allmächtig und allgegenwärtig, allwissend und allweise, heilig und gerecht, gütig und barmherzig, treu und wahrhaftig. Er ist unser lieber Vater in Christo."

Mir hatte der Allgütige ein Spatzenhirn verpasst. In der letzten Stunde hatte ich den Liedvers nur stockend, unter dem Takt des Schraderschen Zeigefingers, von mir geben können:

„Wir danken dir, Herr Jesu Christ, dass du gen Himmel g'fahren bist, Halleluja, Halleluja."

Das Gelernte hatte ich überdies nicht verstanden, denn warum sollten wir dem Herrn Jesus danken, dass er zum Himmel gefahren ist? Hatte einen Vorteil davon? Er tat mir eher ein wenig leid, denn freiwillig konnte das nicht geschehen sein. Üblicherweise fuhren Leute hinauf, die alt und krank waren, weil sie nicht aufgepasst hatten, oder weil es ihnen aus irgendeinem Grund recht geschah. Unser Herr Jesus jedoch war weder alt noch krank gewesen, noch hatte er viel angestellt. Im Gegenteil: Jemanden wie ihn hätte jeder gern zum Nachbarn gehabt, damit er immer zur Stelle war, wenn das Fahrrad kaputt ging oder man sich auf dem Brasche - Weg die Knie aufgefallen hatte. Fräulein Schrader jedoch sagte, er sei zu seinem Vater zurückgekehrt. Zu Gott, dem Vater. Dahin, wo er an Weihnachten immer herkam. Die Religionsstunde war voller Geheimnisse.

Es sollte nicht lange dauern, bis die himmlischen Rätsel sich sich auflösten. Wenige Tage nach der Tafelbelehrung zeigte unser Kalender mit roter Markierung den Endpunkt der Heilsgeschichte an: Christi Himmelfahrt, was so viel bedeutete wie schulfrei. Glocken dröhnten, weiße Watteschiffchen trieben über uns auf tiefblauem Firmament, das von einer kraftvollen Frühlingssonne überstrahlt war.

Ältere Erwachsene sprachen an solchen Tagen von Kaiserwetter, später soll es ein Führerwetter gegeben haben, jetzt hatte es keinen Namen mehr, denn der Bundespräsident, der an die Stelle des Führers getreten war, hieß Heinrich Lübke und stellte weniger vor als seine Amtsvorgänger. Trotz Feiertag und Kaiserwetter wurde ich früh aus dem Bett gescheucht, weil Himmelfahrt als Ausflugstag galt und die Großeltern, bei denen ich wohnte, rechtzeitig am Bahnhof sein wollten.

Schlaftrunken tapste ich durch den Morgen, klammerte mich an Wasserhahn und Kaffeetasse, später fand ich Halt an den Ledergriffen der Straßenbahn. Hinter einem Zugfenster endlich kam ich auf einer harten Lattenbank zur Ruhe. Als ich die Augen wieder aufschlug, winkten Weißdornbüsche und Akazien zu uns ins Abteil, bewegt von brausendem Fahrtwind. Wir zogen an Rübenäckern und Haferfeldern vorbei, baumbestandene Chausseen verbanden Dörfer, die sich wiesenflach und züchtig unter ihre Kirchtürme duckten. Kiefernwälder wanderten am Horizont entlang und gossen ihr Tief grün ins Land. Man spürte den tiefen Frieden, der damals über dem Land lag. Er hatte seine großen, behäbigen, blaugetupften Kapaunenflügel über alles gedeckt, doch an der allgemein herrschenden Ruhe merkte man, dass ihm der Stenz beschnitten war.

Nachdem wir den Heidelberger Hauptbahnhof in Richtung Neckartal verlassen hatten, schnürte die Großmutter ihren grauen Rucksack auf und kramte Leberwurstbrote hervor. Ich kaute mit Bedacht und blickte durchs Fenster den Vögeln nach, Rüttlern und Gabelweihen, die hoch oben über den Kornfeldern Kreise zogen. Ihrem Blick würde gewiss nichts entgehen. Feld und Wald wogten in einer lauen Frühlingsbrise, selbst der Zug schien von diesem sanften Walzer erfasst, indem er sich hin und her in die Kurven legte und ruckend einen Takt vorgab. Wenn die Lok vor den Tunnels pfiff, besuchte ich im Dunkeln kleine Honigkuchenträume von reisenden Vogelschwärmen über Flusstälern, wo es erst nach Muckefuck, Majoran und Schwarzbrot roch, dann nach Apfel, Nuss und Mandelkern.

Es ging langsam voran. Viele Haltestellen warteten auf uns, manchmal stand nur ein ziegelgedecktes Häuschen da mit Schild und rot - weißer Schranke, die einen ausgefahrenen Weg absperrte. Es brannte heiß ins Abteil, schwer schnaufte der dicke Schaffner, dem das Ausrufen der Orte nebst Knipsen so vieler Fahrkarten zur schweißtreibenden Arbeit geriet.

Als Männer mit gelben Strohhüten den Waggon bestiegen, wich meine Schläfrigkeit. Sie lärmten und riefen sich beim Vornamen, rochen nach Bier, hatten grün-weiße Schnüre an Hemd und Hutbanderole. Es wurde gesungen und gelacht. Heute musste ein lustiger Tag sein. Wie sie tröteten und sich

86

mit Luftschlangen bewarfen. Der Großvater jedoch senkte Augenbrauen und Stimme: „Leichtsinnige Kerl, deeden gscheiter dehäm bleiwe unn was schaffe."

Mein Großvater Krischan hätte sich niemals so benommen. Sein Reden war gedämpft, verhalten, als ob er Geheimnisse bewahren müsse. Hosen, Hemd und Janker trug er in gedeckten Farben, sein Hut hatte eine Regenrinne. Ihn konnte nichts überraschen. Er überraschte auch niemanden.

Mir gefielen die Männer. Mein Vater musste so einer gewesen sein. Auf meinem Lieblingsfoto stand er im Monteursdrillich neben einem schweren Motorrad und zeigte, einen Kameraden am Arm, mit der Flasche aus dem Bild heraus auf mich. Wenn ich in der Schule war, zeigte er lachend auf mein ungemachtes Bett. Einmal tat die Großmutter das Bild im silbernen Zierrähmchen weg, als ich in der Schule war. Nur mein sofortiger Protest ließ es auf den Nachttisch zurückkehren.

Einer der Ausflügler holte ein Kartenspiel heraus. Ein anderer steckte ihm einen Strauß an den Hut, dass Schaumkraut und Glockenblume wie ein verzottelter Gamsbart umeinander standen. Der dritte prostete den Fahrgästen zu. Eine Omi, die sich ihre blaugeblümte Bluse aufgeknöpft hatte, prostete mit hochrotem Kopf zurück. Die kleine Steinhäger-Flasche zitterte leicht in ihrer Hand.

„Wie Fraue sich so vulgär benemme könne...". Der strafende Blick meiner Großmutter schweifte durchs Abteil. Klar, da gab es einiges, was ihrem gesunden Empfinden widersprach. Beispielsweise das junge Pärchen, das schräg gegenüber saß und nur mit sich selbst beschäftigt schien. Dass man nichts dabei fand, sich hemmungslos in aller

Öffentlichkeit zu küssen, unerhört, ich konnte mich auch nicht entsinnen, dass ähnliches sich in unserem Haus je zugetragen hätte, selbst im stillsten Kämmerlein nicht.

In Neckargemünd stiegen wir aus. Zusammen mit einer bunt gewürfelten Zecherschar ging es über Bahnhofsfliesen und Kopfsteinpflaster. Dann, auf einem Waldweg, über Wurzelwerk und Steine. Ein Leiterwagen überholte uns mit einem Holzfass obenauf, dekoriert mit jungen Birkenreisern und bunten Bändern.

„Ich hab mein Herz in Heidelberg verloren" wurde gesungen und „Wenn das Wasser im Rhein lauter Wein wär, ja da möcht ich so gern ein Fischlein sein..."

Wir waren langsamer als die zehn feuchtfröhlichen Kehlen, weil der Großvater seit seiner Kriegsverletzung am Stock ging. Dabei wusste er noch ganz genau, wie das Marschieren funktionierte. Er hatte Paradeschritt gelernt und Stechschritt, damals, im Kohlrübenwinter 1917, als es schlimm stand ums Vaterland und er mit zehn anderen Bauernburschen freiwillig nach München „eingerückt" war. Nach München, weil die Pfalz zu Bayern gehörte und ein freiwilliges königlich bayerisches Leibregiment namens „Prinzregent Luitpold" stand. Seit Jahren bewohnte ich die Sonntagmorgengeschichten des Großvaters, wo Heeresdienstvorschrift und Kasernenordnung den Katechismus ersetzten, ich kannte mich auf dem Exerzierplatz aus und in der Stube, fürchtete den gnadenlosen Feldwebelton der Schleifer:

„Stillgestanden! Gewehr über! Rrreechts um! Die Augen links - undeinsundzwei undeinsundzwei undeinsundzwei..."

Wie man einen Karabiner reinigt. Die Übungen im Feld. Wenn der Herr Leutnant am Abend vorher beim Kartenspiel im Kasino verloren hatte, hieß es: „Und auf und nieder, auf und nieder, auf und nieder, auf..."

Spielschulden sind Ehrenschulden, da konnten Mannesehre und Leben auf dem Spiel stehen, das „Auf und nieder" konnte dann schon mal in der Pfütze stattfinden, den Herrn Leutnant musste man verstehen, auch der Herr Stabsgefreite hatte Spielschulden, es war ein verbreitetes Übel, da durfte der Rekrut nicht auch noch murren. Auch wie sie auf der Stube dem Willy aus Leipzig Pferdeäpfel ins Essgeschirr serviert haben:

„Willy, Kamerad, der deutsche Soldat braucht auch mal Obst",

drei Mann packten ihn von hinten, hielten ihm die Nase zu und stopften dem Japsenden nahrhafte Äpfel in den Mund. Der gute Kamerad ist ein Vierteljahr später in den Ardennen gefallen. Schade eigentlich, aber so war das damals. Noch heute konnte Krischan: „Präääsentiert das Gewehr!„ machen, indem er im Badezimmer die Stielbürste vor sich hielt und mit wildem Blick geradeaus starrte.

Manchmal brauchte er einen Halt für die rechte Hand, wenn er mir's demonstrierte, denn der Krieg hatte sein Kreuzbein zerbrochen, und jetzt war alles verwachsen. Es konnte passieren, dass er plötzlich wie ein Maikäfer dalag und ich musste ihm aufhelfen und durfte dabei niemals lachen. Das geschah glücklicherweise selten, denn sein Stock half ihm, Ungleichgewichte auszubalancieren. Man hatte zuweilen den Eindruck, er diene ihm als drittes Bein. Überhaupt war er ein Meister im Ausbalancieren. In der Anilinfabrik, früher

89

IG Farben, hat er zwanzig Jahre lang Pulver abgewogen für die Farbkessel und manches andere, worüber er nicht sprach.

Hier im Wald freilich war weder an Stechschritt zu denken noch ans Exerzieren. Dafür erfuhr ich nun einiges vom Unterricht am Munitionsfahrzeug, wie man einen Motor zerlegt und wieder zusammensetzt, wie man die Kurbel betätigt und dass es manchmal hilft, auf den Schwimmer zu drücken. Von da ging es zum Feldeinsatz nach Nordfrankreich, wo die Front manchmal mitten durchs Dorf gegangen sei, Häuser, Kirchtürme, Bäume und Menschen zerschossen herumlagen. Manchmal, glaube ich, ging die Front ihm auch mitten durchs Herz. Im Sommer 1918, als sie bei einem Lehrer einquartiert waren, und der hatte so eine Tochter, ein sauberes Mädchen, aber der Lehrer sprach kein Wort mit ihnen, den Boches, da hat er gedacht: Schade eigentlich, so ein sauberes Mädchen, aber so war es damals. Wenn die Granaten einschlugen und sie aus dem Graben mussten, hatte der Soldat zu funktionieren wie ein Uhrwerk. Befehl und Gehorsam, Material und Technik, das entschied den Krieg. Vom Material hatte „der Franzos" am Ende mehr, weil „der Amerikaner" sich eingemischt hatte, wo es ihn doch überhaupt nichts angegangen war. Bei seinem Lieblingsthema konnte der Großvater sich so in Rage reden, dass er mit dem Stock in der Luft herum fuchtelte und dabei eine Wurzel übersah. Denn wäre es nach der Disziplin gegangen, hätten „wir" den Krieg gewonnen.

Bei solchen Feststellungen hielt er manchmal inne und bekräftigte seinen Standpunkt mit Stockstößen auf den Boden. Erst nach angemessenem Verschnaufen ging es weiter, gemessenen Schritts. Ohne den Stock war er nicht vorstellbar. Die Maserung, der gelbe Bambusstamm mit braunen Ringen, der Taktschlag seiner Gummistütze beim Gehen, der an ein Uhrwerk erinnerte: To tock, to tock, to tock taa, to tock to tock, to tock taa...

Da der Waldboden holperte und sich jeder Präzision widersetzte, lagen wir inzwischen weit zurück. Meine Ungeduld ließ mich immer mal ein Stück vorauseilen, um die Lage zu sondieren. Im Schutz der Gebüsche zog ich mich zurück und gab Meldung an meine Kompanie. Doch die Sonne stand im Zenit und stach steingrau zwischen den Zweigen hindurch. Mückenschwärme fielen über uns her und wir mussten Pause machen, damit Krischan abhusten konnte. Heute war es schlimmer als sonst, vielleicht lag es an der regnerischen Vorwoche. Da hörte ich auf, traumgängerisch die Sandsteinfelsen für bewehrte Franzosen-Forts zu halten, mit Kieselgranaten zu hantieren.

Bald lichtete sich der Wald, es tauchten erste Häuser auf, Ställe, Schuppen, Scheunen, die sich an einer buckligen Dorfstraße reihten. Vergeblich segnete eine wasserspendende Muttergottes mit Mantel und Sternenkranz eine Viehtränke. Mit letzter Kraft schlich ich die ausgetretene Steintreppe zum Gasthaus „Krone" hinauf.

Hockende Redseligkeit, Gläserklingen, raues Messerkratzen; durch Schwaden von Zigarettenqualm kämpften wir uns durch die Wirtsstube zum Nebenzimmer.

Schon nach dem ersten Zug an der Bluna-Flasche tauchten zwei bekannte Gesichter auf. Es stellte sich heraus, dass die Schlickels auf uns gewartet hatten. Herr Schlickel, braune Kniebundhosen, Janker, großkariertes Hemd, ausrasiert bis über die Ohren, streckte mir eine Pranke hin, die ich zaghaft ergriff. Wir wechselten den Tisch, sie hatten drei Stühle für uns schräggestellt.

Jetzt begann die Zeit der Erwachsenengespräche. Der Bürovorsteher Simgen, sein Herzinfarkt, nur vier Wochen nach der Pensionierung, die Witwe. Da blieb dem braven Herrn Schlickel nur noch Schulterzucken: Er wurde im Sommer 65.

Doch die Welt lag überall im Argen:

„Der Willy Brandt will jetzt Bundeskanzler werde." Auf Herrn Schlickels Lodenjacke bebten die Hirschhornknöpfe: „Der rote Stromer! Unehelich! Und im Krieg abgehaue noch Norwege, wo mer alle de Kopp hänn hinhalte müsse."

„De Adenauer iss awwer auch abgehaue", entgegnete der Großvater. „Der hot sich bei de Paffe verschteckelt, im Kloschter."

„Jo, die Sort, die wärn all wegkumme. Wann der Zusammebruch net kumme wär. Awwer der Hitler war jo größewahnsinnich. Ich hab eeneverzich schunn gesagt, wie kann der jetzt aah noch mit'm Russ anfange?"

„En Größewahnsinnicher, un en Verbrecher!"

„Krischaan, ich glab, es werd heit viel uffgebauscht. Sechs Millione Judde. Geh fort! Mir hänn in Russland ken enziger Judd gesehe. Die Sieger hänn halt immer recht, unn unsereens, der klääne Mann, mir müsse alles glaawe. Und bezahle. Do druff lauft's doch raus. In de Zeitunge stehn doch nur Lüge."

Krischan nickte.

Die Frauen unterhielten sich nebenher über den Zustand der Fürstenhäuser. Bis die Leberknödel mit Sauerkraut kamen und die Bratwürste mit Kartoffelsalat — für den Bub eine halbe Portion — blieb noch Zeit, sich des Seelenzustands von Königinmutter Juliana anzunehmen und des Schwiegersohns Claus, der zu Schwermut neigte. Auch das Schicksal der Ex-Kaiserin Soraya, die wegen Kinderlosigkeit vom Schah verstoßen, nun in edler Melancholie versank, durfte nicht vergessen werden.

Meine Augen gingen an den Nebentischen spazieren, beobachteten den Familienvater, der bestimmt den achten Jägermeister kippte und sich am Tresen hielt, weil es zu lange mit dem Essen dauerte. Sie erblickten den Pudel, der von einem bebrillten Sohn mit angewidertem Gesicht vom Tisch herunter mit paniertem Schnitzel gefüttert wurde. Endlich standen die dampfenden Teller vor uns. Ich schaffte anderthalb Leberknödel, schlagballdick. Wir befanden uns in einem Odenwälder Fresslokal mit gut bürgerlicher Küche, wo samstags die Wutz geschlacht wird und das Wellfleisch über die Ränder der Schlachtplatte ragen musste.

Was mein Vater an solchen Tagen wohl unternommen hatte? Den Overall trug er auch, wenn er zu Besuch kam. Dann roch er abenteuerlich nach Pfeifentabak und Motorenöl. Doch immer diese Dispute! Einmal — an Heiligabend — war unter Gebrüll eine Sardinenbüchse durch die Küche geflogen und über dem Herd an die Wand geknallt, wo sie einen hässlichen Ölfleck hinterließ. Der Großvater war nicht abzubringen von seiner Meinung, dass ein Familienoberhaupt sich um Frau und Kind zu kümmern habe, statt Motorradrennen zu fahren und mit

Segelflugzeugen am Himmel herumzukurven. Ein solider Beruf, Handwerker — Handwerk hat goldenen Boden — oder besser noch: Angestellter, jemand, der in Anzug und weißem Kragen zur Arbeit ging, das wäre recht gewesen für einen, der seinen Namen trug. Mit einem solchen Sohn wäre er Sonntags gern im Ebertpark spazieren gegangen, um, mit dem Stock im Anschlag, ehemalige Arbeitskollegen zu grüßen, ohne ein Gespräch anzufangen. Bei einem früheren Chef wäre die Verbeugung etwas tiefer ausgefallen.

Stattdessen war sein Sohn ein leichtsinniger Kerl gewesen. Einer, der nicht gern „schaffte." Der die Schule nicht zu Ende gebracht und mit falschen Freunden die Nächte durchzecht hatte. Ein Springinsfeld, der dann auch noch ein Kind in die Welt gesetzt hatte. Nicht einmal die Mutter fragte nach mir. Die Gerlinde war sowieso eine „taube Nuss" und der Anfang von Manfreds Unglück gewesen. In diesem Urteil wenigstens waren sich die oft zerstrittenen Großeltern einig.

„In Russland, in de Gefangeschaft, sinn die all verdorbe worde", sagte die Großmutter, „hänn Kartoffelschale aus'm Mülleemer esse müsse, dass se net verhungert sinn."

Ihr allzu großes Verständnis für den Sohn war falsch, seine Liederlichkeiten gingen großteils auf ihr Konto, wohingegen der Großvater frühmorgens das Haus Richtung Werkstor verlassen hatte und insofern schuldlos war. „Mer kann froh sei, dass die üwweerhaupt noch emol heem kumme sinn", hörte man sie oft beschwichtigen, das war auch wieder wahr. Nach solchen Einwänden pflegte Krischan milder gestimmt zu sein, doch der Manfred war dann längst Türen knallend aus dem Haus gestürmt.

Ob mein letztes Mal mit ihm auch an Himmelfahrt war? Der Tag hieß ja zugleich „Vatertag." Ich stocherte zwischen Sauerkraut und Knödeltrümmern, spießte Wacholderbeeren auf die Gabel, fuhr durch Soßenpfützen. Bestimmt war Vatertag. Er hatte plötzlich in der Zimmertür gestanden, eine blaue Windjacke lässig über die Schulter geworfen, und wir hatten schulfrei. Verschwommene Erinnerungen ließen mich im Matrosenanzug einen Kahn steuern. Unter Trauerweiden glitten wir dahin, durch das Flockentreiben der Salweid - Samen. Mückenschwärme standen im goldenen Licht, auf dem türkisblauen Wasser teilte der Kahn Ornamente aus gelben Blütenstaubschlieren. Schwäne schwebten durch die Stille, hoben und senkten ihre aristokratischen Hälse, steuerten dicht heran und wir fütterten sie mit Brotresten. Einem, der sich frech an die Futtertüte heran machte, drohte er mit dem Paddel; ich erschrak ein wenig vor dem indignierten Flügelschlagen des Weiher - Edelmanns. Nicht anders als feierlich kann ich die Stimmung in solchen Erinnerungssplittern beschreiben. Als mir später auf der Seeterrasse der Eisbecher umfiel, sehe ich meinen Vater lachen.

Bald darauf, im letzten Sommer, ist er dann zum Himmel gefahren. Allerdings nicht ganz sündlos. Mit seinem Zwanzig - Tonner ist er auf abschüssiger Straße zu schnell geworden und ist in der Kurve gegen ein Haus geprallt. Durchs Wohnzimmer ist er gefahren, in die Küche hinein, hat einen Mann, der auf dem Sofa lag, mit hinauf genommen und ein neunjähriges Mädchen, das gerade Schularbeiten machte. Da konnte man verstehen, dass der Herr im Himmel ein Hühnchen mit ihm zu rupfen hatte, zumal seine Himmelfahrt durch einige Promille beschleunigt worden war.

Einem Herrn Jesus wäre so etwas nicht passiert. Jedenfalls konnte ich mir jemanden, der immer die Augen nach oben richtete und sich mit der rechten Hand an die Brust fasste, in welcher ein rotes Lebkuchenherz loderte, nicht mit einer Bierflasche vorstellen. Andererseits: Wenn der Herr Jesus, der nichts angestellt hatte, jetzt am selben Ort weilte wie der Vater, der viel angestellt hatte in seinen 33 Jahren, war es dann nicht gleichgültig, ob man die zehn Gebote befolgte oder nicht? Ob man ein Lebkuchenherz im Feuerkranz vorzeigen konnte oder einen Führerschein, der längst hätte eingezogen werden müssen? War Gottvater nicht gütig, barmherzig und gerecht? Insbesondere an einem Tag, wo der Himmel offenstand und oben wahrscheinlich gleichfalls frei war? Zumindest konnte an einem solchen Tag keine Sünde zählen.

Es war einmal ein Gasthaus mitten im Odenwald. Da saßen Männer drin, die machten Politik. Und ein Knabe saß dabei, der hatte keinen Vater am Vatertag. Der wollte wissen, wie es sich verhielt mit den Vätern im Himmel und auf Erden.

Noch bevor die Teller abgeräumt waren, schlich ich mich davon. An der Holzvertäfelung entlang, eine Treppe hinunter, durch einen Korridor. Jenseits der Toilettentür mischte sich Küchengeruch unter den Klogestank. Ich folgte dem Klappern von Porzellan und Gusseisen, durchschritt einen breiten Durchgang und stand mitten im Dunst. Ein riesiger Herd, auf dessen Platte es aus Töpfen und Pfannen brodelte. An den Wänden offene Schränke. Teller, Gläser, gestapelt auf der Anrichte, ein gewaltiges Spülbecken. Zwei

Köche flitzten umher, richteten Salat in Schüsseln, drehten brutzelnde Schnitzel im Fett, beluden Restaurationsteller mit Kartoffelsalat. Sie bemerkten mich nicht, als ich nach rechts — an einem Regal mit Mayonnaise-Eimern, Kartoffel und Mehlsäcken vorbei — in einen abgedunkelten Nebenraum schlich. Hier standen Häfen auf dem Boden, Kartons mit Nudeln und Gebinde mit Fertigsoßen. In der Mitte ein großer Topf duftender Hühnersuppe mit Eiermuscheln. Wahrscheinlich war sie vorgekocht worden und stand danach im Weg. Jedenfalls spürte ich im gleichen Augenblick das dringende Bedürfnis, meine Blase zu erleichtern, denn zwei Flaschen Bluna, das treibt, und die Köche waren vollauf beschäftigt. Die Suppe, gelb wie Kuhseich, das würde niemand merken. Der Topf hatte die Farbe von Herrn Schlickels Kniebundhose, obenauf schwammen eiermuschelförmige Hirschhornknöpfe, der Raum hatte eine Tür in den Garten.

Schade, dass die Angstlust der Sünde so kurz nur anhält. Als ich mit klopfendem Herzen draußen stand, hatte mir die Reue schon wieder eine Falle gestellt. Ich sah meinen Vater im Himmel mit den Engeln zanken, die auf mich zeigten, doch der Herr Jesus stand dabei und hielt sich den Bauch vor Lachen.

Ich besah den alten Schuppen, vollgestopft bis unters Dach mit trockenem Feuerholz. Es roch würzig nach Wald und Baumharz, ein Eichelhäher knarzte. Aber ich hatte keine Streichhölzer einstecken. So rutschte ich die Hangmauer vom Garten zur Straße hinunter, Bruchsteine und Flechten hinterließen auf meiner Hose Spuren. Als wir das Lokal verließen, wurde ein Tablett mit vier Tellern

Eiermuschelsuppe durch den Gastraum balanciert. Um die Kellnerin machte ich einen Bogen.

Die meisten haben vergessen, wie es sich ohne Auto lebt. An der Haltestelle stand dicht gedrängt eine bunte Ausflüglerschar. Zum Glück, hieß es, gelte heute ein Vatertagsfahrplan, es dauerte nicht lang. Ein frohgelauntes Sonderfahrzeug, ein Überlandbus voller Gesang. Stets fand sich irgendwer, der nach einer letzten, spärlicher gefolgten Strophe, ein neues Lied anzustimmen wusste, das mit Begeisterung aufgenommen wurde:

„Wir versaufen unsrer Oma ihr klein Häuschen" singend, ließen angeregte Zecher Flaschen über Sitzreihen hinweg wandern zu feuchtfröhlicher Kommunion. Vor mir tauchte plötzlich eine Fußballfahne auf:

„Wie hawwen dann die Lauterer gespielt?"

„Null:Null in Köln. Des war nix. Seit die den neie Trainer hawwe, laafts nimmer!"

„Ich glaab, des liegt an der neie Bundesliga."

Draußen bogen sich Bäume im Wind, der Erdkreis zog einen graublauen Vorhang vor, erste Regentropfen klopften an die Scheiben, Blitze flackerten auf, doch der Donner kam weder gegen das Motordröhnen an noch gegen den Gesang:

„Wir kommen alle alle alle in den Himmel, weil wir so brav sind, weil wir so brav sind." Sturmböen rüttelten an den Scheiben.

Dann urplötzlich Geschrei: Ein scharfes Schlaggeräusch, drei, viermal — vor mir tanzte ein Knirps durch die Luft, sauste erneut auf Haarschöpfe herab. Zwei Freunde eines

Verprügelten fuhren hoch, drehten sich nach hinten, langsam wie Kräne, mit stumpfen Glotzaugen.

„Beim Adolf hätten se eich an die Wand gestellt!" brüllte der Schläger... „Lumpezeich! Faulenzer!"

Seine Frau, eine korpulente Endfünfzigerin in Dauerwellen und Synthetikbluse, fiel ihm in den Arm: „Loss, Herrmann! Du regscht dich bloß widder uff! Ich hab doi Herztroppe net debei."

„Sauerei", brüllten die Glotzaugen jetzt, versuchten, mit hoch gereckten Armen den Herrmann zu packen, verfehlten ihn aber wegen eines Schlaglochs, das alle Insassen wie im Würfelbecher schüttelte.

„Do laaft die Brie", brüllten andere. „Iwwerall die rot Soß, Pfuideiwel!"

Doch auch der Herrmann hatte Freunde, die sich nun mit blechernem Altmännerbariton einschalteten. Einer packte den erstbesten Volltrunkenen am Kragen, ein anderer versuchte, mit dem Spazierstock zu sekundieren, fiel jedoch wegen einer Schienenüberquerung der Länge nach zwischen die Sitzreihen. Zweifellos war dies der Höhepunkt des Tages: Schirme, Strohhüte, Fäuste flogen umher, unter Brüllen und Zetern warf sich ein Teil der Busbesatzung über Sitze und Bänke. Auch wenn etliche beunruhigt murmelnd die Köpfe einzogen, schaukelte sich's auf holpriger Fahrbahn zu einer Krawallpolka auf, dass ein Fernstehender uns für einen schunkelnden Karnevalsverein gehalten hätte.

Die Großeltern zogen mich tief auf den Sitz herab. Mir jedoch gefiel das, fühlte ich mich doch an die Filme aus dem Rex-Kino erinnert, wo damals Dick und Doof ihre

Missverständnisse auf gleiche Weise klärten. Gewiss, die Sahnetorten fehlten. Unbesehen packte ich das letzte Leberwurstbrot aus und warf zuerst das Wurstoberteil, dann die Butterunterseite, mit der beschmierten Fläche voran ins Kampfgetümmel.

Doch bevor mein Beitrag sein Ziel erreichte, sah ich Sterne. Die harte großmütterliche Rechte schallerte auf meiner Backe, dass mir Hören und Sehen verging und ich zwischen Rückenlehne und Aschenbecher abtauchte.

„Willscht emol werre wie dein Vadder?"

Am Ende hingen alle dumpf auf den Kunstledersitzen, grummelten vor sich hin, strichen fahrig über Schultern, Hosen und zerrissene Hemdsärmel, als gelte es, den Staub von Arizona abzuwischen. Die Jungen mit ihrem Lustigsein, sie waren wieder mal an allem schuld gewesen. Weil die Alten immer noch vor Moskau lagen, in unverbrüchlicher Treue Stalingrad hielten, auf Weisung harrend, in sibirischer Kältestarre den Kopf hinhaltend. Auch mein Vater trug vermutlich Mitschuld daran, dass der Russe Berlin erobert hatte. Die Hitlerjugend hatte ihn dorthin geschickt mit einem Gewehr in der Hand. Am Ende waren einige am Leben geblieben und mussten dafür Unsermherrgott danken. Also.

Trotzdem wollte ich werden wie mein Vater. Der Motorradrennen gefahren war und sich nichts von seinen Eltern hatte sagen lassen, der am Vatertag mit einem Strohhut lustig war und sich vor nichts gefürchtet hat. Mit seiner Himmelfahrt konnte man überhaupt nicht einverstanden sein, ihm fehlte alles, was dazu an Frömmigkeit oder Bosheit nötig gewesen wäre.

Wenig später langten wir in Hirschhorn an. Der Bus diskutierte erregt, ob Polizei geholt werden solle, während wir eilends ausstiegen und uns zur Schiffsanlagestelle begaben. Der Gewitterguss hatte aufgehört, das Land strahlte unter einer frisch geputzten Frühlingssonne, ein Lautsprecher plärrte „Arrividerci Roma."

Im Ausflugsdampfer gab es zwei Stockwerke. Über einen Ponton gelangte man ins Untergeschoss, wo der Neckar durch große Fenster grünlich herein schimmerte. Da alles knapp über der Wasserlinie lag, sah es aus, als schwanke das Schiff in der Art mancher Vatertagsausflügler und sei eben dabei, sich orientierungslos in den Fluss hinein zu neigen. Das Schiffsinnere war eingerichtet wie ein Wirtshaus. Am Buffet drängten sich schon die Männer, während Kinder an Tischen saßen und mit Gabeln auf Kuchenstücke zielten. Wir stiegen eine schmale Treppe empor. Vor uns lag die kleine Stadt mit steilen Giebeln und Fachwerken, das gegenüberliegende Ufer pappelgesäumt im Frühjahrsgrün. Die erste Staustufe befand sich vor uns neckarabwärts. Hier mussten wir hinunter. Das Schiff legte unter Dröhnen und Stampfen ab. Dann ging es in die Schleuse hinein und hinunter, hinunter den Weg des Wassers, welches sich nebenan schäumend übers Wehr ergoss, hinunter wie alles in der Welt. Schon hoben sich bemooste Mauern empor, versperrten die Sicht, schwarze Eisentore erhoben sich haushoch, während der Matrose, der uns eben noch am Kai gegenüber stand, über unseren Köpfen schwebte. In der einen Hand hielt er lässig die Zigarette, in der anderen einen Strick, als wolle er uns abseilen in die Unterwelt.

101

Endlich zog wieder Uferband vorbei: Felder, Buschreihen, Wald. Eine Radfahrerin winkte uns, Ortschaften träumten am Hang. Himmelwärts standen die Greifvögel und warteten. Die Zeit dehnte sich in träger Mittagsruhe. Doch einmal, wenn die Welt am stillsten war und man meinen konnte, die Zeit sei stehen geblieben, würden Bussard und Milan herabstürzen, wie Stukabomber hinabstürzen auf ein versunken träumendes Opfer. Ein Sterben ohne Schrei, ohne Klage, unter gnadenlos gebieterischen Augen. Der Adler auf dem Reichstagsgelände, er hält den Lorbeerkranz fest mit dem Parteiabzeichen, die Flügel gespreizt wie die Arme des Gau oder des Ortsgruppenleiters bei der Kundgebung, dann kam der Blockwart, der Volksgenosse. Vier Adlerklauen riechen scharf nach Aas.

Nachmittagsträgheit hielt das Land im Griff. Ich stieg die schmale Holztreppe hinab. Frau Schlickel stopfte gerade ein Stück Schwarzwälder Torte in sich hinein, vor der Großmutter stand ein Kännchen Kaffee Hag, gerade wurde gedeckter Apfelkuchen serviert.

„Männer trinken Bier", stellte Herr Schlickel fest und verstand dies als Bestellung gegenüber der Kellnerin. Vor ihm standen zwei leere Gläser. Dem auffordernden Blick der Großmutter wich ich aus. Ihr wortloses „Bub, ess!" gemahnte mich an eine Zeit, wo man frühmorgens mit dem Fahrrad losgefahren war, ein Paar Tischdecken und das gute Besteck aus dem Speisezimmer im Korb, um bei den Bauern zu hamstern. Das ging nie mehr weg. Damit die Großmutter sich nicht zu große Sorgen machte, bat ich darum, am Bier nippen zu dürfen. Das Bittere machte aber nicht lustig. Ich begann auf der Tischplatte nach Fossilien zu suchen, die

Fensterbänke in der Schule mit ihren versteinerten Seelilien, Tintenfischen und Vorzeit-Ungeheuern hatten mir schon über manche Rechenstunde hinweg geholfen, diesmal half es nicht. Die Resopalfläche gab nur Schmutzränder und Fliegendreck her. Ob ich auch ein wenig schuld daran war, dass mein Vater so liederlich geworden ist? Es hieß ja, Kinder wären eine große Belastung und am besten bekäme man überhaupt keine in diesen Zeiten. Oft sprachen die Erwachsenen von „Verrecklingen", von Mühlsteinen um den Hals. Vielleicht war etwas von vornherein nicht richtig mit mir. Auch die Erwachsenenwelt war voller Geheimnisse.

„Im Grunde genommen leben wir schon jetzt im Himmel", hatte Fräulein Schrader gelehrt. Der Himmel fange nämlich direkt über der Erdoberfläche an. Da wir unbestreitbar über die Erdoberfläche hinausragten, so wie Bäume, Tiere und Häuser, seien wir, recht betrachtet, jetzt schon im Himmel. Darum komme es sehr darauf an, wie wir uns benähmen. Karlheinz streckte den Finger und fragte, ob da oben auch das Rauchen verboten sei und Fräulein Schraders Antwort, dass ein vernünftiger Mensch solche Fragen erst gar nicht stelle, überzeugte nicht. Zumal Günther, der auf dem Schlachthof wohnte, ein paar Tage zuvor mit einer Schachtel HB auf dem Schulhof aufgetaucht war. Zwei Verwegene hatten sich während der Pause mit ihm in den kleinen Park abgesetzt und zu dritt hatten sie ein Paar aus der Schachtel „geblotzt." Seitdem konnten wir bei den dreien nicht mehr mitreden, wir, die Affenärsche. Ich fragte mich: Wenn im Himmel nicht mal das Rauchen erlaubt war, was hier zumindest jeder Erwachsene durfte, warum wollten alle dorthin? Ich konnte mich über Fräulein Schrader zwar nicht beschweren, denn selbst ein Spatzenhirn fand letztlich

Gnade vor ihren Augen. Die Schwierigkeiten fingen an, sobald man sich außerhalb der Reichweite ihrer richtenden und strafenden Hand begab. Wo das Rechte verachtet, das Gute mit Spott und Häme quittiert und die himmlischen Gesetze mit Füßen getreten wurden. Schon im Pausenhof fing es damit an. Die Sitzenbleiber rotteten sich zusammen und nahmen den schmächtigen Robert in die Mangel. Sie boxten ihn in den Bauch, kloppten ihn mit einer Fahrradpumpe und schmierten ihm Hundescheiße auf den Lockenkopf, „hascht so blasse Haar´, muscht die mal e bissel färbe." Robert rannte in seiner Panik vom Schulhof direkt nach Hause. Am nächsten Morgen wurde er vom Lehrer Adler vor der ganzen Klasse zusammengeschissen und bekam Strafarbeit. Robert hatte bloß eine Mutter. Die musste den ganzen Tag putzen gehen und kam erst abends heim. Das wusste jeder, deswegen hatten ihn die Sitzenbleiber ausgewählt. Seine wortlosen Tränen flossen mir mitten durchs Herz.

Mit beträchtlichem Getöse manövrierte sich unser Dampfer in die nächste Schleuse. Ich stand auf und erkundete das Schiff im Heckbereich, wo jetzt wieder Eisentore aus dem Wasser wuchsen. Aus Fugen ergossen sich Kaskaden, in der spritzenden Gischt leuchtete ein kleiner Regenbogen. Wenn ein solches Tor plötzlich aufginge, käme die Sintflut über uns, die Arche verkeilte sich in den Schleusenwänden, so dass alle ersaufen müssten. Dumpf tutete das Signalhorn, ich starrte in den kochenden Strudel. Wozu es das alles gab? Die Mahlströme, Schiffs und Flugzeugunglücke, die Kreuzigungen und rasenden Lastwagen, die Schlägereien am Vatertag, die Sitzenbleiber, den Herrn Schlickel, den Hitler und den Krieg? Je länger ich diesem Treiben zusah, desto mehr verschwammen mir all diese Sachen. Vielleicht gab es ein Reich zwischen Himmel und Erde, da saßen Engel, die uns wie Marionetten an seidenen Fäden hielten. Manchmal zupfte einer und dem Betreffenden rutschte die Hand aus, oder er vergriff sich an der kleinen Schwester. Oder er fing eben mal einen Krieg an, dann lagen ganz viele im Schlamassel. Ganz oben bei Gottvater bekam man davon nichts mit, weil unsere Welt so weit entfernt lag. Oder das Gottesreich hatte in seinem Untergeschoß Abstellkammern und Kellergewölbe, Klos und Abflussrohre. Warum sollte es da anders zugehen als bei uns? Wir waren die Himmelsratten und Kellerasseln. Oben Beletage und Wintergarten, unten die feuchtkalten Kammern, Gewölbe und Abfalltonnen. Bei uns käme alles an, was andernorts ausgeschieden und weggeworfen wurde, schwallweise ergoss es sich über uns, floss und faulte. Und wir ernährten uns vom Unrat der himmlischen Bevölkerung, gaben manches weiter an die Hölle. Die Hölle wäre außerhalb zuunterst, und wer nicht aufpasste, lief Gefahr, schnell mal dort hinunter gespült zu werden.

Aber wer wusste darüber schon Genaues? Die Welt begann sich mir zu drehen. Ich fand keinen Halt. Es half nichts, den Blick tapfer aufs Ufer zu richten, wo das erste Heu in Schwaden ordentlich aufgereiht lag. Man solle sich benehmen, als sei man schon droben. Doch wenn Kopf und Bauch sich anfühlen, als drehe sich eine Mühle darin? Die kochenden Strudel, die Gischt, das Verschlingende. Ich kotzte in hohem Bogen die Leberknödel heraus und alles was sonst noch in mir war. Heraus und hinunter in die Flut. Es war viel mehr als ich gegessen haben konnte. Müssen, Dürfen und Wollen - so verknotet, dass man nicht darf was man will, nicht will was man darf und manchmal muss ohne Wollen und Dürfen, da kann eine Himmelfahrt zur Höllenfahrt geraten.

Das Schiff torkelte, mit schwitzigen Händen hielt ich mich am Geländer. Über mir lachten die Englein ein eiskaltes Halleluja. Unter mir im Wasser nur noch die Neckarfische. Hatten die Englein abgelassen über uns, so mussten sich die Fischlein jetzt von mir verkotzen lassen, dass ihnen der Wein im Rhein sauer wurde, mussten sie die Leberknödel zum zweiten Mal essen. Unten ist immer noch besser als ganz unten.

„Gott ist heilig und gerecht, treu und wahrhaftig. Er ist ein einiger Gott, der allmächtige Schöpfer und unser Vater in Christo." Er war gerecht, indem er wenigstens für Ausgleich sorgte und für Erleichterung.

Ich verließ das Heck, tastete mich am Geländer entlang. Eine frische Brise ließ mich aufatmen. Schrecklich schmerzte der Kopf. Ich dachte zu viel. Man darf es mit dem Denken nicht übertreiben, insbesondere wenn man ein Spatzenhirn hat.

An Deck ließ ich mich im warmen Fahrtwind trocknen. Eine Zeitlang war ich eingenickt. Als ich aufsah, war das Ufer mit schiefergedeckten Villen besetzt. Kleine Festungen in rostigem Sandstein mit Erkern, Balustraden, Dachreitern; manche davon Efeu überwuchert inmitten verwilderter Parks. Dann, aus verwunschenen Fenstern blickend, umklammert von seinen gezackten Ruinen, das Heidelberger Schloss. Es brannte lichterloh im Abendrot. Darunter schachtelte sich, ziegelgedeckt, das Dächermeer der Altstadt. Über den Strom streckte sich, auf steinerne

Bogen gestützt, die Neckarbrücke. Richtung Schiffsbug versank die Sonne in einem Feuermeer, das über der Rheinebene lohte, ohne sie zu verbrennen. Scharf konturierten sich Baumwipfel und Häuserreihen im Gegenlicht, das Land erstreckte sich weit gen Westen. Nach und nach kamen die Leute von ihren Biergläsern und Kuchentellern herauf, andächtig, schweigsam, nur der Schiffsdiesel dröhnte. Kameras wurden in Anschlag gebracht.

Es ist jetzt zu erzählen von einem Jungen. Einem anderen Buben, etwas jünger als ich, der stand neben mir an der Reling und wollte knipsen. Wie die Großen. Er hielt den Fotoapparat schräg, weil auch das Schloss schräg am Berg lag. Doch er bekam er es nicht richtig in den Sucher. Die Mutter, ungeduldig, schüttelte den Kopf.

„Du muscht den Foto rischdisch halte!" Es klickte.

„Des war bestimmt gonz verwaggelt – nochemol."

Erneut legte der Junge aufs Schloss an, diesmal andersherum schief. Die Mutter atmete durch, nahm seinen Kopf und drehte ihn mit Kamera herum. Da wurde sie geschubst, die Kamera fiel herunter, federte auf und kippte über Bord. Die Schrecksekunde war kurz, schon machte es flipp und flapp mit fleischigen Händen, von rechts und links.

„Dappschädel, bleeder. Guggemol, was de geschafft hoscht."

Der Junge hielt heulend die Arme über den Kopf. Mit gekrümmtem Rücken stolperte er vor seiner Mutter her, die scheuchte ihn mit bös hervorquellenden Augen:

„Da, geh zu deim Vadder! Der schlagt dich doot."

„Lossen se doch den Bub in Ruh. Der kann überhaupt nix defür!"

Der Großvater stand neben mir, ich hatte ihn gar nicht bemerkt. Mit seinem Stock markierte er einen Standpunkt aufs Blech.

„Mer dut nix Gutes, wann mer die Kinner schlagt...

To tock, to tock, to tock machte der Stock.

„Uff Sie hab isch grad gewaart, dass sie mehr sagen, wie mer die Kinner erzieht!" schnaufte die Mutter.

Ihr teigiges Gesicht nahm Farbe an, der Lippenstift schmierte zum Kinn.

„Mer prügelt mehr Deifel noi wie naus!", fuhr Krischan unbeirrt fort.

Mir blieb die Luft weg. Aufrecht und hutlos stand er neben mir, fast verwegen sein Blick.

„Wissen se was? Kümmern Sie sich um ihrn eigene Dreck, Sie, Sie, Besserwisser, Sie...", keifte die krebsrotfleckige Kanaille.

„Mit Gewalt erreicht mer´s Geegedeil! Glaben se mers!"

Da schnappte sie erneut nach Luft und rief:

„Horst, kumme mol ruff, des haltscht du net fer meglich!"

„Sei doch ruhisch, Krischaan", erregte sich die Großmutter und versuchte den Opa wegzuziehen.

„Des do geht dich üwerhaupt nix oon!"

„Loß mer moi Ruh! So geht mer net mit Kinner um."

Herr Schlickel trank nicht nur viel Bier, er böckelte und wölkte auch vor sich her wie ein altes Wirtshaus. Über einem trompetenden Taschentuchschneuzer sagte er:

„Die Kinner heitzudags. Des hätts früher net gebbe. Mein Vadder, ach Gott, ich hab eemol die Schul geschwänzt, ach Gott... Aber mer sieht ′s, es iss heit alles annerscht. Mer hänn halt de Krieg verlore.“

„Unn? Was wär, wann mer de Krieg gewunne hätte? Wär dann irgend ebbes besser?“

Herrn Schlickes Gesicht verriet, dass er zum ersten Mal seit langer Zeit zum Nachdenken genötigt war.

„Also, also....eens muß ich der sage, Krischaan. Mer kann über de Adolf sage was mer will. Aber es war Ordnung!“

„Was fer ä Ordnung, Alfons?“

„Jedie Fraa hot nachts allee durch de Park gehe könne. Die Hausdeer hättsch uffstehe losse kenne. Do wär nix fort kumme. Unn heit? Mit denne ganze Ausländer, denne Zigeiner und Mockscher. Die kumme roi ins Land unn könne mache, was se wolle. “

„Mache was se wolle? Was kann mer ′n bei dir klaue, Alfons?“

„Wege 50 Penning hänn se en Monn doot gschlage. Letzschdie Woch in Mannem!“ mischte sich die Alte wieder ein. Ihre Kapaunenbäckchen leuchteten jetzt hochofenrot.

„Die Sort do in Bonn“, räsonierte es in Herrn Schlickel, „die intressiert des alles net. Die mache sich bloß die Säck voll. Denne is der kleene Monn, der Arweiter, vollkomme egal. Unn wann jetzt noch die Ritzerote dran kumme, der Brandt, der Wehner, die Bandite - Krischaan, du denkscht noch an mich!"

Jetzt wurde es höchste Zeit für Horst. Auch wenn seine Linke ein halbvolles Schoppenglas hielt, zeigte sein federnder Gang noch den Schneid des Ritterkreuzträgers. Er überragte alle um einen Kopf, trug das blonde Haar in pomadigen Wellen zurückgekämmt, Adlernase, das weinrot karierte Hemd offen. Seine Augen flackerten, als er sich neben seiner kloßigen Frau aufbaute:

„Was ist hier los? Gibt´s irgendwelche Probleme?"

Der Großvater schaute geradeaus an ihm vorbei.

„Mer kann über de Kommunismus sage, was mer will, Alfons", nahm Krischan sein Gespräch mit Herrn Schlickel wieder auf, „aber den Krieg do, den hot er net angefange."

Herrn Schlickels Mund öffnete sich in erneuter Ratlosigkeit.

„Hier redet wieder mal ein Laie, ein Zivilist, der keine Ahnung hat", trompetete Horst neben ihm. „Der Krieg gegen Russland, das war geboten, das war ein reiner Präventivkrieg. Der Kommunismus hatte längst seine Truppen gesammelt, die haben wir im ersten Zangengriff gleich eingefangen. Wissen Sie überhaupt, was das ist: Präventiv? Das wusste bei uns in der Einheit jeder."

„Genau!"

angewidert prallte ich vor Herrn Schlickels Atem zurück.

„Ich war im schwäbischen Infanterieregiment 421 am Donbogen dabei. Im Kampf um Rostow, gegen die sowjetischen T 34...", quoll es aus ihm heraus, seine Sprache pendelte auf einmal in ein militärisches

Hochdeutsch hinüber. „Zwei Abschüsse, eine Feindbatterie vernichtet. Die Russen haben ihre Weiber nackt auf die Panzer gebunden, stellen sie sich das mal vor. Viele hatten da Hemmungen. Das war nicht einfach...“

Ich sehe Herrn Schlickels Brust erbeben. Der General in vollem Wichs, mit Rittmeisterscheitel, heftet das EK eins daran, in der Ferne bollern Haubitzen, pfeifen die Stalinorgeln, die Pferde scheuen im Geschirr.

„Eigentlich haben die Russenweiber nicht schlecht ausgeseh. Aber es gab strengste Order. Schad eigentlich, schad...“

In gleichem Maße wie Herrn Schlickels Sprechen beim Übergang ins Hochdeutsche auf unsicheres Terrain geriet und Schwächen zeigte, schienen jetzt auch seine Füße den sicheren Halt zu verlieren. Jedenfalls war eine frische Brise aufgekommen und bei der nächsten Neckarwelle torkelte er dem Naziritter an die Brust. Sein Bier ergoss sich über den Heldenharnisch, floss unter dem Hemd Richtung Hose, wo es am Gürtel aufgehalten, in lebhaften Springbrunnen zwischen den roten Karos hervorsprudelte. Doch der Gürtel hielt letztlich nichts, es rann an den Hosenbeinen zu den Schuhen hinunter, bis auch diese Landunter zeigten.

Herrn Schlickels Bauch entfesselte im Fallen die Wucht einer Fünfzentnerbombe; die beiden Männer gerieten in ein verzweifeltes Gefecht gegen die Gesetze der Schwerkraft, einem übermächtigen Gegner, wo Heldenmut bekanntlich nichts ausrichtet. Dessen ungeachtet rangen sie ihren aussichtslosen Kampf, stürzten, hielten und rissen sich, stöhnten und rumsten. Ihre Köpfe klangen hohl auf dem

Blech wie leere Schmalzhäfen, ihre Humpen zerschellten daneben wie Schrapnell, oder waren das Regimentskrüge? Ein unterdrücktes Glucksen aus der Richtung des kleinen Unglücksraben folgte der Schrecksekunde, da fand die Mutter erneut Anlass zu Schnaufen, Zetern und Flatschen.

Mein Großvater war aufrecht geblieben. Während beflissene Frauen Scherben kehrten, blieb er hutlos und kerzengerade an der Reling stehen, den Stock im Anschlag. Nach einer langen Pause erklang sein Stock erneut auf dem Blech und er sagte:

„Mer hot früher viel falsch gemacht. Dein Vadder wär vielleicht net so worde..."

Dann seufzte er: „Mer is halt selber viel zu oft geprügelt worde. Unn hot viel zu viel erlebt."

Zwei Möven stiegen vor uns auf, segelten sanft im Wind, stiegen miteinander auf und nieder.

Es war einmal ein Schiff, das fuhr auf dem Neckarstrom. Auf Deck standen Männer, die machten Politik. Und ein Knabe stand dabei, der hatte keinen Vater am Vatertag. Der wollte wissen, wie es sich verhielt mit den Vätern im Himmel und auf Erden. Und die Männer sagten, dass es darauf nicht ankäme. Was zähle, sei Technik und das Material, Disziplin und Gehorsam bis zum Äußersten. Denn im Grunde sei immer noch Krieg, obwohl man Frieden habe. Und die Frauen sagten, im Krieg müssten die Väter ins Feld und kämen nicht mehr zurück. Und auch heute am Vatertag gingen wieder viele Väter ins Feld und kämen nicht zurück — vielmehr erst spät in der Nacht, wenn sie für nichts mehr zu gebrauchen seien. Jedes Mal gebe es einen wichtigen Grund dafür. Doch es existiere ein Unterschied zwischen dem richtigem Krieg und einem Tag, so wie heute. Heute werde nicht geschossen.

Mir schien, der Unterschied bestand eher darin, dass man heutzutage sich viel mehr zusammennehmen musste als im richtigen Krieg. Weil sich viel seltener Gelegenheit bot, alles Unreine, was man in sich hatte, in hohem Bogen, oder vielleicht auf einen großen Schiss hin, wieder richtig raus zu lassen und los zu werden. Immer saß man mit zugeschnürter Kehle da und mit zusammen gepetzten Arschbacken: In der Schule, in der Kirche, zuhause am Mittagstisch und im Lokal. Da war es doch kein Wunder, wenn viele mit dem Krieg einfach nicht aufhören konnten. Im richtigen Krieg wurde wenigstens geschossen. Da ging das Unreine auf den Feind und verschwand mit ihm im Erdboden. Von daher lag der Vatertag irgendwo zwischen Krieg und Frieden. Er ließ ein wenig zu, was nach Sünde und Erleichterung schmeckte — und war deshalb so beliebt.

Doch leider bedeutete das nicht, dass man am Vatertag viel von den Vätern hatte. Denn der Tag gehöre hauptsächlich dem Herrn Jesus Christus. Folgerichtig wurden die Väter heute mit Bierfässern ins Feld geschickt, damit sie ein bisschen was ablassen konnten und nicht auf den Gedanken kamen, es gebe außer Krieg, Fußball und Bier noch etwas anderes, worum sie sich zu kümmern hätten. Wenigstens für sie war Himmelfahrt ein schöner Tag. Und vor allem natürlich für den, dem er gehörte. Der Herr Jesus Christus saß ganz oben auf seinem Thron zur Rechten. Er hatte frei und lachte in einem fort. Er trieb Schabernack mit seinem himmlischen Geflügel, das heute auch nichts Vernünftiges zu tun wusste.

Wie Fräulein Schrader darüber dachte? Wenn sie lehrte, saß sie auf dem Pult, hielt die Beine fest zusammen und hob den dürren Zeigefinger, während ihr Mezzosopran die Religionsstunde in gleichmäßige Planquadrate einteilte:

„Unser himmlischer Vater sieht alles. Zum Beispiel jetzt, wenn wir hier im Klassenzimmer sind und der Wolfgang sich grad' was in den Mund gesteckt hat. Wolfgang, komm doch mal nach vorne und wiederhole, was ich eben gesagt habe." Wenn es in solchen Augenblicken dann ganz still wurde in der Schule, sah ich das Auge Gottvaters, dreieckig und groß wie eine Wolke, ganz langsam über den Himmel ziehen.

Auch heute zog es wieder seine Bahn. Zwischen Watteschiffchen, Habichten und einzelnen Segelflugzeugen. Gravitätisch und dreieckig zog das Auge Gottvaters über das tiefblaue Firmament, aber es war blind und blöde. Es starrte leer und tot zu uns herab wie das Auge im Saukopf, das am Schlachttag beim Metzger Reinhardt im Schaufenster lag. Ohne jede Regung zog es über den Himmel, glotzte auf die Welt herab und war bald vorüber. Niemand sah uns, niemand schien das Geringste zu bemerken. Nur die Greifvögel standen hoch über allem, starrten mit lebendigen Augen hernieder und sahen, erblickten uns und schürzten ihre vier Klauen, warteten. Vielleicht war der himmlische Vater gestorben und die Engel zogen sein Auge weiter übers Firmament, an unsichtbarem Seil, feixten und lachten, dass es widerhallte in den elysischen Aborten. Niemand durfte erfahren, dass es keinen Vater im Himmel mehr gab, der

Herr Jesus war längst allein dort oben und für alles zuständig, auch wenn es ihn langweilte, auf dem Thron zu sitzen, und er lieber seine Späße mit den Engeln trieb, statt zu regieren.

Es schien ihm keine Wahl geblieben zu sein. Vielleicht ging es ihm wie manch anderem Sohn, den ein Infarkt plötzlich und unerwartet das väterliche Geschäft aufgehalst hatte, und weil er nicht einmal wusste, wie man so was wieder los wird, steht er seitdem hinter der Theke und wirkt hilflos. Als Sohn muss man immer ausbaden, was die Väter verbockt haben. Wie sollte er wissen, wie das funktioniert, allwissend und allweise zu sein, heilig und gerecht, gütig und barmherzig, treu und wahrhaftig? Wie man die Menschen beschützt vor der grausamen Welt? die Kleinen vor den Großen? Die unten vor denen oben? Wem so viel Verantwortung aufgeladen worden ist, der hat einen Vatertag noch nötiger als die durstigen Seelen auf Erden. Einen Tag, an dem man mal nicht einstehen muss, stellvertretend für einen Vater, der sich kläglich davon gemacht hat, wie meiner auch.

Nun ist die Geschichte beinahe zu Ende erzählt. Die kleine Geschichte in der großen, die man längst kennt. Was bleibt noch übrig? Als wir wieder auf sicherem Boden standen, fiel mir ein, ich musste noch die Tante Rosel besuchen. Von ihr bekam ich jeden Monat zwei Mark und es ging auf den einunddreißigsten zu. Manchmal musste ich sie dafür in ihre Versammlung begleiten. Dort wurde viel gebetet und in der Bibel herum gelesen. Sie sagte immer, unser Zeitalter werde bald in Feuer und Schwefel vergehen. Alle zwei Wochen stand sie mit dem „Wachturm" am Kaufhof. Mir war es langweilig im Königreichssaal. Doch möglicherweise war nicht alles verkehrt, was sie dort sagten. Hatten nicht die Großeltern im Keller zwei Regale mit Konservendosen vollgestellt? Für alle Fälle? Hatte nicht der Russe schon Raketen nach Kuba gebracht? Wenn der Herr Jesus Schluss machen wollte mit der Welt, weil er mit all dem nicht mehr klarkam, dann würde es wahrscheinlich an einem Himmelfahrtstag geschehen, dachte ich mir. Weil es da am schlimmsten war mit den Vätern, den irdischen wie mit dem himmlischen. Und weil man an diesem Tag sowieso schon ein wenig übte für den nächsten Krieg. Er würde sich als erstes mal ordentlich einen genehmigen. Dann würde er in die Hände klatschen und sagen: „Auf Jungs, jetzt machen wir den Laden dicht!", und schon stünden seine Heerscharen bereit: Im Harnisch sitzen sie auf und starten ihre feurigen Wagen. Das wäre morgens, etwa um halb zehn, wenn die Männer mit Handwägelchen losziehen und ahnungslos ihre Lieder anstimmen.

Aber dann, beim großen Aufmarsch, ist plötzlich alles anders. Wenn das 93 er Königlich Bayrische Leibregiment „Prinzregent Luitpold" wieder hinter der Standarte Aufstellung nimmt, die Regimentsfahne neben der Reichskriegsflagge im Höllensturm knattert und nach dem „Helm ab zum Gebet" die Soldaten ein heroisches Lied anstimmen… Dann werden Tambourstab, Schellenbaum und Paradetrommel wieder zu Gehorsam und Disziplin rufen, die Geschütze vom Kaliber 7,7 bis 21 werden geladen, die Mörser und Minenwerfer, die Geschütze mit den Kampfstoffen aufgestellt, sogar ein Geschwader Doppeldecker wird aufsteigen, um den Feind aus der Luft zu vernichten.

Wird der Großvater dann ein drittes Mal in Reih' und Glied stehen? Bei „Geradeaus und ab Marsch!" mit aufgepflanztem Bajonett auf Disziplin und Material vertrauen? Er hat genug davon, das weiß ich. Er wird weg bleiben. Er wird etwas tun, das nach Befehlsverweigerung aussieht, sogar nach Fahnenflucht. Er wird kein Aufhebens darum machen und sich rechtzeitig davonmachen, so gut kenne ich ihn. Schon damals hat er Gebrüll und Bau vermieden, indem er rechtzeitig die Ohren spitzte und grad wo anders war, wenn die Sondereinheiten zusammen gestellt wurden. Diesmal wird sowieso niemand mehr vor ein Kriegsgericht kommen, weil der Kaiser längst sein Recht verloren hat. Ja, er wird stiften gehen. Wegen mir und all den anderen kleinen Leuten wird er nicht noch einmal dumm sein. Er wird eine Landkarte im Tornister haben, Taschenlampe und Kommissbrot. Sollte er Pech haben und zwischen die Fronten geraten, wär' es auch egal. Es wird sowieso alles egal sein. Die himmlischen Bomberflotten würden übers Firmament streichen, mit Adleraugen sehen und alles eben machen: die Berge und Täler, die Städte und Dörfer mit den vielen dummen Alten drin. Das ganze Welthaus dürfte nacheinander drankommen, von oben bis unten. Auch ich wär' nicht dabei. Es sollte nur nicht wehtun wie die Weidengerte beim Fräulein Schrader.

Aber - ich glaube nicht daran. Einer wie der Herr Jesus, der selbst gern mal was anstellt und sich kaputt lacht, wenn es auf Erden drunter und drüber geht: Kann so einer Spaß daran haben, die Welt einfach wegzuputzen? Woran sollte er sich dann noch freuen? Ihm wäre noch langweiliger auf seinem einsamen Thron. Nein! Er wird dafür sorgen, dass es hier unten weiter geht. Irgendwie. Vielleicht in die Lehre gehen bei einigen Erzengeln, die über Grundbegriffe verfügen.

Am besten, er käme selbst wieder mal her, zu so einer Art Praktikum. Er bräuchte kein Aufheben drum machen wie an Weihnachten. Das fiele ja auf. Er würde schnell merken, wie der Hase läuft. Dass man nicht die Falschen vor der Zeit hoch schicken darf, sondern die Richtigen. Dass man einen wie den Krischan hier lassen muss, damit er den Schlickels und Horstens Bescheid stößt. Damit die nicht länger schalten und walten konnten wie es ihnen grad´ ´vorkam. Die seltsamen Leute mit dem Wachturm dürfen nicht Recht behalten. Das wäre alles andere als lustig. Ein Herr Jesus, das muss jemand sein, der Spaß will. Hat schließlich selbst genug erlebt, wofür man ihn nicht beneidet. Die Söhne sind immer die Dummen. Damit muss mal endlich Schluss sein.

Das Schiff näherte sich der Anlegestelle, Männer warfen Seile zum Ufer, die Landebrücke schaukelte im aufgewühlten Neckar. Mit erneuten Sturmböen und Heeren dunkler Regenwolken verabschiedete sich der Tag, aber ein Rest von Abendrot und Wolkenviolett im Westen versprach einen besseren Morgen.

Ich wollte mich gerade abwenden, um den Großeltern zum Bahnhof zu folgen, da sah ich auf der Bruchsteinmauer einen Strohhut liegen. Irgendwer musste ihn vergessen haben. Ich griff danach, holte aus und warf ihn in flachem Bogen Richtung Neckar. Er torkelte ein wenig in der Luft, dass es einmal nach Polka aussah, einmal nach Walzer, hüpfte triumphierend über zwei Wellentäler weg und drängte, sich aufbäumend, hinab zu den Fischen, winkte mir einen grünweißen Vatertaggruß zu.

Lutherturm

I

Der Turm und sein Platz lagen ganz still unter der Augustsonne. Wenn man aus der schattigen Häuserschlucht trat und die Freifläche vor sich sah, meinte man jetzt den Frieden einer Mittagsstunde irgendwo im Süden zu spüren. Dabei lag der Platz mitten in der Stadt, war umringt von vier bis sechsstöckigen Gebäuden mit Etagenwohnungen bis unters Dach. Doch lag das Viertel abseits der Geschäftsstraßen. Nur ab und zu ließ die Straßenbahn sich hören, Autos kamen selten durch.

Die Bebauung hielt respektvollen Abstand zum Turm. Mäßiges Inte- resse zeigen auch die Anwohner. Sie gingen zur Arbeit, machten ihre Besorgungen und mussten darauf achten, dass an jedem Ersten die Rate fürs Küchenmöbel bei der Stadtsparkasse einging. Sie lebten von Lohntüte zu Lohntüte und fanden keine Zeit, sich viele Gedanken zu machen: Familien mit halbwüchsigen Kindern, Kriegerwitwen und Flüchtlinge.

Der Turm war in rotem Pfälzer Sandstein ausgeführt. Seine verwitternden Simse und Strebpfeiler, die gotischen Maßwerkfenster, denen die Scheiben fehlten, angebrochene Mauern und grünspanige Patina erinnerten an Kathedralen. Er passte überhaupt nicht hierher. Dem Viertel war anzusehen, dass man nach dem Krieg eilig Wohnblock um Wohnblock hochgezogen hatte, um der Obdachlosigkeit Herr zu werden. Da erschien so ein Vorkriegsrest aus der Zeit

119

gefallen. Doch allzu alt konnte er nicht sein. Die Stadt hatte gerade erst ihren hundertsten Geburtstag gefeiert. Sie hieß nach einem bayerischen König namens Ludwig, der hier am Rhein einen Hafen hatte bauen lassen.

Im letzten Krieg war der Turm nur knapp davon gekommen, das bewiesen die vielen Schäden. Die dazu gehörige Kirche hatte das Geschick ihrer Nachbarschaft geteilt und war bis auf wenige Reste auf dem dahinter liegenden Grundstück untergegangen. Jetzt konnte man meinen, das Überbleibsel verklage den Himmel dafür, indem es den ganzen Platz mit einem Glutrot ausschrie, das seinesgleichen suchte in der Stadt. „Lutherturm" hieß der Kirchenrest, nach dem Reformator, der schon vor mehr als vierhundert Jahren gestorben war. Und auf den die Evangelischen sich beriefen, um nicht katholisch zu sein.

Andreas und seine Freunde wussten darüber nicht viel. Umso genauer kannten sie die Schutthügel auf der Freifläche, wo jetzt Rainfarn, Wegerich und Melde wuchsen, überdacht von den lichten Kronen zauseliger Robinien und Birken. Hier konnte man sich mitten im Wohnviertel fernab fühlen wie in einem Abenteuerroman. Vor fast drei Jahren war es Jürgen gelungen, eines der schweren Eisengittertore mit einem Seitenschneider aufzubrechen. Er hatte Arme, dick wie Schiffstaue. Seitdem hatten sie sich oft gegen Abend oder nachts, wenn man sich unbeobachtet fühlen konnte, in den Turm geschlichen. Oben, an den großen, Sandstein gefassten Fensterhöhlen, war man gleichauf mit den Fenstern der Nachbarhäuser, denen man ins Zimmer blicken konnte, ohne selbst beobachtet zu werden: Frau Biemer, wie sie mit der Kittelschürze in ihrer Neubauküche

Abendessen vorbereitete, Marianne, wie sie ins Wohnzimmer trat, ihr hellblondes Haar schüttelte, sich bückte, das Lattenrollo am Fernsehschrank zur Seite schob und einschaltete. Der Raum war augenblicklich in blaues Flackerlicht getaucht. Sie selbst war viel zu schnell aus dem Blickfeld verschwunden, das Sofa stand ungünstig.

Über bröckelnde Treppenstufen kam man im Turm bis nach oben: Über Türmer und Glockenstube zum Uhrgehäuse, von da über eine Falltür hoch zum Umgang. Über dessen steinernes Gesims boten sich herrliche Rundblicke. Unter einer bekiesten, ziegelrot und schwarz gedeckten Dachlandschaft lag die Stadt geduckt, mit Straßenschluchten, Plätzen, Grünanlagen, überragt vom Hochhaus und den Schloten der großen Fabrik. Bei klarem Wetter reichte die Sicht von der Haardt bis zum Odenwald. Zwei Stockwerke tiefer, im vierten Geschoss, um das eiserne Glockengerüst herum, hatten sie ihr Versteck eingerichtet, wo es beim Rauchen und Trinken gemütlich war. Wo sie Comichefte und Fußballbilder tauschten, Bücher lasen und die freie Zeit vertrödelten. Kein Erwachsener ahnte, wo sie sich herum trieben. Sie hockten auf Bierkästen und an den Wänden klebten Fotos von Hardy Krüger, Elvis Presley, Uwe Seeler, später kamen Anita Ekberg und Brigitte Bardot auf großformatigen Farbdrucken hinzu. Sie diskutierten über Fußball und die Antibabypille, schimpften auf ihre Meister und trällerten den Hemshof-Boogie. Sobald es dunkel genug war, pinkelten sie aus einem der rückwärtigen Fenster auf das freie Gelände hinunter. Ein wenig romantisch und anachronistisch mochte dieses dreistöckige Reich schon vorkommen, doch gab es in den kleinen Neubauwohnungen sonst keinen Rückzug. Hier oben hatten sie sogar ein

Turngerüst, das ehemalige Glockengestell, mit einem verrottenden Hanfseil über dem Abgrund. Nirgendwo gab es Geländer. Jeder von ihnen fühlte sich ein wenig wie Quasimodo, der verzweifelt mutige Glöckner von Notre-Dame: hochaufgeschossen und bucklig, pickelig, verliebt und schwindelfrei. Alle hatten den Roman aus der Leihbücherei gelesen.

Der einzige, der sich noch für den Turm interessierte, war der alte Kirchendiener Lebedier, der stets noch seinen Dienst versah, obwohl er längst am Stock ging. Seit der Schlacht um Verdun im Jahr 1916 zog er ein kriegsversehrtes Bein nach und lief immer mit demselben verschlissenen Kittel herum. Darunter hing an einem Gürtel die schlotternde Hose, auf der seine Arbeiten während der letzten Wochen abzulesen waren. Einmal hatte er die Jungs in seine Wohnung eingeladen, mehr aus Zufall, weil sie ihn bei einem Schulkameraden auf der Treppe getroffen hatten. In seinem düsteren Wohnzimmer hatte er eine Chippendale-Vitrine aufgeschlossen und ihnen mit einem schwer zu deutenden Grinsen ein eisernes Kreuz vorgezeigt, das in einer Pappschachtel auf blauem Samt ruhte. Rechts und links davon abgeschnittene Schulterstücke, ein Stahlhelm und eine Gasmaske, gereiht auf kleingewürfeltem Schrankpapier. Sie mussten sich alles erklären lassen. Herr Lebedier war eigentlich nur für die neu erbaute Melanchthonkirche zuständig, wo man ihn oft schleppenden Schritts mit Handwerkerkiste unterm Arm sah. Doch er schien zusätzlich Verantwortung für die ehemalige Lutherkirche zu empfinden.

Als Nachbarn über gelegentliches Aufleuchten hinter den Fensterhöhlen berichteten, über Nachhall wie von Stimmen, als ginge es in den Gewölben nicht mit rechten Dingen zu, war er der einzige, der sich darum kümmerte. Er kam zu keinem Ergebnis. Sie hatten rechtzeitig davon erfahren und die obere Treppe mit Müll verbarrikadiert. Danach machten sie kein Licht mehr und tauschten Lebediers neue Eisenkette mit Schloss gegen eine andere aus.

Andreas beunruhigte das verbleibende Risiko weiterhin. Er kannte Lebediers cholerische Regentschaft über Altarschmuck, Putzkräfte, Tische, vor allem die Stühle im Konfirmandenraum. Die anderen lachten. Sie machten sich ohnehin über den „alten Gockel" lustig, der roch wie ein Kanalarbeiter und dessen Neugier man mit einer Müllbarrikade ausbremsen konnte. Meinten, Andreas sei ein Angsthase, ein wenig verträumt, schwierige Familienverhältnisse und so halt. Den schlaksigen Pit und den breiten, rotblond gelockten Jürgen plagten andere Sorgen. Zum Beispiel, wie es um ihren Biernachschub stand und um die Zigaretten, welche sie bei ihren Treffen benötigten, um sich wie erwachsene Männer zu fühlen. Sie waren da auf Pits älteren Bruder angewiesen. Doch der war eine Plaudertasche. Gegen einen Schutzmann, der auf die allgegenwärtigen Verbotsschilder zeigte, hätten sie das alles nicht behaupten können und seit zwei Wochen gab es einen zusätzlichen Grund, vorsichtig zu sein.

Der Grund hieß Bob. Bob war aus der Kaserne abgehauen. Von Mannheim - Käfertal aus hatte man ihn nach Berlin abkommandiert und da wollte er nicht hin. „Es gibt Krieg", sagte er.

Die Army habe schon die Hälfte ihrer Luftstreitkräfte in Alarmbereitschaft versetzt, es könne jederzeit losgehen.

Bob stellte was vor: Ein athletischer Kerl mit blondem Stiftelkopf und Oberarmen, da konnte Jürgen einpacken. Solche Männer sah man häufig, vor allem in Mannheim, wenn sie sich mit ihren Ausgehuniformen auf den Planken oder im Luisenpark zeigten, zu zweit oder in Gruppen. Lucky Strike rauchend redeten sie laut mit metallischem Timbre, lachten und stießen sich gegenseitig mit den Ellbogen, bis einer stolperte und, mit den Armen rudernd, von den Kameraden aufgefangen werden musste. Dabei lachten sie schon wieder. Sie waren immer gut gelaunt, im Gegensatz zu den anderen Männern, die mürrisch zu ihrem Büro trotteten oder auf die Schicht eilten, anders als Polizisten, Schaffner, Aufseher, Parkwächter, Lehrer, Meister, die immer ernst taten und gnadenlos Verweise erteilten. Sobald Amisoldaten auftauchten, ging es lustig zu.

„Kein Wunder", hieß es manchmal, „wenn man einen Krieg gewonnen hat, gibt es allen Grund, gut drauf zu sein."

Bob sprach recht flüssig Deutsch, weil er seit einem Jahr mit Jürgens Schwester ging. Und weil er jetzt Angst hatte, die Militärpolizei fände ihn bei ihr zu Hause, hatten sie ihn im Turm versteckt. Für zwei, drei Wochen, bis er rüber machen konnte nach Frankreich über die grüne Grenze. Er war mit Matte, Anorak, Seesack und einer braunen Papiertüte voll Lebensmitteln eingezogen, hatte die Tage mit Lesen, Schlafen, Whiskytrinken verbracht und von morgens bis abends drei Schachteln Amistängel geraucht. Beim Whisky leisteten ihm die Freunde gern Gesellschaft. Dabei erfuhren sie, wie es bei den GIs zuging, in dieser Welt hinter

Wachtürmen und Stacheldrahtzäunen. Und warum man in den Kasernen die Lage so kritisch einschätzte. Zwei Wochen zuvor, erzählte Bob, sei in Berlin eine Mauer gebaut worden, mitten durch die Stadt. Amerikanische und russische Panzer stünden sich an der Sektorengrenze gegenüber. Es werde nicht geschossen, aber man richte die Kanonen aufeinander. Es sei nur eine Frage der Zeit. In Algerien werde seit Jahren schon gekämpft und in Tunesien habe es mit dem Schießen vor Wochen wieder angefangen. Bob, der athletische Typ mit dem Seebär-Bass, zeterte: „Ich kann das nicht halten aus. Ich würd´ abdrücken the gun. Du kannst nicht zielen auf eine person, der auf dich zielt und tun nothing. Wenn du weißt, next moment du bist tot.“

So eine Szene hatten sich die Jungs noch nie vorgestellt. In den Westernheftchen wurden einfach nur die Colts gezogen, geschossen, dann lagen die Pferdediebe im Staub. Im Saloon wurden vorher noch die Whiskyflaschen vom Regal geschossen.

„Bob hat die Hosen voll“, urteilte Jürgen. „Wenn er nach Berlin muss, heißt das noch lange nicht, dass sie ihn dort in einen Panzer stecken. Da kommen nur ganz abgebrühte Typen rein.“

„Der Bob ist vernünftig“, entgegnete Pit und strich sich eine dunkle Haarsträhne aus der Stirn. „Stell dir mal vor, du drückst aus Versehen ab, oder weil dir die Nerven durchgehn. Dann hast du ´nen Weltkrieg ausgelöst. Wegen dir krepieren hinterher Millionen.“

„Millionen? Erinnert euch mal, was er gesagt hat“, rief Andreas.

„Es sind nicht die Panzer. Sie haben diese Bomben. Da reicht eine einzige für 'ne ganze Stadt!"

„Das gibt nen Blitz", hatte Bob erzählt, „der ist sou herll, dass dir die Augen fließen aus, when you look into die direction." Er hatte als Freiwilliger an Atomversuchen in Nevada teilgenommen. Seine Einheit wurde wenige Kilometer von einer Explosion entfernt in Erdlöcher gesteckt. Sie bekamen Rußbrillen auf und mussten die Augen schließen. Als der Blitz aufleuchtete, habe er die Knochen seiner Hand gesehen, durch Augenlider, Brille und Haut hindurch. Dann mussten sie den Atem anhalten, die Nase war durch eine Klammer gesichert. Ein Tornado fegte über ihre Einheit, dass Bäume weggeblasen wurden wie Streichhölzer, Häuser fielen einfach um. Danach mussten sie kurz Luft holen und gleich wieder den Mund zuhalten, weil es aus der Gegenrichtung kam. Nach den Stürmen ging es raus. Auf glühendem Erdboden marschierten sie Richtung Zentrum. Steine waren dort geschmolzen, eine Mondlandschaft waberte.

Atemlos hatten Andreas, Pit und Jürgen zugehört. Das Päckchen mit den Lucky Strikes lag in der Mitte. Die Streichholzschachtel war leer, da steckten sie die neuen Stängel an den alten an. Andreas zitterte und verbrannte sich die Finger. Er konnte sich beim besten Willen nicht vorstellen, wie so was zuging. Ein Blitz so hell wie tausend Sonnen? Eine Stadt, die allein durch Luftdruck und Hitze vom Erdboden verschwand? Aber Bob sagte, es sei schon einmal ausprobiert worden, am Ende des letzten Weltkriegs in Japan.

II

Während der letzten Augusttage des Jahres 1961 kehrte noch einmal der Hochsommer zurück. Der Rhein hatte sich tief in sein Kiesbett zurückgezogen und wälzte träge seine schlammige Flut durchs Land. Tagsüber lag der Platz ganz im Blau der gleißenden Sonne. Wer aus dem Haus trat, stand in flammender Hitze. Man blieb in der Wohnung und hielt hinter verschlossenen Läden die Fenster offen für ein wenig Durchzug. Selbst am Abend leuchtete der Turm noch im feurigen Sandsteinrot, als wollte er die Hitze des Tages für eine Weile zurückerstatten.

An einem Morgen brachen Bob und Andreas früh auf. Es war höchste Zeit. Am Abend zuvor hatten zwei Zivilbeamte, mit einem amerikanischen Akzent, bei Jürgens Eltern vorgesprochen. Die Militärpolizei kannte kein Pardon. Wenn es in Amikneipen Schlägerei gab und die MP rückte an, wurden keine Fragen gestellt. Da hieß es: „Knüppel frei", und es flogen die Fetzen. Wenn es wegen ein paar Ohrfeigen schon dermaßen rauschte, wie würden die erst mit einem Deserteur umspringen? Unter Bobs athletischer Figur auf dem Sozius ging Andreas Moped in die Knie, zumal noch ein vollgepackter Seesack auf den Gepäckträger kam. Den zusammen gerollten Daunen-Schlafsack hatten sie zurücklassen müssen, den würde man hinterher schicken. Zwei Stunden lang waren sie in der Hitze unterwegs, bis das Dorf in der Südpfalz, hinter einer Pappelreihe versteckt, auftauchte. Ein unauffälliges Fachwerkhaus entsprach der Adresse, die Bob auf einen Zettel gekritzelt bei sich trug. Sie klingelten. Als sich die Tür öffnete, merkte man sofort, dass der Bewohner kein Einheimischer war.

„Hast die Kohle?"

Bob nickte stumm. Sie luden rasch ab und verabschiedeten sich mit einer kräftigen Umarmung. Bob sollte hier einen Pass bekommen. Sobald er damit in Frankreich Fuß gefasst hatte, am besten in Paris, dort gab es immer Arbeit und niemand stellte unnötige Fragen, wollte er Jürgens Schwester nachholen. Sagte er.

Am Spätnachmittag war Andreas zurück und wollte nachschauen, was in der Glockenstube zurück geblieben war. Zwei Wochen lang hatte Bob dort oben logiert, sein Essen, von der Freundin zubereitet, auf einem Benzinkocher gewärmt, auf einer Strohmatte geschlafen. Immer auf der Hut vor Passanten, die zufällig hochschauen konnten und dann kein Licht sehen durften. Alles wo US drauf stand, musste schnell verschwinden.

Mit dem Zylinderschlüssel in der Tasche ging Andreas zum Gittertor und griff zum Vorhängeschloss. Da spürte er jemanden hinter sich. Er fuhr herum und erschrak. Links neben ihm, unter dem Betonbogen des Kriegerdenkmals, saß jemand, den er nicht bemerkt hatte. Ein Fremder, überdeckt vom Turmschatten der Abendsonne. Er erhob sich und kam auf ihn zu. In sein Herzklopfen brachte Andreas bloß ein „Hallo?" zustande. Der Fremde erwiderte mit einem Brummen, seine Stimme klang angenehm. Es schien, als habe er auf ihn gewartet. Andreas fiel die Kleidung auf: eine Militäruniform. Hatten die Amis ihn geschickt? Bob war Gott sei Dank in Sicherheit, die Amisachen lagen aber noch oben herum. Doch das war kein GI. Die amerikanischen Streitkräfte verwendeten andere Stoffe, Polizei und

Bundeswehr kamen auch nicht in Frage, ein Zivilschnüffler würde keine feldgraue Jacke mit Schulterstücken tragen. Auf dem Kopf ragte ein Schiffchen, Gürtel und Koppelschloss von dieser Art hatte Andreas noch nie gesehen. Bevor er sich über diese Kleidung klar werden konnte, streckte ihm der Unbekannte eine schmale Hand entgegen und sagte mit bestimmtem Ton:

„Schön dass du gekommen bist."

Eine Baritonstimme, er war auf Mitte vierzig zu schätzen, sein dunkelblondes Haar hing strähnig von links über die Stirn, wie man es von alten Fotos kannte. In seiner Verblüffung ignorierte Andreas die Begrüßung und entgegnete:

„Was machen Sie hier?"

„Das könnte ich dich genauso fragen."

„Ich hab Sie noch nie gesehen."

Im Augenwinkel hielt er sich eine Fluchtmöglichkeit offen.

„Ich bin oft in der Gegend und beobachte euch manchmal."

„Kann nicht sein."

Sein Lachen klang so, dass Andreas augenblicklich kalt davon wurde. Er trat einen Schritt zurück, der Fremde bemerkte es.

„Lassen wir das. Du kannst mich Walter nennen."

Jetzt klang seine Stimme wieder normal.

„Ich zeig mich nur, wenn es nicht mehr auszuhalten ist."

Er meinte wohl die Hitze und Andreas erinnerte sich an das

Backofengefühl während der Fahrt. Jetzt hatte also jemand ihr Versteck entdeckt.

„Was wollen Sie?"

Schweigen. Dann: „Ich hab noch was zu erledigen. Außerdem bringt die Zeit Erinnerungen mit. Die meisten Leute sind leider sehr vergesslich. Liest du Zeitung?"

Andreas sah das Blatt mit den großen Buchstaben vor sich, das im Pausenraum zerfleddert auf den Tischen lag. Jedes Mal wenn er zur Tür herein kam, brüllten ihn die Bilder an, weil sich die Meister hinter der Tagesausgabe verschanzten, um sich nicht mit den Lehrlingen unterhalten zu müssen. Sobald sie fertig waren, durften sich die Jüngeren darüber hermachen, doch meist war dann keine Zeit mehr für die Textblöcke nur noch die Pin ups, dann ging in der Halle schon die Glocke.

„Na dann", sprach der Fremde, der seine Gedanken zu erraten schien, „wenn du dich in der Welt schon nicht auskennst, sollst du wenigstens von hier was wissen."

„Von unserem Turm?" fragte Andreas ungläubig.

„Klar."

„Hören Sie mal, ich kenne hier alles."

„Man täuscht sich leicht. Manches übersiehst du."

„Was soll das? Ich bin von hier."

„Wann seid ihr hier reingekommen?"

„Vor drei Jahren."

„Ich kenn das seit mehr als zwanzig Jahren."

130

Das wäre 1941 gewesen. Mitten im Krieg. Seinem zu schätzenden Alter nach konnte das zutreffen. Er musste den Turm aus einer Zeit kennen, als er noch intakt war.

„Wie hat es denn früher hier ausgesehen?"

„Das kann ich dir zeigen. Ich wollte hier sogar mal heiraten. Dazu ist es dann nicht gekommen."

„Wie soll ich das verstehen?"

Er gab keine Antwort, aber es war ihm gelungen, Neugier zu wecken. Andreas hätte am liebsten seine Kumpels geholt, aber Pit, immer ein wenig anfällig, lag mit Sommergrippe im Bett und Jürgen musste sich mit seiner Schwester um Bobs Durchkommen kümmern. Der Unbekannte schien ihm allerdings nicht gefährlich, kräftemäßig war er ihm gewachsen. Nur zur Sicherheit sagte er:

„Ich bin verabredet und muss in einer halben Stunde zurück sein."

„Es dauert nicht lang. Es wird sich lohnen für dich."

III

Die Abendsonne fiel schräg durch die Fensterhöhlen, als sie
ins Treppenhaus traten. Im Schatten atmete man auf. Gern
hätte er den Fremden nach seiner Uniform gefragt, doch der
war schon voraus. Nach wenigen Stufen auf dem
beschädigten Aufgang spürte Andreas schon wieder Schweiß
auf der Stirn. Atemlos im ersten Stockwerk angekommen,
musste Andreas verschnaufen. Durch die große
Fensteröffnung links blickte er zur Maxstraße hinunter, wo
grau die Postbunker aufragten und sein Häuserblock mit
orangefarbenen Balkonen herüber winkte. Er stutzte. Etwas
war anders. Er trat näher zum Fenster. Neben seinem Haus
klaffte eine große Baulücke. Hinter einem hohen
Bretterzaun, der im Sommer stechend nach Karbolineum
gerochen hatte, wuchsen Birken und Holunder.

Gut erinnerte er sich an diesen Zustand. Er lag noch nicht
lange zurück. Das wilde Trümmergrundstück neben ihrem
Haus, in früheren Jahren hatten sie sich dort zeitweise
getroffen, weil es hinter dem Zaun mehr zu erleben gab als
in der städtisch verordnete Einfalt mit Sandplatz,
Klettergerüsten und Rundlauf. Statt auf solchen Hundeklos
trafen sie sich lieber auf ihrem Trümmergrundstück. Neben
dem Hollerbusch hatten sie ein Versteck aus Kistenbrettern,
alten Teppichen und einer Schranktür, angelegt. Zwar
regnete es überall herein, doch wer fragte danach, wenn es
außerhalb der kleinen Mietwohnungen keinen
Aufenthaltsraum gab? Bevor sie den Turm entdeckt hatten,
befand sich dort ihr Sommerlager, ihr Stützpunkt, den die
anderen Banden nicht erobern durften. Vor allem nicht die

aus dem Hemshof. Im letzten Sommer jedoch war Andreas von einem Lärm aufgewacht, der in aller Frühe durchs Viertel hallte. Hämmer knallten auf Metall, der Motor eines Baggers brummte, krachend brachen Holzteile. Er lehnte sich gähnend aus dem Fenster und sah mit Entsetzen, wie Arbeiter dabei waren, ihr Grundstück zu räumen. Die Zaunbretter lagen zerbrochen auf dem Trottoir, Gebüsch und junge Bäume wurden mit Wurzelwerk ausgehoben und auf Ladeflächen geworfen, die Laster stellten ihre Dieselmotoren gar nicht erst ab. Schnell würde von ihrem ehemaligen Versteck nichts mehr übrig sein, er konnte das nicht mit ansehen. Als er am Abend von der Arbeit kam, hatten sie schon begonnen, eine Baugrube auszuheben. In der Woche darauf wurde ein Betonmischer aufgestellt, der die Wohnung vom frühen Morgen bis nach Feierabend in eine Lärmhölle verwandelte. Seine Mutter musste es auskosten, da sie das Haus mit ihren langsam heilenden Knochenbrüchen nicht verlassen durfte.

Da schien es ihm besser, sich selbst an der Baustelle ein wenig einzumischen, indem er mit den Freunden und weiteren Jungs aus der Nachbarschaft, wortlos den Bauzaun besetzte. Von den Männern wollte keiner mit ihnen reden, nur abfällige Handbewegungen ernteten sie. Es hieß, hier werde Akkord gearbeitet, bis Frühjahr müsse alles fertig sein. Die Bauarbeiter vertraten eine Berufswelt, über die Andreas nur zu gut Bescheid wusste: Neun Stunden Schinderei an Werkbänken, Motoren und Fahrgestellen, unter der Aufsicht herrischer Meister, die nur den Befehlston kannten und mit harter Hand straften. Wo niemand auf wunde Finger achtete und ölverschmierte Haut. Nur unter fließendem Wasser, mit Spezialseife und Schrubben wurden die Hände wieder hell, aber nicht mehr sauber. Mit der Zeit waren sie hornig geworden, auch ihre Sprache hatte sich dem unbarmherzigen Ton der Werkstatt angepasst, zynisch und klaren Begriffen für oben und unten. Überall ging es ähnlich zu.

Jetzt stand sein Haus also wieder ohne Anbau da und zeigte die Backsteine seiner Brandmauer. Offenbar hatte der Zeitverlauf die Richtung gewechselt. Statt vorwärts schien hier alles rückwärts zu laufen. Zumindest da draußen. Hatte der Fremde das gemeint? Ratlos sah er ihn an. Erneut spürte er, dass etwas Merkwürdiges von diesem Menschen ausging. Bevor er etwas sagen konnte, wurde er abgelenkt. Am Wohnzimmerfenster ihres Zuhause erschien seine Mama. Sie öffnete beide Flügel und schaute aus dem dritten Stock auf die Straße hinunter. Jetzt hielt sie beide Hände vors Gesicht und verschwand rückwärts im Raum. Dann kam sie wieder nach vorne und der Vater war dabei. Er trat ihr gegenüber und sie disputieren, schreien sich an. Haarlocken hingen ihr in die Stirn. Er hob die Hand und schlug zu. Sie wehrte mit der Hand ab und schlug zurück, sie packten sich gegenseitig und rangen. Vor dem offenen Fenster. Dann war der Vater verschwunden. Sie stand wieder allein da, warf den Kopf in den Nacken, reckte die Arme, schien heftig zu atmen, schaute nach unten auf den Bürgersteig. Andreas wusste, was jetzt kommen würde. Schon schwang sie ein Bein über die Brüstung, dann das zweite, und schneller als man begriff, kippte sie vornüber, fiel die zwei, drei Stockwerke hinab, drehte sich dabei und landete knallend auf dem Pflaster. Sofort gingen Türen auf, Leute schrien, an den Rest erinnerte er sich in einer Aufwallung von Panik: Krankenauto, Sanitäter, Warten vor dem OP-Saal, Schwestern mit

134

bedenklichen Gesichtern und eine Woche, in der seine Welt unterging.

Alles wegen nichts. Es hatte keinen plausiblen Anlass dafür gegeben. Am Morgen war sie zur Arbeit gegangen, niemandem war dort etwas aufgefallen. Der Streit mit dem Vater war längst zum Ritual erstarrt, auch an Eskalation war man längst gewöhnt. Die Leute im Haus meinten jedoch, sie habe seit Wochen niemanden mehr gegrüßt. Erst im Nachhinein begriff Andreas, was ihr starrer Blick, ihre hängenden Schultern, ihr Gesichtsausdruck, wenn sie sich unbeobachtet fühlte, bedeutet hatte. Erst nachdem sie ihn ohne Vorwarnung aus seinem Leben geworfen hatte.

Seit diesem Tag verfolgte ihn der Tod. Der Tod seiner Mama, er wollte ihn ergreifen und ebenfalls hinabstürzen ins Finstere. In der Wohnung suchte er ihn und auf der Straße, auf der Rheinbrücke und unter den Trauerweiden in der kleinen Grünanlage am Danziger Platz. Einmal trug er einen weißen Kittel und blickte mit strengen Augen durch dicke Brillengläser. In der Brusttasche steckten drei Kugelschreiber, buschige Brauen wiesen zur graumelierten Mähne hinauf. Ein andermal tobte er hinter einem Paravent. Er stöhnte und riss einen Ständer mit Infusionen um. Er schrie Tag und Nacht: „Lasst mir meine Ruhe!" und ängstigte die ganze Station, bis jemand rief: „Warum gibt man der Frau kein Morphium?" Mit weißer Haube auf dem Kopf trat er vor Andreas hin und zog eine ernste Miene, dass er sich umdrehte und davon rannte. Er wollte ihn aus der Berufsschule holen, aus der Klasse vors Lehrerzimmer rufen lassen: „Komm mal, da ist jemand für dich, ein Herr im schwarzen Anzug." Wochenlang blieb Andreas von der

Schule weg, mied die Werkstatt. Zu Hause nahm er den Hintereingang, damit er nicht an der Briefkastenreihe im Hausflur vorbeikam. Früher war der Tod dort in Gestalt von Feldpost mit schwarzem Rand erschienen. Andreas konnte auch in der Wohnung nicht bleiben, diesem verfluchten Dreizimmer-Küche-Bad, wo der Sensenmann längst als unsichtbarer Untermieter gemeldet war. Dort konnte in der Nacht auch jederzeit der Alte auftauchen.

Er verschanzte sich im Turm, der mit Schloss und Kette gesichert war. Wo abends nur die Kameraden herauf kamen, um ihm Essen zu bringen und den Kasten Bürgerbräu. Sie brachten ihn auf andere Gedanken. Und wenn sie heimgingen, blieben noch drei, vier Flaschen übrig, die er gegen Morgen leer aus dem Fenster warf. Bis es selbst dem bedächtigen Jürgen zu viel wurde, weil er in eine Glasscherbe getreten war.

Der Tod seiner Mutter konnte Andreas hier oben nicht finden. Es schien, als mache er einen Bogen um den Turm. Vielleicht glaubte er, hier existiere kein Leben mehr, seit er ihn im Krieg verwüstet hatte, zusammen mit dem ganzen Quartier. Manchmal, wenn er unten auf der Straße nach ihm suchte, hielt sich Andreas von den Schalllamellen fern, ergriff das Hanfseil und ließ sich wie Quasimodo im Schacht als Glocke hin und her pendeln, bis die Gefahr vorüber war. Vor Glocken fürchtete sich der Tod. Er bekam Andreas nicht.

Als vier Wochen vorüber waren, wagte der sich wieder in die Schule, übernächtigt und mit verdreckten Kleidern, hörte sich die Vorwürfe an, tat, als sei er ein paar Wochen unterwegs gewesen, auf einer Geschäftsreise, mit seinem Lehrherrn beispielsweise. Der Lehrerblick verriet ihm, dass sie nichts unternehmen würden. Er brauchte nicht mal die Prüfung mitschreiben, wurde behandelt wie einer, der krank gewesen war. In der Werkstatt wussten sowieso alle Bescheid, niemand machte ihn zur Zielscheibe des Alltagsspotts. Seine Trauer schüchterte ein.

Nach weiteren Wochen kam die Mutter im Krankenauto zurück. Der Tod hatte auch sie nicht bekommen. Sanitäter hoben sie auf einen gepolsterten Rohrstuhl und trugen sie herauf. Im ersten Vierteljahr durfte sie nur kurz aufstehen. Während sie stumm dalag, musste er alles besorgen. Nach weiteren Wochen, die sich dehnten wie ein Wäschegummi, konnte sie wieder stehen und gehen. Seit einem dreiviertel Jahr darf sie wieder am Tisch sitzen und im Sessel ihre bunten Illustrierten lesen. Im Mai nahm sie sogar die Arbeit wieder auf. Das neue Nebenhaus war gerade bezogen. Wenn die Rede auf das Ereignis kommt, spricht sie von ihrem „Unfall" und niemand zeigt Lust, ihr zu widersprechen. Wegen der gebrochenen Wirbel läuft sie seitdem langsam, ihre Tabletten darf sie nicht vergessen. Bei der Post muss sie nach zwei Stunden am Schalter abgelöst werden, das wird dort ohne weiteres hingenommen. Für Andreas war es kein Unfall. Aber mit ihm redet sie nicht. Er ist ihr weniger wert gewesen als sie sich selbst. Er war ihre größte Behinderung, obwohl er mittags den Wohnungsschlüssel in der Tasche trug und jeden Tag bei Vivo fürs Abendessen einkaufte. Sie hatte ihn nie gewollt, deshalb musste früher die Oma so oft aus ihrem Dorf kommen, sich um ihn kümmern und nicht mal die fand immer Zeit. War er der Grund für das ganze Unglück? Bekamen die Eltern seinetwegen so oft Streit? Lange hatten sie ihm jedenfalls eine Komödie vorgespielt, er war ja noch zu klein für die Wahrheit. Das war eine Zeit lang gut gegangen, mehr als zehn Jahre immerhin, bis es nicht mehr auszuhalten war.

Spätwinter, Schneematsch und Dämmerung. Ein wenig leuchtet das neue Jahr schon in den Abend, es ist Ende Februar und alles hat sich beruhigt. In der Nacht werden die Straßen wieder steinhart gefrieren, ein eisiger Wind fährt an den Häuserfassaden entlang, dass man den Mantelkragen hochschlägt und sich Richtung Kinoeingang dreht. Die Schlange rückt schneller vor. Im Foyer staubige Wärme. Im trüben Lampenlicht drängen sich Halbstarke in Lederjacken, Mädchen in Sonntagskleidern, Mäntel und Strickmützen, an der Kasse geht es schnell. Andreas mit Pit und Jürgen. Pit linst Richtung Getränkeautomat, wo die Mädchen dicht beieinander stehen, alle gehen in dieselbe Klasse. Petra mit dem Pferdeschwanz blickt verstohlen zu ihnen herüber. Ob sie schon Pits Freundin ist? Er sagt nichts dazu, wahrscheinlich schauen sie sich nur gegenseitig hinterher. Wie macht man das, so eine ansprechen? Seit Jahren ist man sich eher ausgewichen, Teenager interessieren sich für ältere Jungs. Bisher nur Geplänkel. Auch die Halbstarken bleiben unter sich, bis auf die paar Beneidenswerten, die ihrer Braut einen Arm um die Schultern legen.

Der Vorfilm: Schwarzwaldbahn, Gutachtal, Bollenhüte, dann „Fox tönende Knochenschau", danach Reklame, zum Schluss „Langnese Eiskrem Konfekt", immer das gleiche Vorprogramm: Wann kommt endlich Alamo"? Texaner, die breitbeinig durch staubige Straßen stapfen, fiese Mexikaner, die ein Fort erobern wollen, wie kommen die bloß auf so ´ne Idee? John Wayne bringt mit perlendem Bass Ruhe ins Durcheinander. Sein Revolver stellt keine Fragen und hält die Zahl der Schufte in Grenzen.

Viele warten eine ganze Woche lang aufs neue Programm. Western, Heimatschnulze, Komödie, immer was Neues. Nach zwei Stunden tappen sie im Halbdunkel auf die Straße. Zwei Bahnen Richtung Oppau, Rheingönnheim, Mannheim, die drei Freunde streunern durch die Straßen. Die meisten Schaufenster sind schon dunkel. Vor dem Radiogeschäft in der Ludwigstraße studieren sie Preise: Die neuen Kofferradios, ein tragbares Grundig Tonbandgerät, Schallplatten und ein Philips Plattenwechsler, sogar für LPs. Der Inhaber ist ein verpeilter Herr mit runder Nickelbrille, Tonsur und weißem Werkstattkittel, bei dem man sechs, sieben Scheiben Probe hören kann, ohne eine kaufen zu müssen. Rock ′n Roll scheint ihm zu gefallen, oft laufen aber Jazzplatten, wenn sie das Geschäft betreten. Über Röhren und Transistoren hat er sie aufgeklärt, in Nachrichtentechnik kennt er sich aus und er kann fast alles reparieren, was mit Strom zu tun hat. Er scheint mehr Techniknarr zu sein als Geschäftsmann. Er freut sich, wenn sie ihn besuchen.

Gegenüber die breite Glasfront von Woolworth, das amerikanische Gemischtwarenparadies mit den breiten Grabbeltischen und der Musik aus versteckten Lautsprechern. Sie haben Damenmode ausgestellt, daneben Staubsauger und herabgesetzte Bettbezüge, waschkorbweise Schokolade und Badesalz. Das alles kann man von hier aus nicht sehen, Andreas hat aber noch im Ohr, als Jürgen plötzlich sagte:

„Na Pit, wie ist es jetzt mit der Petra?“

„Wie soll da was sein?“

„Na ja, wie ist sie denn so?"

„Ihre Mutter ist Chefsekretärin in der Anilin, der Vater Chemiker. Die Alten sind ganz schön etepetete."

„Das wollen wir doch gar nicht wissen."

„Ja was wollt ihr denn wissen?"

„Na, wie weit du schon bist bei ihr."

„Weißt was? Halt einfach mal die Gosch!"

Vor dem Schaufenster des Juweliers bleiben nur Erwachsene, meist Frauen stehen. Ein Junge denkt hier an Gangsterfilme mit Eddie Constantine, wo die schwarze Citroen „De´esse" ins Schaufenster fährt, vier Hutmänner springen auf Kommando raus und räumen die Auslage leer. Sie diskutieren, ob auf den Samtkissen Originale oder Kopien liegen. Es dürfte sich kaum lohnen, von all den Eheringen Kopien anzufertigen. Das andere Zeug, wer weiß, wie viel man auf dem Schwarzmarkt dafür bekäme.

Auch der Herrenausstatter führt nicht, wofür sie sich interessieren. Anzüge, Krawatten, Hemden, Schals, Manschettenknöpfe, Kunstseidenes, Kombinationen, im ganzen Geschäft dominieren Beige und Schwarz. Die textile Sterilität riecht man bis auf die Straße, wenn im Sommer die Türen offen stehen. Der Inhaber, sagt Jürgen, wäre ein alter Nazi. Sie wissen nicht genau, was das ist, ein alter Nazi, aber einem, der geschniegelt mit Fliege vorm Laden steht, seine Nase in die Luft streckt und mit Daumen unter dem Jackett versteckte Hosenträger spannt, trauen sie einiges zu. An Überheblichkeit, Heuchelei, Geringschätzung. Vielleicht besitzt er einen deutschen Schäferhund, den er auf Leute hetzt, die ihm nicht passen. Da braucht er sich die manikürten Pfoten nicht schmutzig machen, so irgendwie wird das wohl sein, wenn einer ein alter Nazi ist.

Da ist ihnen der alte Frisör Hermann lieber, der ihnen zwar die Haare allzu kurz hält und das Genick ausrasiert - alle Männer bekommen bei ihm denselben Schnitt verpasst - der nebenbei aber eine Puppenklinik betreibt und ihnen früher auch die Eisenbahn repariert hat. Er geht inzwischen auf die achtzig zu, schneidet aber immer noch flink und ohne zu zittern, hat für jeden einen Witz parat und das Neueste aus dem Viertel. Auf dem Frisierstuhl werden die Leute gesprächig und offenbar hält das Schwatzen, Schneiden, Reparieren jung.

Der kalte Nordwind lebt wieder auf, der Mond ertrinkt in seinem trüben Hof. Im Lichtkegel der Straßenlaternen weht feiner Nieselregen. Sie beeilen sich nach Hause zu kommen.

IV

Der Fremde stand schon am nächsten Fenster. Breit öffnete es sich nach vorne, Richtung Amtsstraße. Die Helligkeit blendete. Unter ihnen lag das Eckgrundstück mit Schutthügeln und Unkraut, es war auch in der Gegenwart noch unbebaut. Richtung Rhein sah man in Hinterhöfe, auf Schuppen, Verschläge, Hoffassaden. Die schartige Häuserreihe der Bismarckstraße ließ den Blick durch Lücken, an Brandmauern vorbei, auf Fußgänger fallen, die sich eilen mussten, um vor Ladenschluss noch letzte Besorgungen zu machen. Das Waldkirch-Gebäude strotze im erneuerten Selbstbewusstsein solider Bürgerlichkeit.

„Was guckst so bedripst?", fragte der Fremde.

„Mir ist grad 'ne Erinnerung gekommen", wich Andreas aus, „Nichts weiter."

„Wer hat eigentlich letzte Woche hier oben gewohnt?"

Bei Andreas läuteten Alarmglocken.

„Wir alle wohnen hier, teilweise."

„Und das Koppelschloss?"

„Einer ist schon beim Bund. Der muss das vergessen haben. "

„Ist abgehauen?"

„Eigentlich nicht."

„Kann ich verstehen. Ich würd' da gar nicht erst hingehen."

„Haben Sie, ich mein', Ihrem Alter nach, waren Sie

vielleicht im Krieg?"

„Kann man so sagen. Aber ist ʹne Weile her."

„Es heißt, es gibt wieder Krieg. Glauben Sie das auch?"

„Die Russen sind vor Jahren schon in Ungarn einmarschiert. Haben dabei Panzer eingesetzt, es hat Kämpfe in den Straßen gegeben mit vielen Toten. Das war schon ein Krieg. Vor drei Wochen wurde in Berlin ʹne Mauer gebaut. Deswegen hab ich dich gefragt, ob du Zeitung liest."

„In der Werkstatt ist darüber auch geredet worden."

„Und?"

„Naja, die meisten haben gemeint, der Ami droht nur. Ist scheinbar auch nichts weiter passiert."

„Diesmal nicht."

„Und ob es richtig wäre, dass wir jetzt wieder eine Wehrmacht hätten. Da gab es ziemlich Streit."

„Wenn es mal richtig losgeht, spielt es keine Rolle, ob Deutschland eine Wehrmacht hat. Das machen die Amis mit den Russen alleine aus."

„Werden dann diese Bomben eingesetzt?"

„Was sonst?"

„Dann wär' doch alles hier weg!"

„Davon kannst du ausgehen. Schon beim letzten Mal ist von der Stadt nicht viel übrig geblieben, das ist grad mal siebzehn Jahre her."

Der Fremde hob seinen Arm und wies auf die Stadtlandschaft.

„Das wollte ich dir eigentlich als erstes zeigen."

„Ist da was Besonderes?"

„War nicht im letzten Winter einiges anders?"

„Schon. Jetzt stehen halt viele Gerüste rum."

In der kurzen Amtsstraße allein zwei Baustellen und weiter weg, zum Rhein hin, ragten Kräne in die Höhe.

„Da verändert sich doch was, oder?"

„Die Leute beschweren sich über den Lärm."

„Bist du nicht froh, wenn gebaut wird und was Neues kommt?"

Das musste Andreas bestätigen. Das Ausheben der Gruben, die Anlieferung von Baumaterial, die großen Laster, das Eisenflechten und Verlegen von Schalungen, die brüllenden Baumaschinen, das faszinierte ihn immer wieder. Selbst hatten sie erlebt, wie sich im Quartier Lücke um Lücke schloss, als auf Trümmerplätzen wieder Häuser wuchsen, mit Balkons und Treppenhäusern, das Fenstermeer. Stundenlang hatten sie den Arbeitern beim Verlegen und Richten zugeschaut, manchmal ließen die Arbeiter sie sogar ein wenig helfen. Letztes Jahr war der neue Kaufhof fertig geworden, die Tortenschachtel, das modernste Kaufhaus in Deutschland, wie es hieß, rund und flach, ein Gebäude nur aus Glas, Stahl und Beton. Monatelang war man mit der Straßenbahn mitten durch die Baustelle gefahren. Die Bahn hielt sogar mitten drin und man konnte vom Fenster aus den Arbeiten zusehen. Im Jahr zuvor war mit dem Bau der Hochstraße begonnen worden. Mit ihren mächtigen Betonpfeilern und den kühn geschwungenen Fahrbahnen brachte sie ein wenig Amerika in die Stadt: Platz für schnelle Straßenkreuzer mit jungen Männern drin, denen eine Lucky Strike im Mundwinkel klebte, für die es weder Ampeln gab noch Zebrastreifen. Schade nur, dass ihre alten Tummelplätze nach und nach verschwunden waren. Wenigstens hatten sie noch ihren Turm.

„Wenn sich nie was verändert, wäre das Leben dann nicht sinnlos?", nahm der Fremde seinen Gedankengang wieder auf, „du könntest dich anstrengen oder nichts tun, es gäbe keinen Unterschied."

„Doch, es gibt ´nen Unterschied. Ich würd´ lieber nichts tun, als in die bescheuerte Werkstatt gehen. Ich geh da nur hin, weil man ohne Lehre aufgeschmissen ist. Man braucht die Kohle."

„Du bist wenigstens unzufrieden, weil du was gemerkt hast. Die meisten sind dermaßen zufrieden, dass sie überhaupt nichts mit kriegen. Sie sind froh, dass man nicht mehr wegen Brot oder Winterbrand anstehen braucht, das reicht ihnen. Es gibt alles zu kaufen und man hat das Geld dazu. Außerdem gibt es Fernsehen."

„Sagen Sie nix gegen das Fernsehen!"

Als der magische Kasten in Pits Wohnzimmer gekommen war, wurde er von allen in der Klasse beneidet. Bis dahin hatte man so etwas nur in Wirtschaften gesehen, wo der Apparat im Nebenzimmereck hoch über den Tischen stand und abends eingeschaltet wurde. Auch wenn es flimmerte und rauschte, die bewegten Bilder und ein Lautsprecherton wie im Kino, das war sensationell. Mittags, wenn Herr Schuhmacher im Dienst war, kauerten sie auf dem Teppich vor der Kiste und starrten auf den glupschäugigen Bildschirm, wo Lassie bellend über die Wiese sprang und einem Jungen namens Jeff aus der Klemme half. Oder ein Pferd namens Fury, das Hilfe holen und Gangster bewachen konnte, all solche Sachen. Jetzt, wo sie ihren eigenen Apparat hatten, kam abends die Familie Hesselbach in die Häuser, Whyatt Earp griff ein, befreite die kreischenden Mädchen aus dem Zugriff der Finsterlinge, auf der Ponderosa – Ranch ritten und stritten sich die Cartwrights. Nur wenn beim „Blauen Bock" aus dem Bembel der Äppelwoi ausgeschenkt wurde, blieb er fern, Hm. Das war ja alles nicht schlecht. Warum sollte man es abschaffen?

Der Fremde holte aus seiner Jackentasche ein Päckchen Zigaretten, nahm eine und bot Andreas an. Der stutzte. „Salem Gold", diese Marke kannte er nicht. Zwei Streichhölzer flammten nacheinander auf.

„Seit Jahren wird das Land wieder aufgebaut", sagte der Fremde nach dem ersten Zug. „Es dauert nicht mehr lang, dann sind sie fertig. Es geht ihnen wieder gut, besser sogar als vorher. An das, was ihnen im Krieg verloren gegangen ist, denken sie nicht mehr. Sie haben auch ihre Toten vergessen."

„Und wenn sie fertig sind mit dem Aufbauen und alle genug haben, was kommt dann?"

Er holte tief Luft:

„Dann wird wahrscheinlich ein neuer Krieg angefangen und alles geht von vorne los."

„Das ist nicht ihr Ernst."

„So denken jedenfalls viele. Diese Leute können sich nur

vorstellen, was sie schon kennen. Erster Weltkrieg, daraus folgt logisch ein zweiter Weltkrieg und daraus wahrscheinlich ein dritter und so weiter. Dass es auch ganz anders kommen kann, übersteigt ihren Verstand. Sie haben keine Ahnung, wie Krieg heutzutage geführt wird. Dass da überhaupt nichts mehr übrig bleibt. Es wird keine Fabriken und keine Maschinen mehr geben. Letztes Mal ist ja einiges heil geblieben."

Im Dunst stachen die Ausleger der Baukräne in den Himmel. Aus Schloten quoll dunkler Rauch, der sich im Abendhimmel verlor.

„Aber es muss doch keinen Krieg geben, nur weil sie nicht mehr weiter wissen."

„Sollte man meinen."

Der Unbekannte nahm einen tiefen Zug, blies eine große blaue Wolke vor sich hin und schwieg.

Ob das alles stimmte? Die Erwachsenen pflegten einen altmodischen Ernst, wenn es um solche Themen ging. Machten sie sich damit nur wichtig? Vielleicht hatte auch Bob maßlos übertrieben, weil er weg wollte von der Army und einen Grund dafür brauchte. Und ganz ohne Militär, das ging ja irgendwie auch nicht. Irgendwer musste ja sagen: „So, ab hier ist jetzt aber mal Schluss."

Aber einmal unterstellt, die Welt würde tatsächlich in die Steinzeit versinken, dachte Andreas, würde dann nicht manches hinfällig, was einem wie ein Zweizentnersack auf dem Rücken lag? Der Schneider konnte sich nicht mehr aufregen wegen einem Zündzeitpunkt und die Halle ausbrüllen, ein Ventilspiel konnte so locker eingestellt sein wie es wollte, kein Motor bräuchte mehr rund laufen und seine Ohren hätten Ruhe. Für manches Problem schien der Krieg eine elegante Lösung zu bieten, für die man keine Verantwortung trug, weil es ja höhere Gewalt war. Zwar wären dann alle tot, aber manchmal hieß es, tot sein wäre immer noch besser als „rot" sein. Denn wenn der Russe hier machen dürfte wozu er Lust hat und wir hätten alle zu gehorchen, das wäre schlimmer, als sich einer ausdenken kann.

Er zweifelte, ob man so denken sollte. Auch die Mutter hatte ihr Leben weggeworfen wie einen alten Putzlappen und dann diese Schmerzen. Selbst Pit redete manchmal leichtsinnig daher. Nach drei Bier konnte er sich vorstellen, vor einen Zug zu laufen, oder im Winter bei Eisgang in den Rhein, das ginge ganz schnell. Offenbar stand er noch unter dem Eindruck eines Romans, den er im Bücherregal seines Vaters gefunden hatte. „Ein Kampf um Rom" hieß der Wälzer, der um perfektes Heldentum kreiste, welches in perfektem Heldentod gipfelte. Er bewunderte die Ostgoten, denen der Tod auf dem Schlachtfeld lieber war als ein schmählicher Strohtod im heimischen Eck, weil er den Eintritt ins Walhall versprach. Da konnten gar nicht genug Kriege geführt werden. Strohtod oder Heldentod, Andreas fürchtete beides. Weil es hinter ihm her gewesen war, weil es vielleicht längst wieder eingenistet war. Ohne dass man es ahnte. Deshalb hatte er sich über Pits lebensfremde Sprüche geärgert: „Reg dich nicht auf, deine Alte kommt schon durch" und so. Wollte er sagen, wenn sie nicht durchkäme, wär´ das auch nicht schlimm?

Aus all diesen Gründen wollte Andreas nicht zum Militär. Militär bedeutete die Möglichkeit, ein Ostgote zu werden, der mit erhabener Klinge in den Untergang zieht. Es gebe Möglichkeiten, drum herum zu kommen, man müsse einen Antrag stellen, es wär´ kompliziert, aber der und der hätte es hinbekommen, sagte einer im „Phönix" - Vereinsheim.

Vor Tagen dann der Brief. Er hatte noch nicht viele Briefe in seinem Leben erhalten, vor allem keine amtlichen. Absender: Das Kreiswehrersatzamt. Er riss auf, es war eine Ladung. Zur Musterung. Die meisten seines Jahrgangs hatten das gleiche Schreiben im Briefkasten gefunden. Einer aus dem letzten Lehrjahr meinte, man müsse vorher zwei Kannen Kaffee trinken und zehn „Reval" rauchen. Etlichen werde schlecht davon und es helfe nicht immer, aber verbessere die Chancen. Andreas war entschlossen, seinen Quasimodo-Buckel ins Feld zu führen, so konnte er wenigstens auf ein „eingeschränkt tauglich" hoffen, doch was nutzte das im Krieg? Jürgen, der die Musterung erfolglos hinter sich gebracht hatte, dachte über „Wehrdienstverweigerung" nach. In einer Broschüre hatte gestanden: „Die Aufgabe des Soldaten liegt im bedingungslosen Einsatz für Recht und Freiheit des deutschen Volkes bis zur Opferung des Lebens." Wahrscheinlich brauche man, wenn alles weg flog wie die Streichhölzer, ganz viele, die sich opferten, meinte er. Wenn aber hinterher nichts übrig blieb, waren Recht und Freiheit dann überhaupt noch etwas wert?

Die Mutter warnte ihn: „Mach keine Zicken. Wenn sie dich zur Wehrmacht holen wollen, sei nicht dumm. Die Drückeberger haben Nachteile, auch später im Beruf."

Der Vater hatte bloß bedenklich den Kopf gewogen und sich

eine Zigarre angesteckt, wie immer, wenn er gefragt war. Der Rauch wallte bedeutungsvoll, formte Kringel und verflüchtigte sich ins Ungefähre. Das konnte alles Mögliche bedeuten.

Auch sonst mischte er sich nicht ein. Eher war es umgekehrt. Die Mama mischte sich bei ihm ein, indem sie sein vernachlässigtes Aussehen bekrittelte, seinen Umgang, seine Toto - Zettel. Nach der Ladung wäre Andreas aber um ein paar Hinweise froh gewesen. Ratschläge, der Alte hatte doch den letzten Krieg miterlebt. Einen Antrag auf Kriegsdienstverweigerung hätte Andreas noch nicht in eigene Worte fassen können.

So musste er Fakten schaffen: Zwanzig „Reval" hintereinander, zwei Kannen Kaffee, auch wenn er so riskierte, der Musterungskommission vor die Füße zu kotzen. Wenn das nicht half, gab es noch die Möglichkeit, etwas im Stil von Bob zu unternehmen, daheim hielt ihn nichts mehr. Bob dürfte bis dahin in Frankreich untergekommen sein und würde ihm sicher helfen.

„Soll man beizeiten auswandern?", fragte er den Fremden mit Seitenblick.

„Beim letzten Mal wär' das richtig gewesen", antwortete der, „die meisten konnten sich aber nicht vorstellen, was auf sie zu kam und haben nichts unternommen. Dieses Mal hilft so was nicht. Die Atomstrahlung wird um die ganze Welt geweht. Außerdem macht Krieg heutzutage nur wirklich Sinn, wenn einer den anderen überfällt und plattmacht, bevor der reagieren kann. Es könnte im Prinzip jederzeit losgehen, mitten im Frieden, wenn man sich am sichersten fühlt."

„Dann wissen Sie auch nicht, was man machen kann?"

Der Fremde starrte geradeaus. Unten kamen zwei Frauen mit Einkaufskörben von der Bismarckstraße her, sie wohnten in der Nähe. Die mit dem geblümten Kleid trug stolz ihren schwangeren Bauch vor sich her, obwohl das Kind inzwischen schon zwei Jahre alt war. Sie gerieten immer tiefer in die Vergangenheit und Andreas spürte, wie ihm etwas entglitt.

V

Das Stockwerk, in dem sie standen, hatte vor Jahren
beidseits neue Pultdächer bekommen. Überall lagen noch
angeschnittene Latten, Zinkbleche und Späne herum. Große
Fenster erhellten eine Art Foyer, durch welches man früher
auf die Emporen und zur Orgel kam. Jetzt wirkte der Raum
mit seinen zugemauerten Durchgängen kahl und ausgeräumt.
Die Taghitze hatte nachgelassen, durch das leere Gemäuer
strich ein lauer Wind. Das nächste Fenster rechts hatte
wieder einen großen Spitzbogen und gab den Blick auf ein
Stück Maxstraße frei, wo sie in die Kaiser Wilhelm Straße
einmündete. Im Hintergrund ragten die Doppeltürme der
katholischen Ludwigskirche auf, kurz vor der Kreuzung
blickte man auf die Melanchthonkirche. Nach dem Krieg als
Ersatz für die zerstörte Lutherkirche gebaut, hockte sie
zurückgesetzt hinter einem Vorplatz in einer rostroten
Sandsteinrobe da. Als Konfis hatten sie dich dort morgens
vor dem Gottesdienst getroffen, um noch ein paar Witze zu
reißen, bevor sie eine dreiviertel Stunde lang auf dem harten
Kirchengestühl ausharren mussten. Nach dem Segen, hielten
die Mütter dort noch schnell einen Tratsch, bevor sie zu den
Kochtöpfen eilten.

Mit ihren düsteren Schießscharten, die als Fenster dienten,
dem dicken Mauerwerk, in das man Trümmer der zerstörten
Lutherkirche eingemauert hatte, und dem gedrängten
Rundbogenportal hätte die Melanchthonkirche als
mittelalterliche Burg durchgehen können - wäre nicht das
riesige Kreuz gewesen, das von der Fassade herunter die
Ritterromantik erschlug. Als Burg hätte sie Chancen gehabt,

jugendliche Seelen zu beflügeln. Das Kreuz drohte stattdessen mit Drill, Rechtgläubigkeit und Strafe.

Erst wenn man Sonntag morgens unter dem Bootsleib ihres hölzernen Kirchenschiffs saß, im schummrigen Licht der Buntglasfenster, wenn die Orgel anfing ein Präludium zu spielen, erst dann spürte man, dass sie auch für etwas anderes gebaut worden war. Und wenn in der Adventszeit abends zahllose Kerzen leuchteten und die Holzdecke ein geheimnisvolles Dunkel vortäuschte, dass man meinte, unter dem Himmel von Bethlehem bei Hirt und Schafen zu lagern, senkte sich sogar ein wenig Trost herab.

Zwei Jahre lang waren sie sonntäglich einbestellt worden, weil der Kirchenbesuch zum christlichen Leben gehöre. Anwesenheit wurde mit Kärtchen überprüft. Der Kirchendiener Lebedier zeichnete mit gewissenhafter Miene ab. Am Ausgang stand er neben zwei Presbytern, die mit sauertöpfischer Miene zwei Klingelbeutel in den Weg hielten. Deren Augen überwachten den Wegezoll ebenso wie alle Vorgänge im Gottesdienst mit einem Blick, dem kein Lachen während der Gebete entging, kein heimliches Raufen unter der Bank. Manchmal warf Andreas einen Groschen mehr in den gierigen Samtsack.

Das Problem unter der Kanzel ging nicht auf sonntägliche Unausgeschlafenheit zurück oder schlechte Rhetorik, sie hatten gute Prediger, wie allgemein versichert wurde. Es war der Widerspruch zwischen dem Unheil, das hier in Stein eingemauert lauerte, der Unbarmherzigkeit, die den Alltag prägte, und den geistlichen Süßholzworten. Wie Honig schwer und sämig flossen sie über die Paramente herab. Als sei das Gotteshaus unmittelbar vom Heiligen Geist bewohnt,

153

der die Menschen verwandelte. Der aus hartherzigen Alltags - Pfarrherren barmherzige Sonntagsgeistliche machte, die spitzmündig und verzückten Auges Gnade, Vergebung und Friede auf Erden beschworen. Kaum war Montag, setzte es wieder Kopfnüsse. „Hast gestern nicht zugehört? Gottesdienst ist keine Traumstunde!" Andreas bekam davon Kopfweh.

Jetzt wehen unten wieder violette Kirchenfahnen, es ist Palmsonntag 1959, ein heller, windiger Frühlingstag in wolkenlosem Blau. Er sieht sich unten mit den Kameraden auf dem Vorplatz stehen, umringt von Verwandten. Wieder läuten Glocken, Münder werden breit, Fotoapparate klicken, auch Unbeteiligte drängen sich herbei und schütteln ihnen die Hand. Zum ersten Mal haben sie im Mittelpunkt gestanden, vor dem Altar, beim Aufsagen von Katechismus, Vers und Einsetzungswort, in der Prüfung beim Beantworten der 94 Fragen: „Woraus schöpfen wir unseren Glauben, Erich?... Und jetzt, Rainer, den Psalm neunzig"

„Herr, du bist unsere Zuflucht für und für..."

Rainers stockender Vortrag führte über Berge, Erde und Welt ins Ewige. Danach musste Andreas über die grüne Au holpern, zum frischen Wasser. Der Pfarrer stand kerzengerade vor ihnen, als habe er den Hirtenstab verschluckt, welcher zwei Jahre lang mit Strenge zwischen Vers und Psalm regiert hatte, um ihre jungen Seelen auf rechtem Pfad zu halten. Bei der Einsegnung, kniend auf harten Steinstufen, mit einer Kirche voller Leute im Rücken, haben sie zwar nicht recht begriffen, wie ihnen geschah, doch entströmt segnenden Händen etwas Magisches, wie es nur aus feststehenden Gewissheiten fließen kann, die in einer harmonischen Weltordnung begründet sind. Jetzt, als Konfirmierte, die zugleich aus der Schule gekommen sind, stehen sie mit leichtem Hochwasser da, in ihren schwarzen Anzügen aus dem Verleih, und wissen nicht wohin gucken. Aber fast jeder Junge trägt eine neue Armbanduhr am Handgelenk. Die Mädchen wissen, dass zuhause Sammeltassen auf sie warten und erste Aussteuer – Wäsche. Sie freuen sich trotzdem, denn es ist gut gemeint. Auf dem Heimweg spüren alle, dass der zweistündige Gottesdienst mit Abendmahl einen ganz und gar weltlichen Hunger bewirkt hat, zumal man nüchtern hatte kommen müssen.

Zu Hause endlich bereitet man vor ihnen einen Tisch im Angesicht aller Verwandten: mit Markklößchensuppe, Rinderschmorbraten und Herzdrückerklößen. Wohn - und Esszimmer sind durch die Schiebetür zu einem Raum vereinigt, um einer langen Tafel Platz zu machen. Sie sitzen aufgereiht, nach Familien geordnet, und Andres muss am Kopfende neben dem Vater hocken, auf einem Brett über vier hochkant gestellten Apfelsinenkisten. Als der Puddingnachtisch abgeräumt ist, die Verwandten bräsig auf den Stühlen zusammen sacken, nachdem der Vater für die Herren Asbach Uralt und für die Damen Eckes Edelkirsch serviert hat, setzt er sich ab. Pit, der auf dieselbe Weise im Familienclan fest steckt, freut sich, als er sein Klingelsignal hört. Bevor ein Erwachsener es sich noch einmal anders überlegt, stürmen sie schon die Treppe hinab auf die Straße.

Nun streunen sie ziellos umher, probieren mit lässigen Bewegungen ein erwachsenes Gangbild aus, fühlen sich nach Wochen zum ersten Mal wieder frei. Im Filmpalast schmachtet Marilyn Monroe in den Schaukästen. Blond, mit tiefem Dekolleté und Puppenaugen. Zu schön, um sie richtig, schmutzig, begehren zu können. Im Pfalzbau wird „Die Brücke am Kwai" angekündigt. Pit kennt schon die Melodie und pfeift sie die ganze Ludwigstraße hinunter bis zum Hauptbahnhof. Unterwegs reden sie über den Mord an der Nitribitt, stellen Mutmaßungen an, wie das zugegangen sein könnte. Wie es überhaupt zugehe bei den Damen, die man kaufen kann in den Etablissements, von denen man gehört hat, die im Mannheimer Jungbusch rote Laternen im Fensterchen anknipsen. Von Getränken für dreistellige Summen, bei denen die Dame inklusive ist; von Séparées und gestohlenen Brieftaschen. Von der Einfachversion für fünf Mark über dem Neckar in der Lupinenstraße, wo die Nutten in Schaufenstern sitzen und mit den Freiern über die Straße weg verhandeln. Viel besser als der Straßenstrich auf dem Hemshof. Pit weiß von einer Schammauer zu berichten, die Unbescholtene von Freiern scheidet und von all den Sachen, die Konfirmanden überhaupt nicht wissen sollen.

Auf dem Viadukt ist heute wenig los. Nur vereinzelt erklimmen Straßenbahnen die Rampen und gehen unter Blitzgewittern mit kreischenden Rädern in die Kurve. Laster fehlen heute ganz, die Autos kann man zählen. Sie stellen sich am Brückengeländer auf. Der Hauptbahnhof, die gelb gestrichene, vielfenstrige Schachtel, die rußschwarz überdachten Bahnsteige. Eine Dampflok steht zur Abfahrt bereit, sieben, acht Wagen. Sie warten auf den schrillen Pfiff. Unter ihnen fährt rauschend ein anderer Zug ein und hüllt sie in Dampfwolken. Drüben, wo es Richtung Anilinfabrik abzweigt, döst ein langer Gütertransport mit Stückgut und Kesselwagen, es ist ja Feiertag. Obwohl das nichts heißen muss, die Fabrik produziert auch an Sonntagen, dafür gibt es

Zuschläge auf den Stundenlohn. Der Alte sitzt zum Monatsende oft am Küchentisch und rechnet nach, ob das Lohnbüro an alles gedacht hat, die Überstunden, und was davon steuerfrei...

Das Viadukt erzittert, als die Linie Drei auffährt. Sie besteigen gern die „Dreier" nach Mannheim, weil man damit über den Rhein zum Paradeplatz kommt, wo die großen Kaufhäuser locken. C & A, der Anker und das Hansa. Für die Alten ist C & A ein Muss, die anderen kommen danach dran. Bleibt noch Zeit, biegt man auf die Planken ein, betrachtet sich die Auslagen in den hell erleuchteten Geschäften bis zum Wasserturm, ohne rein zu gehen. Danach der Rückweg durch die Fressgass mit den kleinen Läden. Nach Mannheim fährt man zum Großeinkauf, wenn ein Filmtheater Premiere hat, zum Spazieren gehen. Es ist nicht so dreckig dort, nicht ganz so laut, alles größer und vornehmer.

Sie überqueren die Straße. Jetzt weit und breit kein Fahrzeug mehr. Hier kann man dem Schienenstrang zwischen Benckiser – Werk und dem Bürokomplex von Grünzweig und Hartmann folgen, der nach überall hin führt, raus aus der Stadt, so weit das Geld für eine Fahrkarte reicht.

„Ein Bruder von meiner Mutter wohnt in „Brooklyn", sagt Pit.

„Wie oft muss man dahin umsteigen?"

„Ist doch egal. Außerdem musst du mit dem Schiff."

„Von welchem Hafen?"

„Es reicht ja fürs Erste, wenn du weißt, es ist möglich. Hinfahren kannst du irgendwann. Wenn es Zeit ist. Wenn du das Geld beisammen hast."

Andreas fasst in die Tasche seines Konfirmandenanzugs.

Sie laufen auf dem Viadukt noch ein Stück Richtung Hemshof und erwägen, Richtung „Funzelstubb" weiter zu gehen, wo die Hemshof - Friedel auftritt, Jürgens Bruder hatte sie mal mitgenommen. Doch es hieß, einmal kommt sie, zweimal nicht. Sie kehren um, zehn Minuten später stehen sie vor der „Bierakademie." Ab heute, davon sind sie überzeugt, dürfen sie allein eine Gaststätten betreten. Die schwere Eichenholztür geht knarrend auf, ein Schwall würzig abgestandener Kneipenluft überwältigt sie. Man tritt durch einen Filzvorhang, dann drücken sie sich am Ausschank entlang, wo auf hölzernen Barhockern picklige Oberschüler vor halbleeren Biergläsern brüten. Ihre abschätzigen Blicke. Die wasserstoffblonde Buffetfrau begrüßt sie vor einer Ikonostase aus hunderten von Flaschenetiketten, Reklame-schildern, gerahmten Fotos und Brauerei-Nippes. Über den Tresen weg reicht sie ihnen, noch bevor sie sich einen Tisch aussuchen können, die Getränkekarte, Kunstleder gebunden. Ihre Augen haben schon die Galerie von Spielautomaten erspäht. Bunt leuchten dort die Lämpchen, die Glücksfeen hinter Glas, es blinken Knöpfe, es ruckt und tuckt darin, rechts oben der Münzschlitz. Ein Geruch nach Messing und warmem Plastik umfängt sie. Pit hat den Zehner schon rein gesteckt. Rotierende Scheiben, Zahlen und Symbole verwischen zu regenbogenbunten Ringen. Urplötzlich halten sie an für irgendeine Entscheidung. Schon beim zweiten Durchlauf klingelt es, fünf Mal so viele Münzen kommen heraus wie eingeworfen. Bald kreiste es in drei Automaten für die Gewinne zweier Konfis, die gerade erst begreifen, dass man die Scheiben auch per Knopfdruck stoppen kann, allerdings nicht sofort. Schnell bricht ihnen der Schweiß aus, zum einen von den beiden Schoppengläsern aus dem Münchener Hofbräuhaus, zum anderen weil es wieder und wieder klingelt, sie zugleich aber ihre neuen Geldbörsen öffnen müssen, um nachzuwerfen. Später wechseln sie den Zehnmarkschein, der einem Brief der Mannheimer Tante beigelegt war, und es reicht nicht. Die Sonne ist schon weg, als sie die Bierakademie mit hochroten Köpfen verlassen, die Hosentaschen voll mit Zehnpfennigstücken, deren Wert sie lieber nicht nachzählen. Ein überraschend kalter Regenguss treibt sie fort von den Lohntütenschluckern, zurück an die Tafeln, wo die russischen Eier mit viel Mayonnaise im Licht der Wohnzimmerlampen glänzen. Ihren Streifzug erwähnen sie mit keinem Wort.

VI

Nach der Konfirmation fingen die Probleme an.

Pits Vater, Herr Schumacher, arbeitete im Stellwerk. Dort wurden die Züge nach Mannheim, Worms, und Speyer, über die Rheinbrücke und in sämtliche Bahnhöfe hinein geleitet. Das ging über viele Weichen. Auch jeder außerplanmäßige Zug musste am Ende aufs richtige Gleis kommen. Er durfte niemals einen Fehler machen. Man musste für diesen Beruf ein besonderes Naturell mitbringen, das verdiente Anerkennung. Herrn Schumacher traute man zu, dass er sich an keinen Augenblick in seinem Leben erinnerte, wo ihm etwas Wichtiges entgangen war. Sein Alltag war in Routine und Zuverlässigkeit gegossen. Jeden Morgen trat er exakt um die gleiche Zeit vor die Haustür, grauer Anzug, karmesinroter Schlips, die Schuhe frisch geputzt. Die Kleider mussten täglich über einer Stuhllehne im Schlafzimmer bereit liegen. Niemals hat jemand bei ihm eine Abweichung von der Norm beobachtet, die ausschließlich er selbst definierte. Sein ganzer Lebensvollzug erinnerte an ein Uhrwerk, selbst die Schritte wirkten abgezirkelt, dass man sich vorstellte, er habe deren Anzahl bis zum Stellwerk im Voraus festgelegt.

Herr Schumacher hatte einen Sohn, der in allem sein Gegenteil war. Pit kam immer zu spät. Nicht weil es an Zeit mangelte, sondern weil ihm keine Orientierung im Zeitfluss gelang. Ob fünf Minuten verstrichen waren oder eine Viertelstunde, konnte er nicht abschätzen. Pit konnte auch nicht stillsitzen. Immer war etwas in Bewegung an ihm, wie bei einer abfahrbereiten Lokomotive, die beständig Dampf ablassen muss, damit ihr der Kessel nicht platzt. So lange in den Schulen der Stock regierte, durchlebten Zappelphilippe schwere Zeiten. Angefangen beim rustikalen Haselstecken, den der Lehrer zum Schuljahresbeginn bei einem Ausflug im Maudacher Bruch eigenhändig geschnitten hatte, über die elastische Weidenrute, die bei engagiertem Gebrauch ein scharfes Pfeifen in der Luft hergab, bis zum altbewährten Rundholz lernte Pit alle Varianten dieser Regentschaft kennen. Erziehung war damals am Bild der Baumschule orientiert, wo die Jungstämme eine starke Stütze benötigen, um den Stürmen des Lebens gewachsen zu sein. Die Stütze bestand aus Disziplin und Ordnung, ja die ganze Pädagogik schien darauf gerichtet, Stellwerksbeamte hervorzubringen. Pits Zensuren entsprachen diesen Vorgaben, wonach ein unordentlicher Schüler nie über eine Vier hinaus kommen konnte, unabhängig von dem, was bei Klassenarbeiten auf dem Blatt stand. Am Gymnasium hätte Pit als bebrillter Schlacks eine glaubwürdige Rolle finden können, indem er sich schulterruckend über ein Dada-Gedicht amüsierte oder aus dem Gedächtnis den Anfang der Odyssee auf Griechisch rezitierte, doch war weiterführende Bildung nie in Betracht gekommen. Herrn Schumacher tat das Versagen seines Sohnes vor den bürgerlichen Kardinaltugenden weh, denn er stellte sich seinen jüngeren Sohn gern mit weißem Kittel oder schwarzer Robe vor, nachdem der Ältere - selbst als Bierholer war er unzuverlässig - gerade dabei war, mitsamt Braut nach Amerika auszuwandern. Dessen Hosenboden hatte oft schon zuhause spektakuläre Wallungen erlebt.

Als nach der Konfirmation die Berufswahl anstand, ging Herr Schumacher davon aus, dass wenigstens der Jüngere in seine Fußstapfen trat. Er kümmerte sich um einen

Ausbildungsplatz bei der Deutschen Bundesbahn, nicht ohne sein Ansehen dafür in die Waagschale zu werfen, Pits Zeugnis gab ja kein Argument dafür her. Doch der Sohn kümmerte sich zeitgleich um eine Lehrstelle bei VW. Alle Jungs begeisterten sich für Autos und der Andrang war groß. Andreas und Pit hatten es verstanden, bei der Werkstatt zu überzeugen, indem sie Fachkenntnisse im Kfz-Handwerk durchblicken ließen und praktische Erfahrung in der Moped-Reparatur. Nun brauchte es bei der Bundesbahn wie bei einer Autowerkstatt eine Unterschrift unter dem Lehrvertrag. Andreas bekam sie in einer Zigarrenpause, doch Pit beendete den Tag mit stark geröteten Wangen. Während der folgenden Tage erfuhr er, was es hieß, Sohn eines deutschen Bundesbahnbeamten zu sein, der seinerseits Sohn eines kaiserlichen Postbeamten war, im Dienst des Deutschen Reiches seit Mitte der Dreißiger Jahre mit untadeligem Führungszeugnis, einschließlich Entnazifizierungs-nachweis. Herr Schumacher trug den mit Brisk fixierten Scheitel wie mit dem Lineal gezogen. Alle zwei Wochen saß er bei Herrn Wannemacher im Frisierstuhl, wo die Haare militärisch kurz gehalten wurden, Genick und Seiten ausrasiert bis über die Ohren. Den Zweifingerbart schnitt er zweimal die Woche, Wildwuchs hatte bei ihm keine Chance, selbst die Zimmerpflanzen hielt er kurz. Unkontrolliert war allein seine strafende Hand. Sie konnte schnell ausrutschen und Blutergüsse, taube Ohren, blutunterlaufene Wangen bewirken, aber, so wurde versichert, er meinte es gut. Etwas Besseres als einen väterlich vorgezeichneten Pfad durchs Leben gab es nicht, das leuchtete ein. Andreas hatte Pit selten weinen sehen. Ein Junge biss die Zähne zusammen, selbst nach dem Rundholz.

Vier Tage nach dem Werkstattbesuch klingelte Pit abends in der Maxstraße. Er hielt sich ein blutiges Taschentuch vor die Nase, die Augen waren grün und blau unterlaufen. Ein Glück, dass sie wenige Wochen zuvor das Eisengitter am Turm geknackt hatten. Sobald die Mutter vom Nachtdienst kam oder der Alte aus dem Wirtshaus, wären sie in Erklärungsnot geraten. Andreas holte Wolldecken, ein Federkissen, Bezüge aus dem Schrank, Taschenlampe. So schlichen sie bepackt zum Turm. Am nächsten Tag brachte er ihm seinen alten Anorak, Tage später Socken, Unterwäsche und was er brauchte.

Jürgen sagte: "Erst mal mit der Ruhe" und kümmerte sich ums Essen.

Er klingelte bei Schumachers und stellte sich dumm. Die Alten berichteten über polizeiliche Suchmaßnahmen, Schule und Bekanntenkreis seien alarmiert.

Im Viertel gingen Gerüchte um.

Damals hat der Turm zum ersten Mal als Zuflucht gedient.

Arbeitsbeginn bei VW war auf Anfang Mai festgelegt. Zehn Tage zuvor warf Andreas einen Brief in der Kaiser Wilhelm-Straße ein. Pit hatte geschrieben, es müsse ein unterschriebener Lehrvertrag bei VW - Islinger abgegeben werden, nur dann käme er zurück. Andernfalls folge er seinem Bruder nach Amerika (was eine leere Drohung war). Frau Schumacher war eine Frau mit tiefer, sanfter Stimme voll naiver Emotionen. Sie verstand es, ihren Mann mit verheulten Augen und behutsamen Vorhaltungen zu traktieren. Nach und nach schien sich die Lage zu entspannen, während oben im Turm sich ein lustiges Leben

163

anbahnte, manchmal rund um die Uhr. Am ersten Arbeitstag lag im Posteingang der Firma Islinger ein Umschlag mit dem Lehrvertrag, die Unterschrift ließ die Maiglöckchen - Handschrift der Mutter erkennen.

Während der folgenden vier Wochen wohnte Pit offiziell bei Jürgen, was bei Andreas um die Ecke lag. Jürgens Eltern missbilligten Herrn Schumachers Erziehungsmethoden. Ihrem Sohn hatten sie freie Hand gelassen, er lernte Betriebsschlosser bei der BASF. Danach vielleicht die Abendrealschule.

Herr Löhr wusste über das Wichtigste stillschweigend Bescheid. So kam Pits Versteck nie heraus. Über den Aufenthalt bei Löhrs wusste nur Pits Mutter Bescheid, was ihren Nerven gut tat.

Anderthalb Monate später kehrte Pit an den Familientisch zurück und es wurde getan, als sei nie etwas geschehen. Das Wichtigste war stets zu beschweigen. Dadurch behielt es seine Bedeutung. Nie durfte man versuchen es auszusprechen, das führte zu Explosionen, und alles fiel auseinander. Was unbedingt anging, musste unterschwellig bleiben. So lautete die erste Lektion, die Andreas über das Funktionieren der Gesellschaft lernte und nie wieder vergaß.

Auf ihren Berufseinstieg bei VW folgte ein kühler Sommer, der ihnen nichts ausmachte; sie hatten ja eine Lehrstelle im Traumberuf ergattert. Auch wenn man in der Anilinfabrik vom ersten Lehrjahr an schon mehr verdiente. Morgens mit dem Rad durch die zugige Saarlandstraße zur Werkstatt. Andreas musste jedes Mal auf Pit warten, der nach zehn Minuten Hals über Kopf die Treppe herunter gestürzt kam, die Jacke halb angezogen und einen angebissenen Weck im

Mund. Seinetwegen die Anschisse vom Meister, damit fing alles an. Bald half es nicht mehr ohne Pit zu fahren, in der Werkstatt hatten sie ihren Ruf weg.

Nach Vier, wenn alle auf dem Heimweg waren, mussten sie die Werkstatt auskehren und hinterher abschließen. Im Meisterbüro lag oft noch die angebrochene Zigarettenschachtel herum und im Blechschrank stand eine Flasche Scharlachberg, deren Pegel auch ohne ihre Mithilfe rasch abgenommen hätte. Im der Schreibtischschublade vom Bürofräulein fanden sie Parfumflasche, Tempos und saure Drops. Der Seidenschal roch nach ihrem Haar, das Duftwässerchen nach ihrer Haut. Stellten sie sich vor. Pit legte kleine Zettelchen auf ihren Schreibtisch: „Sie sehen hinreißend aus" stand darauf, oder: „Ich würde Sie gern für Samstagnachmittag zum Kino einladen. 16 Uhr 30 vor dem Pfalzbau. Sie werden mich kennen."

„Du bist vollständig verrückt!", rief Andreas, „die verpetzt dich beim Chef."

„Wart ab, den Frauen gefällt das", entgegnete Pit.

Ihr Schicksal lag in den Händen des Bürofräuleins, der leiseste Hinweis beim Meister hätte ihnen den Rest gegeben. Doch zum Pfalzbau kam sie nie.

Für derlei lohnten sich die Lehrlings - Überstunden.

Allerdings war Andreas nicht abzubringen von seinen Gedanken an Marianne, das Mädchen aus dem vierten Stock, welches abends den Fernseher einschaltete. Deren Mutter war Arzthelferin bei Doktor Matzenberger und kannte die Mama seit Jahren. Manchmal klingelte sie und überbrachte ein Rezept aus der Praxis. Gemeinsam saßen die Frauen dann am Küchentisch, rührten in Kaffeetassen und hechelten die Nachbarschaft durch. Frau Meyerlink stammte von „drüben", aus Troppau im Sudetenland. Kurz vor Kriegsende sei die Familie mit Sack und Pack vor dem Russen geflohen. In der alten Heimat hätten ihre Eltern eine Gastwirtschaft betreiben mit eigener Schlachtung und Verkauf über die Straße. Wo immer dieses Sudentenland lag, es muss dort ein ideales Leben gegeben haben, ganz im Gegensatz zu hier, wo man vor Problemen kaum den Kopf über Wasser halten konnte, da waren sich die beiden einig.

Andreas erschrak, als ihm der Fremde auf die Schulter tippte und in die Gegenwart zurück holte. Ein Lächeln lag auf seinem Gesicht, als er sagte:

„Du träumst ja."

„Ich seh´ was ich seh´."

„Glaub nicht alles, was du siehst."

„Soll ich mich darauf verlassen, was gesagt wird?"

„Man täuscht sich leicht."

„Und wird angelogen!"

... „Dein Papa ist noch in einem fremden Land. Es wachsen dort Bäume so hoch wie unser Haus und wilde Tiere gibt es. Er verdient viel Geld und muss noch ein bisschen bleiben. Bald kommt er zurück, dann bringt er einen Sack voll Schokolade mit und eine elektrische Eisenbahn. Und er sagt auch dem Herr Schickelgruber, dass er aufhört, Rattengift in den Kellern zu legen und dass er nicht immer mit den Kindern schimpfen soll."

Abends, wenn die Mama an sein Bett kam und von früher erzählte, war es am schönsten. Doch das passierte selten. Auf ihrer Arbeit machten sie viele Überstunden. Da war ihr nichts recht zu machen. Am Wochenende kam die Oma. Sie las ihm aus dem alten Buch vor, während er das Wackeln an ihren kropfigen Hals betrachtete, wenn sie sprach. Es konnte lange dauern, bis er schlief.

Sie standen schon eine Weile am rechten Seitenfenster. In der Straßenflucht hielten sich zwischen den Neubauten noch die übrig gebliebenen Vorkriegshäuser und einige Mauerreste der Aktienbrauerei. Hier, in dem Altbau aus der Gründerzeit mit Klinkerfassade, hatte er seine Kindheit verbracht, bevor sie in die neue, größere Wohnung umgezogen waren, den Neubau neben der Holunderwildnis. Im Dachgeschoss ihres alten Hauses, direkt über ihnen, hatte damals Pit mit seiner Familie gewohnt. Schumachers belegten die doppelte Fläche, weil das ausgebaute Dach sich übers ganze Stockwerk erstreckte. Sie waren eine richtige Familie mit einem gut gestellten Stellwerks – Beamten - Ernährer und konnten sich mehr leisten. Pit teilte sich mit seinem älteren Bruder ein Zimmer. Rauf und runter die Treppe, Kehrtag und dreckige Schuhe, seid leise, der Papa schläft. Freitags, wenn die Treppe nass aufgewischt war und das frische Bohnerwachs glänzte, durfte eine Stunde lang niemand aus der Wohnung. Schon bevor der Blocker gegen die Holzleisten knallte, wusste man Bescheid. Bei Schumachers oben war immer aufgeräumt, deshalb hielten sie sich ungeachtet der allgegenwärtigen Platznot lieber unten auf.

VII

„Hast du es nicht eilig?", fragte der Fremde und blickte ihn aus blauen Augen an. Sein Gesicht wirkte freundlich, ohne Hintersinn. Ohne es zu merken, hatte Andreas seine Befangenheit verloren, obwohl er diesen Mann überhaupt nicht kannte und sein Aussehen befremdete. Auf Andreas Schweigen reagierte er nicht, seine Gedanken aber hatte er erraten; zu seinen Geschichten hatte er kein Wort gesagt, vielleicht gar nichts bemerkt. Ob er Andreas ungläubiges Staunen registrierte, den zweifelnden Blick?

Der Unbekannte gab ein Zeichen und kletterte die vermorschte Holzleiter voran zur Turmstube. Den Boden hier bedeckte dick eine Schmutzkruste, man stieg über mumifizierte Vogel und Fledermausleichen. Hauptsächlich die Tauben machten diesen Dreck, man roch ihn schon von unten. Gerade das schützte ihr Versteck. Räume, in denen Vorkriegsmüll herumlag, wo noch nie jemand Staub gewischt hatte, schreckten ab, der ganze Turm schreckte ab. Mit der gespenstischen Anmutung eines traurigen Gesichts, das besinnungslos aus leeren Fensterhöhlen blickte und Tränen aus zerflossenem Taubenkot vergoss, widersprach er der Lustigkeit, in die unsere Zeit getaumelt war: Schlagersternchen, Karnevalssitzungen, Hula Hoop-Reifen, Italienurlaub, Kino. Was sollte da eine Kirchenruine, die in ihrem Westwerk weinerlich die Schultern hängen ließ, als wolle sie die Irrtümlichkeit des ringsum beschlossenen Frohsinns prophezeien. Die vergoldeten Herzzeiger ihrer Turmuhr standen immer noch auf vier Uhr sechsundzwanzig, das war der Zeitpunkt, an dem sie in einer Bombennacht aus der Gegenwart gefallen war. Andreas und seine Freunde ließen sich von solchen Menetekeln nicht abschrecken und genossen das Dorado ihrer Ungestörtheit, weil Jungs sich weder vor Gespenstern fürchten noch vor Dreck.

Die Turmstube maß nur wenige Meter im Quadrat. Auf ihrer kleinen Fläche brauchte sie nur zwei schmale Fensteröffnungen. Eine nach vorne und eine nach hinten. An diesen Luken konnten Zwei gerade nebeneinander stehen. Sie blickten gerade wieder auf die Maxstraße hinab, mit der Häuserreihe und rechts die Melanchthonkirche.

„Bin da zwei Jahre lang hingegangen, war ziemlich Scheiße."

„Kann ich mir denken. War bei mir nicht anders."

Andreas sah sich erneut auf dem Vorplatz stehen, den Unterrichtsbeginn erwarten. Immer noch schnell den Vers lernen, um einer Strafarbeit zu entgehen:

„Ein feste Burg ist unser Gott, ein gute Wehr und Waffen; er hilft uns frei aus aller Not, die uns jetzt hat betroffen."

Gleich zu Beginn wurde abgefragt. Schon wer sich verhaspelte, wurde abgestraft: „Schumacher, zwanzig Mal schreiben", da halfen keine Wehr noch Waffen, auf die man in Martin Luthers Lied doch vertrauen sollte. Im wirklichen Leben war alles, was sie da lernten, wirkungslos. Weder half es gegen die Zappelbeine noch gegen die Fehler bei den Rechenkästchen, noch gegen die Ohrfeigen, mit denen Lehrer wie Geistliche nicht geizten. War Martin Luther nicht eher ein Rebell gewesen, der die Leute zum Ungehorsam anstiftete und lehrte, man solle auf den eigenen Verstand vertrauen? Er war schon viel zu lange tot, als dass ihm noch

Wehr und Waffen zur Verfügung standen, um Hilfe zu bringen. Im Gegenteil: In seinem Namen wurde verlangt, vierundneunzig Lehrsätze aus dem Katechismus abzuspulen.

„Mit unsrer Macht ist nichts getan", mit Gottes „Macht" war auch nichts mehr los, und im Zweifel hielten die Eltern zu den Autoritäten. Der „alt böse Feind" allerdings war noch quicklebendig. Zwar nicht in Gestalt des Teufels, den man mit einem Tintenfasswurf auf Abstand halten konnte, dafür in Gestalt einer Macht, die Dramen auslöste und in Gang hielt. Sie steckte tief im Inneren der Geschehnisse, so wie die Trümmer der Lutherkirche hinter den Buckelquadern der Melanchthonkirche steckten. Von außen betrachtet, sah man selbst dem Lutherturm nichts an. Sein Kaputtsein erinnerte an die tausendjährige Limburg oberhalb von Bad Dürkheim, ein beliebtes Ausflugsziel. Umso wirksamer konnte die böse Macht zuschlagen.

So wie Hass, Zwang, Prügelei und Selbsthass sich hinter harmlosen Fassaden versteckten, konnte auch die große Katastrophe jederzeit hereinbrechen. Unmöglich konnte man sich gegen die Macht und List des alt bösen Feindes wappnen. Groß war „sin Gewalt." Ebenso groß Andreas Skepsis gegen Katechismus, Psalmen und die Vertröstungen der Kirchenlieder, in welche sich vor allem betagte Witwen auf den hinteren Kirchenbänken eingesungen hatten, ihren brüchigen Sopran zelebrierend, mit „so nimm denn meine Hände", und „was Gott tut, das ist wohlgetan", unter schwarzen Kirchganghüten mit weitmaschigen Gazeschleiern. Demütig und geneigten Hauptes, händeringend im Gebet. Beim Glaubensbekenntnis vibrierten ihre rostigen Broschen auf den frisch gestärkten Blusen.

Er fühlte sich schon zu erwachsen, um unter Liturgie und Kanzelwohlrede wieder kindlich zu werden wie jene Verzweifelten, denen vermutlich keine Wahl blieb.

Wenigstens bewahrte der Turm eine Erinnerung an den alten, störrischen Reformator. Wenn der Katechet in der Religionsstunde zum Erzählstil fand – was selten geschah - hatten sie die Ohren gespitzt: Wie der Blitz neben dem jungen Martin einschlug und er ein Gelübde tat, wie er sich geißelte in der Klosterzelle, bis er merkte, dass alles vergeblich war, sein Thesenanschlag am Reformationstag. Wie er am Ende gegen Kaiser und Papst standhaft blieb, obwohl sie ihn auf den Scheiterhaufen stellen und verbrennen wollten. So standhaft wäre Andreas auch gern geblieben, als er vor dem Schütz stand, der wissen wollte, wer in Dreiteufelsnamen Feuer im Brunnentrog am Danziger Platz gelegt habe. Dessen Lodern habe man weithin gesehen, so dass mitten in der Nacht die Feuerwehr anrücken musste. Er wusste es nicht, doch sein bockiges Schweigen hielt nur kurz. Am Ende nannte er zwei, drei Namen, ganz willkürlich, weil er sich nicht mehr zu helfen wusste. Das arme Mönchlein, das sich aus all dieser Angst hochgekämpft hatte bis vor Kaiser und Reich, es blieb für ihn ein unerreichbares Vorbild. Gegen seine Feigheit hätte ihm ein Quäntchen Luther gewiss helfen können. Um den Furcht einflößenden Autoritäten zu widerstehen, den drohenden Katastrophen, den strohernen Lehren, die einen trockenen Mund machten. Es hätte helfen können gegen all das, was vielleicht mit Philipp Melanchthon angefangen hatte, dem anderen Reformator, nach dem die andere Kirche hieß. Dem Reformator, dessen Namen man falsch schrieb. Dieser machte schon auf seinen Bildern ein Gesicht, als litte er unter Verstopfung. Verstopfung war die Krankheit von Leuten, die ihr Leben an Schreibtischen und Lehrpulten zubrachten. Verstopfung war die Krankheit der Melanchthonkirche, wo es keine Erlösung gab. Ein Martin Luther hätte da selbst die Lunte gelegt. Nach einer einzigen Brandrede hätte es da hellauf gelodert, den ganzen nutzlosen Heuhaufen erwachsener Weisheiten hätte es verzehrt, und sein Lohen wäre weithin zu sehen gewesen. Gewiss durfte man sich solchen Gedanken nicht hingeben.

Die neue Welt vertrug solche Stimmungslagen nämlich nicht. Die neue Welt hieß „Schreiber" und „Konsum", später „Co – op", danach „Metro", „Massa" „Aldi." Die neue Religion kam groß und grell daher, predigte mit Neonlicht aus großen Schaufenstern. Man bekam Drahtkörbe in die Hand und suchte sich selbst heraus, was man benötigte. Lange Regalreihen warteten schon, vollgestopft, sortiert nach Warengruppen: Hier Backwaren, da Tütensuppen, gegenüber die Konserven. Alles viel billiger, dazu Sonderangebote, die gab es noch einmal billiger. Dafür keine Bedienung mehr, kein Gespräch übers Wetter, es stand ja in der Zeitung, natürlich auch kein Tratsch, an der Kasse wartete die Schlange. Das Personal wechselte häufig, schlecht bezahlte Hilfskräfte, sie waren ohnehin nicht von hier, denn es gab viele Filialen. Die Drahtkörbe wurden bald von Wägelchen abgelöst, weil man sollte ja viel kaufen, auch deswegen war alles so billig. Da mussten die Regale auseinander gerückt werden, der Laden brauchte mehr Platz, es wurde angebaut, Wände durchgebrochen, damit man um die Kurve kam und um die Pyramiden mit den Restposten und den besonderen, einmaligen Sonderangeboten, die es sonst nirgends gab. Überall hingen Reklameschilder mit den sensationellen

Preisen. Schon die Schaufenster waren damit zugeklebt. Es folgte eine Zeit, wo man Schrankfächer freiräumte, Regale im Keller aufstellte, größere Kühlschränke kaufte mit Eisfach, um all die Sachen aufzuheben. Denn die billigen Waren gab es meist im Viererpack, als Gebinde, sechs Flaschen, zum Preis von fünf. Da füllten sich die neuen Kühlschränke und Vorratsregale schneller als man Platz schaffen konnte, manches wurde hinterher weggeschmissen. Es gab jetzt auch überall Rabattmarken, die man in spezielle Hefte klebte. War eines voll, gab es einen Tauchsieder gratis, oder eine elektrische Wärmedecke, fast konnte man meinen, am Ende sei alles geschenkt. Unmöglich, sich der erwachenden Gier zu entziehen. Die alten Tante Emma Läden, die Milchgeschäfte und Obsthändler starben. Deren Sortiment fand man im Selbstbedienungsladen auf zehn Meter Auslage und eine Kühltruhe konzentriert zum halben Preis.

Aber das Mischbrot war gestern beim Konsum im Angebot. Der Schreiber verkauft sein Roggenbrot aber zum selben Preis! Gut, es ist nicht ganz vergleichbar, aber dafür ist der Schichtkäse dort zehn Pfennige billiger. Hat die Packung dort auch fünfhundert Gramm? Einfacher wurde das Leben nicht in dieser neuen Welt. Plötzlich lagen auch ganz neue Produkte da: Tiefkühlkost, Salatschüsseln aus Kunststoff, dazu Berge von Apfelsinen und Bananen mitten im Winter, neben den Konservendosen tauchte ein Ständer mit Kleidung aus Kunstfaser auf und die Nylonstrümpfe fanden Platz bei Kurzwaren und Wäsche.

Aber warum nicht? Die neue, bunte Welt kannte weder Schuld noch Sühne, weder Gebote noch Pflichten, außer der

Pflicht zu bezahlen. Sie gab sich harmlos und jovial, überredungsreich, spendabel und zwanglos. Alles gibt's im Supermarkt und nichts ist unmöglich. Das Alte verschwand fast lautlos.

VIII

Das rückwärtige Fenster in der Türmerstube saß tiefer als das vordere. Hier musste der Zugang zum Dachboden der abgebrannten Kirche geführt haben, jetzt tat sich ein Abgrund auf. Andreas vermied es, nach unten zu gucken, es gab kein Geländer. Geradeaus blickte man auf den Messplatz, ein riesiges Areal, über dem noch die Taghitze brütete. Hinter dem schwarz gezackten Schattenriss der Haardt versank die Himmelsglut in einem blauvioletten Ozean. Unter ihnen umrissen Mauerteile, ein Torbogen, eine zerschlagene Treppe, Sockelgemäuer das ehemalige Kirchengelände, wie die Stumpenreste eines faulen Backenzahns. Es hieß, bald werden diese letzten Überbleibsel abgerissen, um einem Parkplatz oder einem Supermarkt, vielleicht einem modernen Gemeindezentrum Platz zu machen. Viel schöner und zweckmäßiger als das Frühere, zeitgemäß. So sehr sie dieses Gerücht empört hatte, keiner glaubte daran.

Hinter den flachen Schutthügeln ihrer Wildnis schrie ein geduckter Kiosk: „Libella", „Toto", „Coca Cola.." Jenseits der querenden Berliner Straße, hinter einem vielfach aufgebrochenen Trottoir-Streifen dann der Messplatz. Sein pfützenreiches Areal bot Platz für Steinfußball und Torschießen, für Wettrennen, Fangen und jede Menge Rauferei. Zwischen zwei der großen Laternenmasten war im Sommer einmal ein Seil mit Netz gespannt, über das man Federball spielen konnte. Wenn jemand Schläger mitbrachte. An Regentagen konnte man auf Palettenresten durch ein verzweigtes System von Lachen, Kanälen und Seen staken.

175

Abgebrochene Äste, fanden sich überall. Man brauchte Geschick und etwas Übung, um nicht im Seichten stecken zu bleiben. Während der Herbstregen konnte man tagelang diese Traumlandschaft befahren, kleine Seeschlachten schlagen, bei denen man allenfalls nasse Füße bekam, Inseln, die mit improvisierten Holzschwertern verteidigt wurden, erobern. Wenn sie bei Dämmerung mit hochrotem Kopf heim kamen, durchnässt von Nieselregen und den aufspritzenden Pfützen, beschwerte sich keiner.

Auf diesem Areal gastierte alljährlich ein Zirkus. Im Zweijahresrhythmus kam die Zeltmission vorbei, und im Frühherbst, zur Kerwe-Zeit, standen auf der dunklen Brasche Buden, Boxautos, Geisterbahn, Kettenkarussell, Schießstände, manchmal sogar eine Go-Kart-Bahn. Dann wurden auch riesige Bierzelte aufgeschlagen, wo der Ausschank rund um die Uhr geöffnet blieb. Der Vater nahm sich jedes Mal ein paar Tage frei. Auch Andreas wollte nichts verpassen: Zuckerwatte, Mohrenköpfe, Magenbrot, rasende Fahrten in der Berg- und Talbahn bei ohrenbetäubender Musik im polternden Auf und Ab. Bei den Losen gewann er einmal diese Negerpuppe mit Baströckchen, die er sofort der Mama gab, die sie weiter reichte an Frau Meyerlink für Mariannes Spielzeug - Regal.

Nur um die Schiffschaukel machte er einen Bogen, seit der Vater einmal mit ihm gefahren war. Lange hatten sie anstehen müssen, bis ein Gefährt frei war. In der Gondel ging es schneller als erwartet: Vor und zurück, vor und zurück, immer höher hinauf, bis Kirmesplatz und Himmel anfingen zu schwanken.

Doch beim Runterkommen, Achherrjeh, kippte der Papa

plötzlich vornüber und fing an zu kotzen. Erst über seinen Mantel, dann, als sie wieder oben waren, aus dem Schiff heraus im hohen Bogen über die Zuschauer, dann in nicht versiegen wollendem Schwallen vor sich hin ins Schiff. Nicht weil ihm schwindlig geworden war, sondern weil er vorher zu lange im Bierzelt gefeiert hatte. Hin und her durchs Fahrzeug purzelten, tanzten, flossen nun Bratwurst, Weck und Bellheimer Silberpils. Hin und her, weil er quer lag und nicht mehr aufkam. Andreas hätte gern die Bremse gezogen, doch es gab keine. Da tat der Papa ihm auf einmal leid. War ihm das doch seinetwegen passiert. Mit seinen zehn Jahren konnte er plötzlich die Tränen nicht mehr zurückhalten. Wie beim Vater quoll es nun unaufhaltsam aus ihm heraus, und weil es noch nicht genügte damit, ging sein restliches Mitleid in die Hose, die nass wurde und warm während des Ausschwingens, hin und her, und all das wollte einfach nicht enden. Erst als sie standen, bemerkten die Schiffschaukelbremser ihr Missgeschick, hoben den Vater aus dem Gefährt, legten seinen stöhnenden Korpus neben dem Kassenhäuschen ab, wo es erneut losging mit den Bratwürsten und dem Silberpils und dem solidarischen Pinkeln, diesmal unter dem Applaus einer hämischen Schar von Gaffern, die doch alle selbst besoffen waren. Die Schiffschaukelbremser sind ersthafte Leute, die sich in solchen Augenblicken zu benehmen wissen. Flink und mit professionellem Geschick tilgten ihre Besen und Lappen sämtliche Spuren, bis der Mob sich zerstreute. Doch die Mama! Nie zuvor hatte er seine Mutter so ordinäre Beschimpfungen ausstoßen hören — gegen den Vater, die umstehenden Gaffer, gegen das allgemeine Besäufnis. Das nötigte ihm Respekt ab. Warum zeigte sie diesen Mut so selten daheim? Hier hatte ihr Einsatz nur ein johlendes Echo gefunden.

In den folgenden Jahren ging die Mama lieber allein mit ihm über den Messplatz. Sie verzehrten kandierte Äpfel und Zimtschnecken, bestiegen das Riesenrad und ließen sich von einer schwarzgelockten Zigeunerin „Großes" aus der Hand prophezeien: Andreas bei der christlichen Seefahrt, sie an der Seite eines Grafen. Für den Vater hatte sie auch eine Fern - Prophezeiung aus einem Fotoporträt im Angebot, doch sie verzichteten darauf. Sein Vater war nämlich überhaupt nicht sein Vater. Nicht weil das Mensch auf der Kirmes es verraten hatte, sondern weil es bei der Anmeldung zum Präparanden - Unterricht herausgekommen war. Es hatte ihn nicht einmal besonders überrascht, vielmehr fand er endlich seine Ahnungen betätigt. Wie konnte ein versoffener Tagedieb, ein Schläger, ein liederlicher Lumpenhund, der einen auf der Kirmes vor allen Leuten blamierte, sein Vater sein? Bei der Anmeldung im Pfarrbüro fiel auf, dass die Angaben der Mama nicht mit den amtlichen übereinstimmten und der Pfarrer Greifenhagen war pingelig. Er sprach die Mama im Beisein von Andreas darauf an und sie musste es zugeben. Vor allen Ämtern war sie eine ledige Mutter mit Kind, und das Kind war er. Da Frauen mit Kind entweder verheiratet, verwitwet oder geschieden waren, und unverheiratet mit Kind meist bei Besatzungskindern vorkam, musste es vor dem Vater einen zweiten Vater gegeben haben, den er überhaupt nicht kannte. Da wurde sein bisheriger Papa von einem Tag auf den anderen zum Philipp. Zu einem Erwachsenen seiner Umgebung ohne besonderen Status. Allerdings durfte er nichts verraten. Das Wichtigste war stets zu beschweigen.

„Philipp ist dein Vater, dein richtiger war nie da. Er ist im Krieg gefallen, bevor wir heiraten konnten. Du kamst erst ein halbes Jahr später auf die Welt. Du benimmst dich jetzt aber weiter so, als würdest du von nichts wissen, sonst mach′ ich dir den Kopf runter."

Das sah Andreas ein. Obwohl er nun ständig versucht war, den bisherigen Papa Philipp zu nennen, aber die Enthüllung hat ihn auch erleichtert. Ein Philipp, der nur bei seiner Mutter wohnte, schrumpfte zu einem harmlosen Zecher, der kein Recht besaß, ihm Vorschriften zu machen. Der ihm nichts schuldete und dem er auch nichts schuldig war. Doch er hat die Mutter verprügelt. Gewiss, so was kam in vielen Familien vor, es schien nichts Besonderes zu sein, Kinder bekamen ja ebenfalls „auf die Hörner", das hat noch nie jemandem geschadet. Doch die Mama, seine Mama, hatte Unterstützung verdient! Sie musste arbeiten gehen, weil Philipp ihr kein Haushaltsgeld gab. Fast alle Mütter, die Andreas kannte, waren Hausfrauen, die wuschen, kochten, putzten. Seine Mama musste das nebenher tun. Philipp benötigte seinen Lohn für die Wirtschaften, für den Verein und die Freunde. Dort war er eine große Nummer. Das zeigte sich, wenn er Geburtstag feierte und im überfüllten Wohnzimmer die Runde mit Witzen und Anekdoten unterhielt. Das Kettenrauchertimbre seiner Stimme, die Eruptionen seiner Lachanfälle übertönte alles. Er führte ein sorgloses Leben bei ihnen, wohnte kostenlos und hatte viel Spaß. Doch statt die Mama wenigstens im Haushalt zu unterstützen, kotzte er ihr ins Bett. Und wenn Andreas nicht rechtzeitig weg kam, fing er sich ebenfalls ein paar ein. Zum Glück geschahen solche Ausschreitungen höchstens einmal die Woche, meist wenn er aus dem „Stiefel" kam. Schon am

179

nächsten Morgen wusste er nichts mehr von den Geschehnissen. Da war er wieder der gutmütige Zigarrenraucher, der gemütlich im Sessel saß, sich nicht einmischte und den Dingen ihren Lauf ließ. Da hätte Andreas lieber einen Schiffschaukelbremser zum Vater gehabt, einen mit tätowierten Unterarmen und offenem Hemdkragen, aus dem das schwarze Brusthaar quoll, der auch mal zupackte. Die Schiffschaukelbremser waren ernsthafte Leute. Sie kümmerten sich nicht bloß um die Schiffschaukeln, auch bei Achterbahn und Riesenrad standen sie bereit. Sie wussten über die Kirmesgäste Bescheid und was notfalls zu tun war. Manch einer von denen arbeitete saisonweise im Zirkus und konnte sogar Kaninchen aus Zylindern zaubern.So einer hätte ihn zum Fußballtraining geschickt und auf sämtlichen Kirmesbahnen fahren lassen, weil er die Besitzer kannte. Er nähme ihn manchmal mit, wenn auf einer Kirmes die Fahrgeschäfte aufgebaut wurden, und er durfte bleiben, bis alles vorbei war. Und sollte so einer wirklich einmal genug haben vom ganzen Rummel, sollte er ab und zu einen Drang verspüren, aus allen Konventionen auszutreten, um sich die Kanne zu geben, geschähe es fernab in einer fremden Stadt.

Bei der Konfirmation war Andreas im Psalm stecken geblieben: „Und ob ich schon wanderte im finsteren Tal....", und das vor allen Leuten. Er hatte überhaupt nicht den Finger gestreckt, trotzdem nahm ihn der Pfarrer Greifenhagen dran, vielleicht mochte er ihn nicht leiden wegen seines fehlenden Vaters, vielleicht aus später Rache wegen der Papierflieger hinter seinem Rücken. Jedenfalls fand Andreas aus dem finsteren Tal nicht mehr heraus, und eines der Mädchen musste die Wanderung fortsetzen. Philipp war nicht der Typ der Missgeschicke auf sich beruhen lassen konnte. Als er die Szene während der Familienfeier zum Besten gab und noch eine Pointe obenauf spendierte, war es für Andreas mit Markklößchensuppe, Rinderschmorbraten und Herzdrückerklößen vorbei. Er blieb stumm auf seinen Kisten und wartete auf den Absprung. Natürlich war er selbst schuld daran, so war es ja immer. Die Erwachsenen konnten nie etwas für seine Katastrophen, sie opferten sich ja für ihn auf. Am Abend, als er allein in seinem Zimmer lag, hat er noch einmal seine Konfirmationsurkunde hervorgeholt. Unter dem Heilandsbild las er:

„..Und ihr werdet die Wahrheit erkennen und die Wahrheit wird euch frei machen."

Das war eine glatte Lüge. Alle waren doch darauf aus, die Wahrheit zu beschweigen, wie immer sie aussah. Nur wenn etwas zu seinen Ungunsten ausfiel, wurde es ausposaunt. Empört zerriss er das Blatt in kleine Schnipsel und warf sie tag drauf in den Mülleimer.

Vielleicht war es am besten, überhaupt keinen Vater zu haben. Auch keinen Schiffschaukelbremser, der nie nach Hause käme. Brauchte man überhaupt so etwas wie Väter?

Am Schlimmsten war, dass Philipp ein Vierteljahr nach Mutters „Unfall" wieder bei ihnen einzog, und alles ging von vorne los. Die peinliche Szene, wo er, ein Mann, an ihrem Tisch saß und Hundeaugen machte, vergaß er lieber. Seitdem schlugen und vertrugen sie sich wieder und er musste Umsicht zeigen, um rechtzeitig Deckung zu finden. Der Turm war seine Zuflucht, und es war ein Glück, dass seine Eltern zu viel miteinander beschäftigt waren, um zu bemerken, dass er oft erst zur Wohnungstür herein schlich, wenn die Lichter längst gelöscht waren.

Die meisten Leute lernten nichts dazu, da hatte der Fremde recht. Statt mal innezuhalten und sich Gedanken zu machen, glaubte die Mama lieber an die Sterne. Oder ließ sich ihr künftiges Schicksal von einer Kartenlegerin prophezeien. Diese praktizierte auf dem Hemshof im Dachgeschoß über einem als Kneipe getarnten Winkelbordell. Sie mischte die Karten, legte mit großer Geste aus und zeigte auf den Schippebuben: „Ich seh da was auf Sie zukommen." Sie vergaß natürlich nicht, auch die Herzdame für bevorstehendes Liebesglück aufzudecken, fand danach jedoch den Kreuzkönig, um einen Todesfall anzuzeigen.

„Sind Sie wirklich sicher, Frau Kriebelbauer?"

„Die Karten lügen nicht!"

„Und was soll ich jetzt machen?"

„Aufpassen müssen Sie, aufpassen!"

Jedes Mal kam sie gestärkt zurück, denn wer die Zukunft kennt, weiß sich darauf einzustellen. Selbst der Philipp lachte über die „alt Hemshofquetsch", ließ sie aber gewähren. Denn solange die Mutter dem Schicksal die Schuld gab statt ihm, brauchte er sich keine Sorgen machen. Dann konnte man nach jedem Unglück einfach wieder auf null zurückkehren und auf bessere Karten hoffen. Dazulernen hätte bedeutet, etwas Neues ausprobieren, wo man sich nicht auskennt. Davor fürchteten sich die meisten Erwachsenen.

Unaufhaltsam war die Sonne im Himmelsozean versunken. Nur ein dunkelorange leuchtendes Nachglühen am Himmelsgewölbe verriet noch ihren Ort.

IX

„Hast du alles gesehen?" fragte der Fremde unvermittelt in die Stille. Andreas blieb nur gleichgültiges Schulterzucken, er wollte seine Ratlosigkeit nicht zeigen. Was gingen den seine privaten Erinnerungen an? Schweigend stiegen sie die schmale Leiter hoch ins nächste Stockwerk. In der Glockenstube gab es wieder Fenster nach allen Richtungen. Wegen des Geläuts waren sie mit Schalllamellen beplankt. Nur in bestimmtem Winkel konnte man zwischen den Brettern hindurch etwas sehen. Die Stube erschien unverändert, wie Bob sie am Morgen verlassen hatte: Die Obstkisten zum Sitzen standen ungeordnet, in der Ecke sein alter Nachttisch, daneben ein Unterschränkchen ohne Türen, in dem die zerlesenen Romane, die Krimis und vergilbten Heftchen versammelt waren mit den Bildgeschichten von Sigurd und Ivanhoe, die Western und Supermann Hefte. Versteckt in Büchereinbände ließen sich Fotos finden, die man nur unter Jungs zeigte. Jungs in seinem Alter und Ältere, die noch keine Braut hatten, wussten damit etwas anzufangen. Er zählte auf: In der Holzkiste die Schokolade, der Zigarettenvorrat, ein Beutel Kautabak, zwei Taschenlampen mit einem Satz Batterien und der schottische Whisky, den Bob aus dem „Pi-Ex" mitgebracht hatte. Sein Benzinkocher war weg, sonst alles in Ordnung. Erleichtert stellte er fest, dass Bob alles mit dem Aufdruck „US" versteckt hatte. In der Mitte erhob sich das Stahlgerüst, an dem einmal die Glocken hingen. Von den Mauern bröselte der Putz, elektrische Leitungen für ehemalige Lampen hingen ins Leere. Interessiert betrachtete der Fremde ihre angehefteten Photographien, doch erweckte er nicht den Eindruck, als sei er zum ersten Mal hier oben.

Durch die Jalousien blickte man auf das rauschende Stadtleben, das aus seiner mittäglichen Lethargie erwacht war. Aber es zeigte sich ein anderes Jahr, Mitte der Fünfziger mussten sie angekommen sein. Reparierte Häuser, Aufgestocktes, Rohbauten. Schon jetzt sah man, wie sich alles Neue irgendwie glich. Später wurde das immer offensichtlicher: Man lebte in einer Stadt der Blaupausen mit uniformen Versatzstücken. Fensterformate, Türen, Bitumendächer, Traufen. Später dann ganze Straßenzüge, Siedlungen, Trabantenstädte aus einem einzigen Musterblatt, eine Stadt von Amts wegen in Bauträgerästhetik mit vorgeschriebenen Traufhöhen, mit klar definiertem Straßenbegleitgrün und genormten Spülkästen. Dazwischen Hochstraßen, Autobahnzubringer, Auffahrten, Leitplanken und Abbiegespuren mit großen weißen Pfeilen, Ampeln. Eine Bauunternehmerlandschaft, autogerecht. Selbst als es lange nicht mehr nötig war, schnell und billig zu bauen, wurde der Nachkriegsstil beibehalten, um die Profite zu mehren für eine Villa im Tessin samt Jacht und Blondine an der Cote d'Azur. Jetzt fing das alles schon an, indem die Chefs mit Mercedes auf der Baustelle vorfuhren und vor Weihnachten Festessen für Geschäftsfreunde im Hotel Steigenberger an der Augusta - Anlage spendierten. Mancherorts wurden allerdings noch Flaschenzüge benutzt und in der Wredestraße rührten schwitzende Bauhelfer den Speis in Bütten an.

Wenn man zwischen den Jalousien links nach unten blickte, ragten hinter Postbunker und Viadukt die Schornsteine der großen Fabrik auf. Signalrotes Blinken. Wie Zyklopenaugen blickten die Warnlichter auf die dunkelnde Stadt herab. Im Zwielicht der beginnenden Nacht schlugen die Riesen ihre glühenden Augen auf und zu, auf und zu, als gelte es, Werk und Stadt zu überwachen. Falls erforderlich, würden sich ihre Gewaltleiber in Bewegung setzen, um eine Gefahr zu zermalmen. Doch angeblich sollten sie Flugzeuge warnen, die das Fabrikgelände überflogen, um in Neuostheim zu landen. Ein Rest von Abendrot glomm von Westen, eine lange Dämmerstunde kündigte sich an. Es herrschte „Anilinwetter"; Schwarze und braune Rauchfahnen zeigten die Windrichtung an. Überwiegend zog die giftige Verdauungsfahne der BASF nach Osten ab, über den Rhein Richtung Mannheim. Was zurück blieb, war schlimm genug. Es setzte sich ätzend auf die Schleimhäute, legte sich als grauer, manchmal gelblicher Nebel übers Land. Im Winter und an heißen Tagen wie heute giftete es stärker als sonst. Gewohnheitsmäßig begann Andreas zu husten. Bei Südwind gab es „Raschigwetter." Das roch nicht nach Rauch und Ammoniak, dafür stickig, schweflig und irgendwie aromatisch. Auch „Giulini" Wetter war gelegentlich markant, es mischte sich dem Raschigwetter bei, wenn eine kräftigere Brise aufkam und brachte eine durchdringende Salpeternote mit. Alles Atmen wurde von den Fabriken bestimmt. Auch die Tagesläufe richteten sich nach ihnen. So lange er sich zurück erinnerte, kündigte die brüllende Dampfstimme der BASF die Schichtwechsel an, und das bedeutete: Der Vater kommt, es gibt bald Abendessen, die Hausaufgaben müssen fertig sein. Schnell noch ein Brot im Konsum, ein Viertel Fleischwurst, und das Maggi ist all, beeil dich. Der Anilinruf hörte sich nach dem Geheul eines urzeitlichen Titanen an,

185

aber immerhin signalisierte er keine Gefahr wie die Probealarme, wo man nie sicher sein konnte, ob es vielleicht ernst gemeint war. Das Fabrikbrüllen durchdrang Fenster und Türen, mischte sich gebieterisch in Gespräche und Tagträume ein. Es klang nach Pflicht und Disziplin, es wohnte die gleiche Unduldsamkeit darin, die man aus den Schulsälen kannte.

Weniger auffällig war das durchdringende Turbinenheulen, das unablässige Mahlen und Stampfen aus den riesigen Produktionshallen, eine kilometerweit wirkende, dumpfe, vibrierende Präsenz rund um die Uhr. Sie trat erst nachts richtig hervor, wenn die summende Stadt sich beruhigte. Da drängte sie sommers durch die geöffneten Fenster ins Schlafzimmer und hockte sich auf die Brust. Besser man wohnte nicht zu nah.

Unterbrechung gab es nur, wenn die Glocken läuteten. Vor allem Punkt sechs Uhr nach Feierabend. Wenn jeder endlich am Tisch saß, frisches Brot, Schnittwurst, Quark vor sich auf dem Teller und der Duft von Bratkartoffeln. Dann löste sich die Spannung, auch Philipp taute auf. Der Tag schwang aus und jeder saß zufrieden beim Glas Bier, auch wenn wenig gesprochen wurde.

In aller Herrgottsfrühe dann aber wieder die Väter, wie sie im Blaumann mit abgewetzten Aktentaschen unterm Arm die Treppe hinab eilten. Der gesichtslose Strom zum Werk, winters in grauen Mänteln mit Batschkapp, hustende Schatten. Fast alle Aniliner hatten dieses Getriebensein im Schritt, die Stechuhr, der Meister. Schon beim Hingehen wirkten sie erschöpft, mit grauen Gesichtern. Unausgeschlafen, gebeugt, leicht vornüber geneigt, dass man meinte, sie könnten beim nächsten Schritt fallen, so hasteten sie herdenweise die Straßen entlang. Oder in Schwärmen auf Werksrädern, alle in der gleichen Farbe lackiert mit einem roten Nummernschild unter dem Rahmen. Auf dem Gepäckträger dann Thermoskannen mit Kaffee, in Butterbrotpapier gewickeltes Frühstück, vielleicht eine Flasche Bier und was sonst? In Gedanken trugen sie die Fabrik mit sich, die Werkbank, den Vorarbeiter, die Handgriffe an der Maschine, und das wog schwerer als alles andere. Der Unfall des Kollegen letzte Woche, der Streit mit der Abteilung über ihnen: fehlerhaftes Material, das wird ein Nachspiel haben, ihretwegen die ganze Rohrbrücke noch einmal abgebaut, die Leitungen auseinander genommen. Jede Schweißnaht musste stimmen, sonst flog einem alles um die Ohren, wie damals im Sommer achtundvierzig, als es über hundert Tote gab. Es war gefährlich bei der Anilin, keiner wusste, wo überall Gift, Brennbares, Explosives lauerte. Immer wieder Probleme und jederzeit konnte man verantwortlich gemacht werden. Schon auf dem Weg ins Werk der Kopf dort, wo man erst hin musste, worüber man mit niemandem sprach, auch daheim nur in Kürzeln.

Im Regen glänzte das Katzenkopfpflaster, die Fassaden noch finster, um die Laternen ein trüber Lichthof. Der Morgendunst ließ einen sogar hinter dem Fenster frösteln, zu den Ritzen zog es eisig herein. Kalt auch die Wohnung, wenn der Küchenherd gerade erst angefeuert wurde. Es roch nach verbranntem Zeitungspapier und Feuerholz, der Kohlenfüller ist leer, geh doch schnell mal in den Keller und hol frischen Brand rauf.

Zwei Lamellen tiefer erschien im Ausschnitt Jürgens Haus, das vierstöckige Mietanwesen in der Bahnhofstraße mit den Schuppen im Hof, wo dessen Vater nach Feierabend eine kleine Werkstatt betrieb. Eben schob Herr Löhr seine BMW R 67 durch die Hofeinfahrt. Oft sah man ihn durchs Viertel brausen, schon von weitem war er zu hören, denn er vertrat die Auffassung, untertourig zu fahren schade dem Motor. Gern hörten sie ihm zu, wenn er über die Sandbahnrennen erzählte und von der deutschen Straßenmeisterschaft, die Trophäen und Ehrenurkunden seiner Rennfahrerlaufbahn standen in einer kleinen Vitrine. Abgesehen von seinen virilen Motorradauftritten kam er bescheiden daher. Meist im Blaumann mit Baskenmütze auf dem kugeligen Kopf, offenes Hemd, rechteckige Hornbrille, Glimmstängel im Mund und dem Lächeln von Leuten, die zu leben verstehen. Wenn sie ihn abends in seinem Schuppen besuchten, wischte er die Hände an grober Putzwolle ab und ging zum alten Küchenschrank, der im hinteren Teil der Werkstatt eine Nische ausfüllte. Er öffnete das Oberteil mit den gesprungenen Glastüren, hinter denen bunte Blümchenvorhänge prangten, holte Flaschen mit Pfefferminz, Himbeer, Zitronensirup heraus und goss in große Wassergläser ein. Mit Leitungswasser mussten sie ihr Getränk selbst auffüllen. Der Messinghahn quietschte beim Auf und Zudrehen. Mit Verschwöre-Miene nahm er manchmal die Flasche mit Selbstgebranntem heraus, goss sich ein und perlte jedem ein paar Tropfen davon ins Glas. Sein rundes Gesicht schien in einem gutgelaunten Grinsen zu ruhen, so wie bei anderen Leuten Trauer, Zorn oder Spott eingezeichnet waren, wenn sie an nichts Besonderes dachten. Wenn er sich über einen Motor beugte, um mit der Lampe

188

nachzusehen, ragte sein schütteres Haar in Strähnen aus der Baskenmütze. Alles konnte repariert werden, „wenn man das Werkzeug dazu hat." Das galt bei ihm auch für Personen. Man müsse nur genauer hinsehen, „dann merkt man schnell, wo der Hase im Pfeffer liegt", meinte er.

Der Werkstattboden bestand aus einer multipel gebrochenen Zementplatte mit tief ausgehobener Grube in der Mitte. Eine improvisierte Leiter führte hinunter. Von dort ließen sich bequem Stoßdämpfer austauschen und löchrige Auspufftöpfe flicken, die beim Gas geben knallten. Immer wieder musste durchgerostetes Blech geschweißt, mussten Karosserien abgedichtet werden, damit man nicht vom Beifahrersitz aus die Straße sah. Beim Öl und Reifenwechsel durften sie assistieren: „Halt mal den Schlüssel", forderte er mit brodeliger Kettenraucherstimme. Dann vollzog seine bloße Hand ein, zwei geschickte Griffe, und schon schoss der heiße, schwarze Strahl senkrecht aus dem Motorblock. Sie traten gerade noch rechtzeitig zur Seite, da floss es neben ihren Füßen über den Kiesboden und versickerte sofort. Von den vielen Öl war alles schwarz und speckig hier. Sie lernten viel bei Herrn Löhr: Was Ringschlüssel und Maulschlüssel unterscheidet, wie ihre Größen benannt werden, wofür man Beißzangen und Rohrzangen benutzt, wann ein Innensechskant nötig ist, wie man mit Gewindeschneider und Meisel umgeht. Die Schraubenzieher steckten in den Bohrungen eines Eichenbalkens. Alles erfüllte einen Zweck und wurde nur dafür benutzt. Das Schweißgerät forderte Respekt, wegen der Blitze musste man die Brille aufsetzen. Was sie hier lernten, sollte ihnen später von Nutzen sein, aber das wussten sie damals noch nicht.

Um sich seine Gunst zu erhalten, suchten die Jungs überall hilfreich zu sein, und Jürgens Freundschaft war begehrt. Pit und Andreas beneideten ihn um diesen Vater. Wenn sie auf ölgesättigtem Boden dicht gedrängt in der Grube standen und er erklärte ihnen die Kupplung am 600er BMW, spürten sie, was es hieß, erwachsen zu sein, etwas zu können, etwas zu bewirken, etwas zu verdienen, geachtet zu sein und hatten auf einmal keine Angst mehr vor der Zukunft, vor der andere Erwachsene sie immer warnten. Nur jemand wie er konnte seiner Tochter einen Amisoldaten gönnen, ohne den Untergang von Familie, Ehre und Nation vor Augen.

Höhepunkte immer die Probefahrten: Raus aus der Stadt über den Schlachthof und die Bruchwiesenstraße, im graublauen Mittagslicht vorbei an Baracken und Gärten zur großen Blies, wo über Gebüsch und Kiefernwäldchen noch Ruinenreste der alten Coca Cola Fabrik heraus ragten. Jürgen auf dem Beifahrersitz, die anderen im hoppeligen Fond; am besten war es bei offenem Verdeck im Cabrio. Frühling rauschte durchs Haar, es duftete süß nach Narzissen und Maiglöckchen, aus den Sümpfen im Maudacher Bruch stiegen torfige Gerüche. An den stehenden Wässern blühten Weiden, aus dem Röhrichtsaum flogen Reiher und Stockenten auf. Pappelreihen zogen vorbei, schnell waren auf der frisch geteerten Strecke Mopeds und Fußgänger überholt. Vor einem Wegekreuz ein Fuhrwerk. Herr Löhr nahm eine scharfe Kurve, ließ das Heck ein wenig über die Asphaltdecke treiben, beschleunigte sportlich, dass eine Spatzenschar erschrocken Reißaus nahm. Er zeigte ihnen, wie man als Rennfahrer mit Lenkrad und Pedalen spielt, wie man Konkurrenten abdrängt und in einer Kurve überholt, ohne von der Fahrbahn zu fliegen, wie er seine Rennen gewonnen hatte. Ein Traktor, den sie gerade überholen wollten, kapitulierte gleich auf seinen Acker hinunter. Vor einer Kulisse aus Kumuluswolken zogen Kraniche über sie hinweg. An einem vergessenen Baggerweiher stiegen sie aus, rannten durch das Riedgras zum Ufer, zogen die Schuhe aus und wateten im kalten Wasser umher, spritzten sich nass, an ihren Beinen blieb vielblättrig die Entengrütze haften. In einer knorrigen, verwachsenen Kopfweide ein großes Nest, das Gelege aus vier großen Hühnereiern, aber gefleckt, kein Vogel weit und breit. Ein paar Meter weiter musste eine Wildschweinrotte den Boden aufgewühlt haben. Wiesen, Gebüsch, ein ausgefahrener Feldweg, im Ödland unter Birken ein ausgebrannter Jeep.

Der Fahrtwind trocknete schnell ihre Füße. Als sie durch Ruchheim und Maxdorf kurvten, ernteten sie böse Blicke, denn Herr Löhr vertrat die Auffassung, niedertourig fahren schade dem Motor. Außerdem schienen den neuen, begradigten Ortsdurchfahrten viele Vorgärten zum Opfer gefallen zu sein. In Oggersheim gab es das Mayer-Bräu. Brauerei und Gasthof in einem. Ein riesiges Hoftor mit zwei Pferdefuhrwerken davor, es roch würzig die Maische. An gelackten Holztischen sitzen wie die ganzen Fuhrleute und Brauer, Bauern und Schoppenstecher, all die Erwachsenen hier, während in den Fenstern die Abendsonne glühte. Eine „Rosi" brachte Getränke und Wurstweck. Besteck klappern und Gläser klingen erfüllte die niedrige Wirtsstube. Zigarettenrauch. Am Stammtisch neben ihnen ließen Skatbrüder ihre Fäuste aufs Holz knallen und disputierten um ein Schippe – Ass. Im Herrgottswinkel döste selbstvergessen hinter Buchszweigen ein altgläubiges Kruzifix.

191

X

Am vorderen Lamellenfenster fällt auf, wie viele Häuser inzwischen fehlen. Trümmerfassaden füllen die Lücken. Über die verwundete Stadtlandschaft reicht der Blick zum Rhein, der sich zwischen den Häuserschäden als graues Band zeigt, hinüber nach Mannheim. Der Westflügel des Schlosses besteht nur noch aus den Ruinen seiner Mauerringe, links ragt ein einzelner Rheinkran am Mühlauhafen auf. Rechts Jesuitenkirche und Sternwarte. Im Osten der Stadt, hinter dem Wasserturm, wohnt die Mannheimer Tante, einen anderen Namen gab es für sie nicht.

Er sieht sich zehnjährig mit der Mama ein großes Haus betreten. Hallenhoch schon das Vestibül. Eine breite Marmortreppe hinauf gehen sie über einen ausgefransten, rot verblichenen Läufer zur Beletage. Die schwere Wohnungstür öffnet sich mit griesgrämigem Knarren. Das blasse Gesicht der Tante, die ihr dunkles, graugesträhntes Haar zu einem Knoten verschlungen trägt.

Hell klingen die Silberlöffel in den Teetassen aus Chinaporzellan, die vierstöckige Schwarzwälder Kirschtorte neigt sich zur Seite, die Mama spricht aufgeregt und voller Zorn. Vor den verschossenen Seidentapeten wirken die dunklen Eichenmöbel gewichtig, die Ölbilder mit Landschaften und Porträts bedeutsam. Tische und Beistellmöbel sind mit Häkeldeckchen bedeckt, darauf Vasen, Gipsfigürchen, ein Rauchverzehrer, maßlose Obstschalen und Terrinen. Ein Lesetischchen bleibt mit Quelle Katalog und BILD – Zeitung unter seinen

Möglichkeiten, doch Soraya heiratet gerade den Schah von Persien. Das interessiert.

„Und wie stellst du dir das vor?" fragt die Tante mit Sandpapierstimme, „du überlässt ihm die neue Wohnung mit Einbauküche und allem, was du mit deinem Geld bezahlt hast?"

„Weißt du was Besseres? Er geht nicht freiwillig und mit der Polizei, das kannst du vergessen. Die sagen, der Mann ist Haushaltsvorstand, der hat zu entscheiden."

„Ihr seid doch überhaupt nicht verheiratet. Wie kann er deine Sachen beanspruchen?"

„Sag du es ihm."

„Ich misch mich nicht mehr ein. Es war deine Entscheidung. Du hast es von Anfang an gewusst..."

Auf den Tapeten jagen sich Schlangen mit Tigergebiss, feuerspeiende Drachen, Chimären mit Löwenpranken und Hirschgeweih durch einen rankenreichen Dschungel bis hinauf zur Stuckdecke. Durch die Raffgardinen sickert fahl das Tageslicht herein, die Tante entzündet am Leuchter die Kerzen.

„Magst noch Tee, Bub?" Die Tante neigt ihre Blässe zu Andreas herab, etwas madonnenhaft Verschlossenes liegt darin.

Als sie das Tablett aufnimmt und aus dem Zimmer trägt, bewegt sich ihre Säulengestalt mit vornehmer Besonnenheit. Die Standuhr lässt den schweren Perpendikel bedächtig schwingen, bevor sie sich anschickt, eine Zeit anzukündigen. Die Hast der Welt soll uns nicht berühren, erst die ganze

Stunde wird mit Westminsterschlag gefeiert. Die Tante überragt die Mama um einen Kopf, wie kommt es nur, zwei Schwestern und so verschieden? Sie ist einige Jahre älter und hat sich „gut" verheiratet. Ihr Viertel kennt wenig Lärm, duldet viel Grün, man lässt sich mit dem Taxi abholen oder fährt mit dem Mercedes aus der eigenen Garage im Kellergeschoss hoch zur Straße. Vor den Häuserzeilen und Villen recken gestutzte Platanen ihre Äste in den trüben Tag. Seit der Mann vierundvierzig in Russland gefallen ist, wohnt sie allein in diesem großen Haus, sie will keine Mieter. Ab und zu leistet ihr Mama Gesellschaft, gelegentlich war Andreas schon mitgekommen. Heute wollen sie bei der Tante bleiben.

„Da wirst du wohnen", sagt Mama knapp und bestimmt, als sie im Obergeschoss das Zimmer betreten. Es schaut zum Garten hinaus. Vor dem Fenster wiegt sich eine Baumkrone in leichtem Abendwind, ein Bett, ein Kleiderschrank mit schöner Maserung, ein Schreibsekretär. An der Decke zwei große braune Wasserflecken wie Mündungswölkchen einer Kanone.

„Will nicht", entfährt es ihm.

Die Mama beruhigt: „Nur eine Nacht, dann sehen wir weiter."

Gegen Abend gehen sie vor die Tür.

In der Ferne tönt dumpf eine Schiffssirene. Die Luft atmet sich leichter als in Ludwigshafen. Kein Anilinhimmel mit gelblichen, braunen, orangenen Beimischungen, hier ist alles bloß wolkengrau.

„Du kannst dich hier in die Hauptpost versetzen lassen. Von

mir bis zum Paradeplatz sind es höchstens zwanzig Minuten."

„Bei mir hab ich nur fünf Minuten, aber das könnte man in Kauf nehmen."

„Es gibt eine Straßenbahn. Und der Bub hat nicht weit in die Schule, es gibt sogar ein Gymnasium."

„Ob er das packt? Ich weiß nicht. In unserer Familie hat es noch nie jemand gegeben, der sich so hoch hat stellen wollen."

„Was heißt hoch stellen? Es geht doch nur darum, dass der Bub mal 'nen gescheiten Beruf hat und sich nicht mit Wechselschicht und Dreck plagen braucht. Die Aniliner, guck sie dir doch an, mit sechzig sind die alle kaputt, körperlich und anders. In den Parks schleichen sie rum, weil sie nichts mehr mit sich anzufangen wissen. Ein Leben lang nur auf Schicht gerannt, dann will auf einmal keiner mehr was von ihnen wissen. Sie haben es an der Lunge, kriegen Krebs und nach zwei, drei Jahren liegen sie in der Kiste."

„Und was, wenn er's nicht schafft und muss wieder zurück? Die alte Klasse, die Blamage, stell dir das auch mal vor!"

„Man muss ab und zu was riskieren! Wenn ich so wär' wie du, ich würd' immer noch bei Tietz an der Maschine sitzen und Steppdecken nähen."

Die schwache Wintersonne ist versunken, es wird kalt, dunstig der Himmel. Feuchte kriecht unter den Anorak. Gedämpft die Autogeräusche auf der Augusta-Anlage. Die Schwestern haben noch viel zu bereden und er trottet hinterher, durch kleine Parks, Wohnblock um Wohnblock bei abnehmendem Tageslicht. Mit der Kälte greift ein klammes

Gefühl nach ihm, kriecht über den Rücken, dringt in die Brust, laugt in den Atemwegen wie am zerfallenden Sandstein der Häuser. Ihm fällt auf, wie viel Putz hier bröckelt. In morschen Dachstühlen, an Ortgang und Traufen sitzt aussätzig der Schwamm, an Fensterrahmen splittert die Farbe, an Türen platzt sie großflächig ab. Efeu wuchert die Klinkerfassaden hinauf, neben Regenrohren zeigen Moosteppiche, wohin die Wasserfontänen springen, sobald es regnet. Aus Laubhaufen und verwilderten Vorgärten dringt Moderduft und mischt sich mit den Nebeln, die vom Rhein herüber ziehen.

Beim Abendessen ist das Haus erleuchtet. Rollläden sperren die dunkelnde Straße aus. Aus den gusseisernen Heizkörpern strömt Wärme, ihre dicken Ölfarbschichten verbreiten trockenen Stubengeruch. Die feuchten Kleider sind schnell getrocknet. Er sitzt auf dem Nussholz-Kanapee mit ausladenden Armstützen, die elektrische Heizdecke um seine Beine gewickelt. Auf dem Couchtisch ein Teller Gebäck, so gemütlich ist es zu Hause nie. Mutter und Tante bereiten in der Küche Abendessen vor, sie lachen. Neben ihm hebt und senkt sich die Nadel des Plattenspielers auf der schwarzen Scheibe. Deutsche Grammophongesellschaft steht auf der Plattenhülle, aus dem schweren Lautsprecher fließt ein Duett aus dem „Zigeunerbaron" durchs Zimmer: „Wer uns getraut::" tiriliert es in gekünstelter Brillanz, und ihm werden die Lider schwer.

Blumenbeete, Erdbeerländchen, ein Rhabarberstock am Wasserfass. An der Bruchsteinmauer verblühter Flieder, daneben Stachelbeer, Himbeer und Kanztraubensträucher, jeden Tag werden viel mehr Beeren reif als er pflücken kann, die Oma bäckt Kuchen und macht die Früchte ein. Er darf helfen an der Obstpresse und beim Abseihen der Kerne. Der Küchenherd mit einer riesigen Gusseisenplatte und einem Geländer, damit man sich am Heißen nicht die Finger verbrennt. Statt Kochtöpfen stehen jetzt Häfen mit Obstsaft drauf, der zum Kochen gebracht und mit Opekta versetzt wird, damit er schnell geliert. Dann wird das Gelee mit einem Schöpfer in die Einmachgläser verteilt.

„Was ist eigentlich mit dem Opa?"

Der ist gestorben. Schon im Krieg."

„War er krank?"

„Nein, sie haben ihn ganz am Schluss, als der Ami schon auf den Rhein vorgerückt ist, zum Volkssturm geholt. Sie sollten das Dorf verteidigen. Auf der Chaussee, wo es Richtung Landau geht, kam er dann mit seinen Panzern. Von der ganzen Einheit sind nur drei oder vier Mann übrig geblieben."

Die gefüllten Gläser werden mit einem Einmachgummi versehen. Dann nimmt die Oma Pergamentpapier, schneidet runde Scheiben aus, tunkt sie in Weinbrand und legt sie auf das flüssige Gelee.

„Dann hält sich das Mus besser."

Noch im heißen Zustand kommen Glasdeckel drauf, die mit Drahtbügeln festgeklemmt werden. Er darf den riesigen Einkochtopf unter der Spüle hervor holen und die Gläser hinein stellen.

„Habt ihr eigentlich nur die Mama bekommen? Oder hat sie noch Brüder und Schwestern?"

197

„Es gibt noch den Onkel Hans, der ist älter und war auch im Krieg. Aber der ist wieder heim gekommen. War zwei Jahre in Gefangenschaft."

„Der Papa ist auch lange in Gefangenschaft gewesen. Er war in Afrika und hat Löwen geschossen."

Die Oma schüttelt den Kopf und gemeinsam heben sie den Blechgefäß auf die heiße Herdplatte. Durch ein Loch im Deckel steckt die Oma ein Thermometer.

Draußen im Bauerngarten hebt ein Gezeter an. Der Ganter aus dem Nachbarhaus fängt wieder Streit an. Er gehört der Brennersch, der „alt Heckezeck." Andreas rennt nach draußen und sieht durch den Zaun, wie er flügelschlagend und zischend auf einen Hund losgeht. Er beschützt seine Gänseschar mit großem Ehrgeiz, obgleich die Damen sich selbst gut wehren könnten und keine Furcht zeigen. Im Gegenteil, sie ängstigen alle anderen Kreaturen im Dorf: Katzen, Vögel, Schafe. Kinder machen einen Bogen um die Rüpelschar, sogar die Erwachsenen haben Respekt. Andreas hasst sie, weil ihn einmal fast umzingelt hätten und schon nach seinen bloßen Beinen schnappten. Jetzt sind sie wohl wieder unterwegs, die Straße entlang zur Bach, wo sie im Schlamm wühlen, Wasserpflanzen ausreißen, Kaulquappen, kleine Fische erbeuten werden, selbst über den Müll machen sie sich her. Der Spiegelbach führt im Sommer wenig Wasser. An den Gestank muss selbst ein Ludwigshafener sich gewöhnen, den knarzenden Pöbelhaufen kümmert es nicht. Voll grimmiger Schadenfreude denkt Andreas an Weihnachten, wo mindestens eine von denen in Omas Backofen schmoren wird.

Am Himmel hat sich ein Wolkengebirge getürmt, es riecht nach einem Gewitter. Die Schwalben fliegen tief, das Insektengesumm hat nachgelassen, erstes Donnergrollen. Im Stall nebenan reißen die Rinder an ihren Ketten, die Schweine zanken im Koben neben der Futterküche. Letzte Nacht ist ein Kälbchen auf die Welt gekommen, er will nochmal rüber gehen. An der Bruchsteinmauer wächst wilder Wein, er muss durch die Gartentür auf den hinteren Weg, sie ist nur mit einem Stück Draht gesichert. Im Stall steht die Luft, ein Gemisch aus Heu, Frucht, Vieh und Gülle, man könnte sich an das Aroma gewöhnen. Als die ersten Blitze zucken, bleibt er einfach dort, die Tiere werden immer unruhiger, er aber fürchtet sich nicht.

Das muss Mitte der fünfziger Jahre gewesen sein, damals hat er seiner Mutter noch alles geglaubt. Es war die Zeit, als man in den Wirtshäusern die Fußballweltmeisterschaft verfolgte, mit hektischen Radioberichten und viel Disput. Da war es mit dem Papa kurz einmal besser geworden, weil er den Wink mit dem Zaunpfahl wohl verstanden hat. Wie lange hat es gehalten? Bis zum Endspiel.

Plötzlich fragte der Fremde neben ihm: „Warum ist deine Mutter nicht bei ihrer Schwester geblieben?"

Andreas erschrak: Woher wusste er von seinen Phantasien? Er hat mit abgewandtem Gesicht gesprochen, als sei Andreas nicht gemeint. Dieser Mann konnte nicht so fremd sein wie er tat.

„Der Alte hat ihr gedroht. Er würde auf die Arbeit kommen, in ihre Abteilung und Krach schlagen, sie vor der Post abfangen. Ich traute ihm das zu. Wenn er vorher was getrunken hatte, konnte er richtig ausrasten."

Niemand half einer Frau, die auf der Straße von ihrem Mann Prügel bezog. Sie hat auch nicht gewusst, wie das mit der Ummeldung und all den Ämtern funktioniert. Obwohl die Tante ihr anbot, einiges zu übernehmen. Sie hätte in ihrem großen Haus gern zwei Leute um sich gehabt.

Der Fremde nickte, als habe er seine Gedanken mitgehört und Andreas versuchte, eine Erinnerung zu unterdrücken. Es gelang ihm nicht. Die Szene, wie er am nächsten Morgen mit Bauchweh und Fieber aufgewacht ist, die besorgten Blicke der Frauen, die hektischen Anrufe bei Ärzten am Folgetag, deren Ratlosigkeit, als die Grippe nach acht Tagen nicht besser werden wollte, die Kopfschmerzen, die ihn wach hielten und die Mama auch.

Hinter dem Hitzevorhang des Fiebers sieht er drei Schwarzweißfotos an der Wand, die im Licht vieler Sommer fast erblindet sind: Zwei blasse Damen im Rüschenkleid posieren mit Schirm und Handtaschen im Park, stützen sich auf zwei Herren im Stresemann mit Krawatte, die ihre Homburger vor sich halten. Die Kleinere muss seine Mama sein. Das Zweite Bild zeigt einen Ausflugsdampfer. An der Reling steht ein Paar und winkt, als ginge es auf Hochzeitsreise. Auf dem Dritten steht ein Mann in Militäruniform vor einem Zierbogen und hat die Mütze vor sich auf einer Säule abgelegt. Zierbogen und Säule sind aus Pappmaché, das ahnt er schon, die Gedanken des Mannes vielleicht auch. Er wird nicht wieder heim gekommen sein, stellt er sich vor. Viele von diesen Männern fehlen jetzt. Seltsam, dass viele Frauen sich trotzdem die Nägel feilen, Dauerwellen machen lassen und die Lippen schminken. Andreas gefällt das, auch bei Mama, wenn sie sich Freitag abends nach der Arbeit eine Stunde lang im Bad einschließt, und hinterher riecht es nach Essenzen und Nagellack. Das hat den Papa nicht daran gehindert, sie ein saudummes Luder zu nennen, ein Lumpenstück. Das war ungerecht. Sie hat ihn ein Vieh genannt, ein gottverdammtes, das geschah ihm recht.

Zum Fenster winkt ein Walnusszweig mit ein paar übrig gebliebenen Fingerblättern herein, er kann diese Geste nicht deuten, obgleich der Flügel einen Spalt breit offen steht und etwas Lebendiges die Fensterschals bewegt. Ein Raunen dringt herein, er will nicht wissen, was das Gartenwispern mitzuteilen hat. Das Fenster blickt ins Gesternland, die Gartenbäume erzählen von den Bildern im Zimmer, davon will er nichts hören, er hält sich die Ohren zu. Das Land der verblassten Bilder macht ihm Angst, es wohnt zu viel Unheil dort, er weiß das auch ohne alle Geschichten zu kennen...

Die Mannheim-Grippe gab vielleicht den Ausschlag. Die vorwurfsvollen Blicke der Tante vergaß er besser und die Antwort der Mutter beim Abschied: „Du hast gut reden."

XI

Ein kühler Luftzug strich durchs Gemäuer, als er zum Seitenfenster hinüber ging, wo noch einmal die Stadtlandschaft anfing zu sprechen. Mit den alten Straßenbahnwaggons und ihrem aufdringlichen Geklingel, Lastern, beladen mit Backsteinen, einem singenden Lloyd. Zwischen ersten Neubauten die notdürftig restaurierten Ruinen, einige übrig gebliebene Gründerzeitgebäude, deren Dächer gerade wieder gedeckt sind. Wie ein verwunschenes Schloss tauchen sie plötzlich wieder aus dem Nebel, die schräg abgerissenen Häuser, die verwitterten Backsteinmauern, mit abblätternden, verkohlten Tapeten, das Leitungsgewirr, das wie Tentakel aus den Wänden und Zwischendecken ragte, das halb abgebrochenes Waschbecken, das in unerreichbarer Höhe hing wie ein Vorwurf. Manches hielt sich hartnäckig in seiner provozierenden Hässlichkeit. Gut sieben Jahre mussten sie jetzt zurück liegen. Er konnte direkt auf ihr altes Haus blicken. Es kam ihm manchmal damit vor, als habe er nie an einem anderen Ort gelebt.

Aber gerade hielt unten der Möbelwagen. Vier dicke Männer stiegen aus und läuteten. Oben schrillte es ungewohnt laut. Die Schränke waren leer und standen offen, Zimmertüren lehnten ausgehängt daneben, sie mussten noch gestrichen werden. Mamas Schritte hallten in der halb ausgeräumten Wohnung, als sie zur Tür ging, um den Summer zu drücken. Neben ihrem Fuß lag eingerollt der Teppich, auf dem Treppenabsatz leuchtete eine Sonnenraute auf dem Linoleum. Im Schlafzimmer sah er die auf Falz gelegten

Vorhänge über den Schlaraffia - Matratzen hängen. In der Küche Waschkörbe voll Geschirr und Kleidung. Die meisten Möbel und die Pappkartons mit Besteckkästen, Sieben, Häfen, der Fleischmühle und dem übrigen Küchenzeug standen schon unten im Hausgang. Fremd kam ihm plötzlich alles vor, viel kleiner als in eingeräumtem Zustand, eng der Flur, sein Zimmer in Wahrheit eine Nische mit Vorhang, wo es zum undichten Fenster hereinzog, dass die großgeblümte Übergardine an manchen Tagen nicht aufhörte zu tanzen. Er erschrak vor den Spinnwebvorhängen, die hinter den Schränken zum Vorschein gekommen waren, ekelte sich vor den verdreckten Wandabschnitten über der ehemaligen Eckbank in der Küche. In den Ecken faulte der Bodenbelag. Wie hatten sie mit so viel Schmutz leben können?

„Warum seid ihr überhaupt umgezogen?", fragte der Fremde.

„Wir brauchten mehr Platz und seit die Mutter bei der Post arbeitete, konnten wir uns die Miete in einem Neubau leisten."

Er verschwieg den zusätzlichen Grund. Damals hatten sich die Eltern zum ersten Mal auf eine Trennung geeinigt, zunächst noch im Frieden. Der Papa sollte sich in Oppau ein möbliertes Zimmer nehmen, während sie mit Andreas die schöne, neue Wohnung bezog. Der Vater kam gelegentlich zu Besuch. Keiner von beiden hatte ihn vorher aufgeklärt; durch Zufall war er Zeuge einer heftigen Unterredung geworden. Kinder konnten froh sein, wenn man ihnen ein Ergebnis mitteilte. Er war darüber nicht böse, es war so üblich.

Doch Andreas wollte nicht umziehen.

Die neue Wohnung war größer, moderner, sauber, ein Bad mit Schachbrettfliesen! Im Wohnzimmer genug Platz für „das Chaiselongue" mit Beistelltisch und daneben sogar noch ein Vertiko. Aber das Taubengurren vom Dach? der heimelige Kellergeruch im Treppenhaus? In den Balkongeranien wohnten kleine Tiere, mit denen er sich früher unterhalten hatte. Sich am Küchentisch mit Buntstiften ein Königreich malen mit Fachwerkhäusern, Scheunen und Erntewagen, mit Wald und Feldern Drumherum, auf denen die Bauern Heu stapeln.

Während sich auf dem Papier Stück um Stück seine Welt vervollständigte, knisterte im Herd das Feuer und eine Vierzigwattbirne sperrte den regnerischen Herbstnachmittag aus. Glitzernde Erinnerungssplitter hafteten an diesen Räumen wie Tapete, und alles drohte jetzt ins Grau abzutauchen. Er würde sogar das Klimpern des ausgeleierten Klaviers vermissen, wenn es an vertrödelten Sonntagnachmittagen die Ruhe im Haus kommentierte.

„Hast du meinen Stock gesehen?", fragte er die Mutter, aber die war mit ihren Gedanken unterwegs. So ging sein Marschallstab verloren, ein bunt bemalter Holzstab aus dem Müll, den er für seine Seeschlachten auf dem Messplatz benötigte. Die alte Spieluhr muss auf ähnliche Weise verschwunden sein, die Mutter konnte ja nicht zugeben, dass sie während seiner Abwesenheit die Mülltonnen im Hof großzügig beschickt hatte, um weniger Arbeit zu haben. Das welke, dünne Engelsstimmchen aus dem aufzieh baren Blechkarussell, es hatte ihn lange nicht mehr interessiert, jetzt fehlte es ihm.

Auch seiner Mama tat der Umzug nicht gut. Kaum waren sie in der neuen Wohnung, erlitt sie einen Schwächeanfall, danach warf sie eine heftige Grippe nieder. Vier Wochen im Bett, das kam bestimmt nicht nur vom Regenwetter beim Möbeltransport.

„Wo arbeitet eigentlich dein Vater?" Immer noch klang die Stimme des Fremden wie bei einem Selbstgespräch.

„Der Alte schafft Wechselschicht in einem Säurebau, das ist irgendwo im Oppauer Werk. Ich kenne seine Schichtpläne nicht. Die Mutter hat Dienst zwischen acht und fünf. Es spielt aber keine Rolle. Wir haben wenig miteinander zu tun."

Früher, als der Alte noch sein Papa war, spielte es eine große Rolle, ob sein Schichtplan zu den Heimspielen der Phönix passte. Im Pulk der Schlachtenbummler waren sie jeden zweiten Samstag zum Fußballstadion gezogen. Vorbei an rußigen Häuserreihen, Kiosken, Geschäften mit heruntergelassenen Rollläden, Gärten. Über eine rostige Eisenbrücke überquerten sie die Bahnlinie Richtung Speyer, zum Schluss musste man an den neuen Wohnblocks der GeWoGe vorbei. Hinter dem hölzernen Kassenhäuschen der Getränkestand, wo der Papa seine Bekannten traf und den Tabellenstand diskutierte, das letzte Spiel gegen Wormatia Worms und die Stärke der Gäste aus Neunkirchen. Nach dem Anpfiff dann alle Augen auf dem grauen Sandplatz, und es gab nur noch eins: Die Phönix musste das Runde ins Eckige bringen. Die aufgereihte Anhängerschaft verschmolz zu einer Masse, einer einzigen Mannschaft, einer Meute. Zehn Feldspieler wurden zu Marionetten, die verteidigten, dribbelten, kombinierten und ins gegnerische Tor vollendeten. Meist leider vergeblich. Die Meute litt, wenn einer fiel, empörte sich, wenn der Schwarzkittel nicht gerecht entschied, was überwiegend der Fall war, weil die Phönix allzu oft den Ball im eigenen Netz sah. Wie sollten sie auch gewinnen, wenn dieser schwule Bock von Schiedsrichter beim Gegner alle Fouls übersah, die er bei unserer Phönix pfiff?

Während der Halbzeit kam der Bauchladenmann vorbei: „GebrannteMandelnErdnüsseKaugummiDrops!?" Andreas freute sich auf sein Mantra, weil eine Wundertüte mit Plastikfigürchen, Fußballbildern, Kaugummiklunkern dabei heraus kam. In der zweiten Halbzeit wurde es auf den Stehplätzen oft hektisch. Sein Papa, dessen zigarettenheisere, gutturale Stimme weit über den Platz erscholl, konnte davon ein Luzifer rotes Kampfgockelgesicht bekommen, er war immer mitten drin. Er lebte solchen Streit körperlich, manchmal genügte ein Gesichtsausdruck für eine Detonation. Sobald jedoch Schlägerei losbrach, kippte die Stimmung. Das wollte niemand, trotzdem, es gab unverschämte Leute, die einfach ihr Maul nicht halten konnten und eins auf die Gosch brauchten.

Das ängstigte Andreas, denn er befürchtete, man könne ihn als Sohn des Wortführers mit in die Pflicht nehmen, so dass sie am Ende zu zweit mit Veilchen und Platzwunden den Heimweg antreten mussten. Viel lieber wäre er auf dem Schlachtfeld dort unten einmarschiert, im schwarz - roten Heldentrikot. Fanfaren und drei, vierhundert Männerkehlen, die sie befeuerten, da hätte er alles gegeben. Blitzschnell und gefährlich im Konter. Auf der Torlinie rettete er den Ball, dann trug er den Angriff über die linke Flanke vor, den Pass zur Mitte, genau vor die Füße von Georg Gawliczek. Ein Paar Spielzüge später dann nach einem Doppelpass mit Müller sein unhaltbarer Bombenschuss zum drei zu zwo, und dabei würde es bleiben. Er wollte nicht Fritz Walter sein, es hätte vollauf genügt, vom Gegner gefürchtet, von den Fans geliebt zu sein. Doch der Papa kam nicht auf die Idee, ihm Fußballschuhe zu kaufen oder ihn zum Training bei der Jugendmannschaft anzumelden, wenigstens für ein paar Wochen zur Probe.

An seinem ehemaligen Haus ging die Tür auf, zwei Männer trugen den Geschirrschrank zum Möbellaster. Ein Dritter fixierte die Haustür am Stopper. Es wird keine zwei Stunden dauern, dann ist alles im Wagen. So viele Sachen hatten sie nicht. Das Abschlagen und Einpacken hatte mehr Zeit gekostet. Fast ganz allein mit der Mama die vollständige Wohnung. Bis auf Papas Kleider, das Angelgerät und die Sportsachen, die im Schlafzimmer separat lagen und von ihm selbst abgeholt wurden.

Die Mama wollte nicht, dass Andreas zu viel beim Ab-und Aufschlagen half. Er sei noch nicht stark genug. Er konnte kaum mit ansehen, wie sie mit ihrem dünnen, zerbrechlichen Körper die Eichentüren am Schlafzimmerschrank aushängte, schwere Schubladen zog und aufs Bett hob, Herd und Küchenschrank mit zwei Männern hoch hievte und auf ein Rollbrett verfrachtete. Die schweren Kartons trug sie allein von Zimmer zu Zimmer, er durfte seine Bücher einräumen, den Inhalt von zwei Wäscheschubladen verstauen. Ihm fiel nicht auf, dass sie schon damals kaum einen Blick für ihn hatte, als traumwandle sie in ihre neue Wohnung hinein, in ihr neues Leben. Sie bemerkte auch seine Traurigkeit nicht.

Zum Angeln am Sonntag brauchte der Papa keine Schicht tauschen, da musste er nicht ins Werk. Ihr Platz war am vorderen Weiher, wo das Ufer am steilsten abfiel. Das Auge konnte den Abgrund an den riesigen Schlingpflanzen ausmessen, die aus unergründlicher Tiefe empor ragten. Wasserpest, die verzweigt mit zahllosen Tentakeln nach Schwimmerbeinen griff, Laichkräuter und Tausendblatt in bizarrer Gestalt. Grün schimmerte die Bodenlosigkeit, in der man nicht versinken durfte, es gab kein Halten dort. Von Zeit zu Zeit stiegen große Luftblasen auf, als wohnten im finsteren Schlund atmende Wesen. Seine Phantasie berief die Wasserholden, Nixen und Götter aus Omas dickem Buch mit Jugendstil - Einband. Sie bewohnten dort unten ein geheimes Wasserschloss mit prachtvollen Sälen aus Muschelwänden, korallenbesetzten Galerien und Felstürmen. In finsteren Kammern hockten großscherige Krebse und Muränen. Quallen und Haie, denen man nicht zu nahe kommen durfte, schwebten durch die hohen Korridore. Es gab keine Treppen, weil man schwimmend überall hin kam. Im Thronsaal wohnte die Gottheit mit Neptunbesteck und warziger Haut auf einem Podium, einem Seeungeheuer zum Verwechseln ähnlich. Wer vor sie gebracht wurde, war normalerweise zwar ertrunken und auf dem Weg ins Jenseits, erlebte jedoch durchaus noch mit, wie die Gottheit mit Genießermiene den Dreizack schwang, bevor die Wesen seinen noch zuckenden Leib zerrissen und verteilten. Nicht viel anders ging es ja umgekehrt: Die Karpfen, Schleien, Zander und Saiblinge wurden vom Angelhaken weg mit dem alten Schälmesser geköpft, dann kamen sie in den Fischkorb, den zu tragen sein Vorrecht war. Zuhause wurden sie schnell ausgenommen.

Andreas bewunderte mit leichtem Gruseln die Badegäste, welche sich trauten, hundert Meter weiter am Kiesstrand des Schwimmvereins ins flache Wasser zu steigen. Den Angelplatz sicherte eine Vorrichtung aus Brettern und Keilen, doch traute er der Konstruktion nicht, zu steil das Ufer, selbst unter Wasser setzte sich der Abhang ins Unendliche fort und der Papa erschien ihm allzu unbekümmert. Doch sobald er sein Angelgerät richtete, war alles vergessen. Mit Schwung warf er Köder aus, die bald ruhig im Wasser lagen. Bei der kleinsten Brise, wenn ein Schauer übers Wasser flog, fingen sie an zu tanzen. Meist hockten sie schweigend neben einander, verstanden sich ohne Worte wie Männer. Nur wenn Enten oder ein Reiher sie besuchten, wechselten sie mal einen Satz. Unerhört, wie nah er sich auf einmal selbst war, wenn er neben dem Papa auf dem abschüssigen Hang sitzend, ins Wasser starrte, die Füße gegen die Holzplanken gestemmt. Es hatte den Anschein, als könne er sich selbst beim Denken zuhören, als könne er dabei zuschauen, wie er schaute. Als schwebe er über allem und sei dabei mit sich selbst zu zweien. Als würde er zum ersten Mal überhaupt bemerken, dass er jemand war, ein Ich, das mehr darstellte als die Wahrnehmung einer Welt, die draußen war und pausenlos an einem vorbei zog. Es gab da etwas, das bot Widerstand, das sah sich als ein Jemand neben seinem Vater sitzen, der für ihn immer schon ein Jemand gewesen war, ein Mittelpunkt, auf den vieles zu lief. Sich selbst sah er als zweiten Mittelpunkt neben ihm, als zweiten Fels, an dem sich die Brandung der Außenwelt brach. Das konnte er von da an nie wieder vergessen.

XII

Die Sonne war ganz im Himmelsozean versunken. Der Horizont verschluckte den Tag. Ein letztes schwaches Aufflammen noch in einem Wolkenband, das aussah wie ein verlöschender Brandriegel. Unten ragten die Schattenrisse des westlichen Ruinenfeldes auf, in denen einzelne Lichter aufblinkten. Es kam von den Häuserresten, die jetzt wieder von Kriegsheimkehrern mit ihren Familien bewohnt und mutig instand gesetzt worden waren. Die funzligen Lampen schienen dem Frieden noch nicht zu trauen.

Eine Straßenbahn näherte sich mit monotonem Metallgesang. Blaugrelle Blitze schossen aus der Oberleitung, als sie über die Kreuzung holperte. Nachts waren diese Blitze immer an der Decke seines Zimmers erschienen, durch die undichten Läden waren sie hereingesprungen, um über Wände und Möbel zu zucken, irrlichternd im Spiegel und auf der Glasscheibe des Toilettentischs. In seinen Kinderaugen kamen sie von Kobolden, die draußen zündelten. In ihrem Übermut warfen sie Feuer vom Himmel. Eines Tages könnte wieder die ganze Stadt lichterloh in Flammen stehen, wie die Alten es erzählt hatten, mit entsetzten Augen. Als man in Unterstände und Bunker rennen musste, mit dem, was man gerade auf dem Leib trug. Barfuß floh er durch die Flurdunkelheit ins elterliche Schlafzimmer, wo man ihn mit Vorwürfen empfing. Warum er nicht schlafe. Für Kinder sei es längst Zeit. Der Körper brauche Ruhe, vor allem in jungen Jahren, wo der Organismus noch im Aufbau sei.

Doch das Gewitter auf der Straße widerlegte alle erwachsenen Redensarten, die Donnerschläge auf der Kreuzung bewiesen die drohende Gefahr. Weder sein junger Körper noch seine junge Seele wollten sich vor diesem Unheil beruhigen. Schon von weitem, wenn das Heulen leise anfing, um dann bedrohlich anzuschwellen, sobald das erste Wetterleuchten an die Decke kam, krampfte es in seinem Leib und er verkroch sich unter die Bettdecke. Dort lag er stundenlang wach, ausgeliefert seinen besorgten Gedanken, bis die letzte Bahn im Depot stand.

Morgens musste er trotz allem früh heraus, sich flink anziehen, die henkellose Blümchen-Tassse mit dem Muckefuck und ein Kanten Schwarzbrot mit Margarine und Fenner Harz standen auf dem blaukarierten Wachstischtuch des Beistelltischs. Schal und Mantel, dann ging die Mama mit ihm aus dem Haus. Draußen war es noch finster. Unerbittlich ihre Hand, schnell ihre Schritte. Kurz vorm Schulhaus gab es einen Klaps auf den Rücken.

Einmal traten sie aus der Tür, und eine weiße Daunendecke lag auf dem Trottoir, auf der Straße, auf Fensterbänken und Zäunen, überall die weiße Zauberpracht. Vereinzelt rieselten noch große Schneeflocken, die im Schein der Gaslaternen glitzerten. Gedämpft klangen die Schritte, sanftes Knirschen kam von den Reifen der Fahrzeuge, ein metallener Geruch erfüllte die Luft. Grimmig fuhr ihm der Winter in die Kleider, wehte winzige Eisnadeln ins Gesicht; doch Andreas beachtete sein Kältezittern nicht. Zu sehr war er mit den zahllosen Spuren im Neuschnee beschäftigt, mit dem Flockentanz bei jedem Windstoß. Weihnachten war schon vorbei und alle hatten die Hoffnung auf Schlittenfahren aufgegeben. An der Kohlenhandlung Maier wies das Schild auf frisch eingetroffenen Brennstoff, inzwischen konnte er sogar die altertümlichen Frakturschriften entziffern; das machte ihn stolz. Stück um Stück ließ die Welt sich jetzt deuten, dafür war die Schule gut. „Milch, Käse, Butter", „Neuer Lokal–Anzeiger", „Bahnhofstraße", die Chiffren bekamen Bedeutung, manchmal überraschend anders, als er vorher gedacht hatte. Auf dem Rückweg sollte er ein Bündel Anmachholz für den Küchenherd kaufen.

An diesem Tag verflogen die Schulstunden mit Schiefertafel, Schwamm und Griffeln, das Singen und die Rechenaufgaben wie im Traum. Auf dem Heimweg setzte kräftiger Schneefall ein, dass man im Flockenwirbel fast die Orientierung verlor. Autos arbeiteten sich mühsam voran, es fuhren weder Bahn noch Bus, in der Kälte rauchten die Pfützen. Zu Hause blieb das Essen auf dem Tisch stehen, weil Pit sofort die Treppe herunter gestolpert kam. Sie liefen Richtung Schlachthof, wo die halbe Klasse sich verabredet hatte. Neben der baufälligen Klinkerwand bestiegen sie zu viert einen alten Schlitten mit rostigen Kufen, der einem Viertklässler gehörte und rasten die steile Schutthalde hinunter.

Ihre Fahrt endete abrupt in einem Kellerrest vor der Klinkermauer. Die Mädchen hielten sich abseits und versuchten Schneemänner zu bauen, mit Kohlenaugen und schiefer Karottennase. Einige Jungs warfen sie um. Das fanden die Freunde gemein und taten sich zusammen, die Täter gründlich einzuseifen. Darauf rotteten sich sechs, sieben Hemshöfer zusammen, brachen Holzlatten von einem Gartenzaun ab und fielen über die Freunde her. Auf der Flucht pflückten Andreas und zwei Kameraden Eiszapfen von einem Schuppendach, die ihnen als Lanzen dienlich schienen, doch ungeübt wie sie waren, verfehlten die Wurfgeschosse ihr Ziel.

Die Hemshöfer waren ein richtiges Chores, man merkte es daran, dass sie keine Regeln respektierten. Als vier Hemshöfer Pit erst umzingelten, dann festhielten und mit Latten droschen, dass es blätschte wie an einer Teppichstange, musste Jürgen ihn retten. Er war schon damals ein Kran mit zwei kräftigen Auslegern. Von hinten stieß er den einen Hemshöfer gegen seinen Kumpan, dass es rumste und dem anderen Blut aus der Nase schoss. Dann packte er den dritten, hob ihn hoch und schleuderte ihn in eine Hecke. Als der verdutzte Kerl wie mit Puderzucker bestäubt hockte und glotzte, mussten sie lachen. Das verging ihnen schnell, als weitere anrückten, um Jahre älter, mit struppigen Pullovern und Russenmützen auf dem Kopf. Die grinsten gemein und wollten Opfer sehen, doch behaupteten sie sich am Ende gegen das Lumpenpack mit Tritten, Fäusten, Eisbrocken und Zaunlatten, wobei sogar eines der Mädchen half. Stolz waren sie, nass bis auf die Haut, mit blauen Flecken und blutenden Schrunden.

Auf dem Rückweg kratzten Schneeschippen übers löchrige Pflaster, niemand nahm von ihrem Sieg Notiz. Nur der Himmel feierte sie mit einem rötlichen Schneewinterlicht. Es dämmerte und ein lange unterdrückter Hunger meldete sich. Daheim schnarrte der elektrische Heizlüfter, blies versengten Staub umher und an den Fenstern blühten Eisblumen. Auf der Herdplatte brodelte der Eintopf. „Was machst du bloß immer mit deinen Kleidern?"

Wochenlang blieb der Schnee liegen, während sie Malnehmen und Teilen übten, in Heimatkunde den Speyerer Dom durchnahmen und einen Kaiser mit Buntstiften beim Grundsteinlegen malten. In Religion erzählte Fräulein Rückert die Geschichte vom babylonischen Turm, einem himmelhohen Bau mitten in der Stadt, über den der liebe Gott sich geärgert hatte. Er ließ ihn zur Ruine werden, der ganzen Menschheit zur Mahnung.

Die weiße Pracht verharschte mit der Zeit und bekam schwarze Krusten, die man plattenweise aufhebeln konnte, um sie gegen Wände zu werfen, wo sie krachend zersplitterten. Oder gegen einen der Hemshofdeppen, die allzu gern das Quartier durchstreiften und Ärger machten, indem sie Zigaretten und Kaugummiautomaten aufbrachen, mit Kreide schlimme Wörter auf frisch gestrichene Fassaden malten, Streit anfingen. Viele wichen ihnen aus, nur Andreas und seine Freunden zeigten keinen Respekt mehr vor ihnen.

Gab es eine Erinnerung, die sich besonders nachhaltig behauptete? Für Andreas war es der Brikettgeruch, der stickig aromatische Winterduft, dem man sich ergeben musste bis in den März hinein. Für ein gutes Vierteljahr überdeckte er sogar das Anilinwetter, das die Stadt in der übrigen Zeit beherrschte. Die Ludwigshafener Luft kannte zwei Jahreszeiten: die Brikettzeit und die Anilinzeit.

Die Stadt und ihre Luft schienen eins. Wer sie zum ersten Mal besuchte, ja selbst wer nur auf der Autobahn im Norden daran vorbei gekommen war, charakterisierte sie nach ihrem Geruch.

Die Briketts aber seien wenigstens etwas wert, hieß es unter den Pensionären, die in einem fort husteten. Der Rauch aus den Hausschloten sei weniger giftig als das chemische Zeug aus den Schloten der BASF. Es sei ein ehrliches Pesten, bei dem man wisse, worum es sich handle. Was die Fabrik so ablasse, Schwefel, Salpeter, Ammoniak und wie der ganze Dreck hieß, der chemische, das konnte man nicht einschätzen.

Die Jungen interessierten sich dafür kaum, weil sie nichts anderes kannten. An der Brikettzeit missfielen ihnen nur die Nächte. Wenn es einen aus den Federn Richtung Klo trieb, das eiskalt im Zwischengeschoß lag und manchmal einfror. Man musste in Holzpantinen mit einem übergeworfenen Mantel durchs zugige Treppenhaus und wieder zurück. Die Dämmerkälte, wenn morgens der Wecker durch die Wohnung schrillte, die kaltsteifen Kleider, in die man kaum hineinkam. Das eisige Kranwasser in der Küche, das mühsame Kohleschleppen aus dem Keller. Entschädigten dafür die Schneeballschlachten, das Iglu - und Schneemannbauen, die „Klinnerbahnen"? An die Freuden gewöhnte man sich schnell, die Mühen blieben. Nach Wochen spielten nur noch die zahlreichen Eisbahnen eine Rolle, welche Kinderschuhe unter dem Schnee aufgespürt hatten. Man musste sie mit Anlauf nehmen, um möglichst weit zu kommen. Bei Neuschnee fluchten Erwachsene darüber, weil man sie nicht mehr sah und leicht darauf ausglitt.

Kam der Winter, kam auch die Asche. Beim Ausleeren des heißen Schubers aus dem Küchenherd holte Pit einmal alte Zeitungen mit und legte sie in die Mülltonne obenauf. Darin eingewickelt warteten Silvesterkracher, die er seinem älteren Bruder gemopst hatte. Es dauerte nur Minuten, bis graue

Rauchschwaden aus dem großen, runden Blechgefäß quollen. Der Qualm zog durch die Hofeinfahrt, er wurde immer dichter, auf der Straße musste man glauben, das Hinterhaus stehe in Flammen. Dann fuhr mit einem gewaltigen Rums der Deckel auf, gerade als die Gesangs - und Klavierlehrerin aus dem dritten Stock, das Fräulein, vorüber ging. Ihren Schrei, im hochdramatischen Sopranfach, konnten sie lange nicht vergessen. Ihre Koloraturübungen am Spätnachmittag hatten nie diese Brillanz erreicht. Auch wie ihr die Henkeltasche aus der Hand fiel und die Sachen für den Waschsalon, Blusen, Höschen, Hüfthalter, Kopftuch und Büstenhalter auf dem Hofpflaster verstreute. Und sie dann aus ihrem Hinterhalt hervorstürzten, scheinheilig, mit kaum verhohlenem Lachen „Fräulein Schade, wir helfen Ihnen!" riefen, so was erlebt man nicht jeden Tag.

Wochen später erst, als der Februar schon zu Ende ging, erlöste eine bleiche Sonne, den kalten und trockenen, alt und steif gewordenen Winter. Es tropfte, sickerte, sinterte, floss in kleinen Bächen Richtung Rinnstein und stürzte gurgelnd in die Sinkkästen hinab. In Pfützen staute sich das Tauwasser vor Eisbarrieren, die man vorsichtig balancierend umging. Im melodischen Wechselspiel fielen Tropfen von Dächern auf Holz, Wellblech, Kies und Pflaster. Mit den rauschenden Kaskaden aus geplatzten Regenrohren, dem entfernten Dampfatem der Loks vom Rangierbahnhof und dem Klirren der ankoppelnden Waggons auf den Gleisanlagen ergab das eine Winterausgangs–Sinfonie, die sich hören ließ. Die Taunässe machte Gärten und Grünflächen unbetretbar, schwärzte die Pultdächer der Hofwerkstätten und vieler Obststämme in den Gärten, so dass die schräg einfallende

Sonne manchmal die Dachpappe zum Glühen und Glitzern brachte, als lägen dort Brillanten verstreut.

Warum jammerten die Erwachsenen nur so über diese Jahreszeit? Berichteten von ihrem Rheuma, von Gicht und Kreuzweh; Magen und Galle? So eine Kälte, aber in Russland, damals einundvierzig sei alles noch viel schlimmer gewesen. Früher habe der Winter nicht so viele Wetterumschwünge gekannt, das mache einen ganz krank; aber die Häuser, durch die Bomben, die taugten ja auch nichts mehr. Frau Leibenguths Mann sei immer noch in Gefangenschaft und sie hat es doch so mit den Bandscheiben und dann noch die Mutter. Wenn zu allem Überfluss jetzt auch noch alles teurer werde, neunundvierzig Pfennige der Laib Brot, das muss man sich einmal vorstellen, wie soll man da noch existieren? Zweimal schon sei das Geld „verreckt", wo soll das alles hinführen?

Andreas wunderte sich über so viel Mühsal, die ernsten Mienen und pauschalen Gesten verfehlten ihre Wirkung dennoch nicht. Ohne es ausdrücken zu können spürte er, dass die Erwachsenen in einer anderen Welt lebten als er mit seinen Freunden. Alt und Jung bewohnten dieselben Wohnungen, gingen auf denselben Straßen, aßen denselben Stampf aus Kartoffeln und Gelbrüben, hörten dieselben Radiosendungen und existierten doch nebeneinander her, ohne zu verstehen, was den anderen bewegte.

XIII

Dabei lag es noch gar nicht so lange zurück, da hatte
Andreas noch dieselbe Welt bewohnt. Die Ausflüge mit
Philipp in den Pfälzerwald, wenn die Mama Dienst hatte:
Das waren glänzende Sommertage. Wolken und Vögel vor
einem strahlenden Blau. Grell sticht die Sonne zu den
Fenstern der Rhein – Haardt - Bahn herein. Es geht ohne Eile
von Haltestelle zu Haltestelle, er kennt sie fast auswendig:
Maxdorf, Fußgönnheim, Ellerstadt, Friedelsheim, bis
Dürkheim Endstation. An der Isenach gehen sie entlang, wo
sich bärtig Wasserpest und Laichkräuter in der Flut winden.
Er hält sich am rostigen Eisengeländer der Brücke, während
Philipp ihm die Bachforellen zeigt, wie sie mit leichten
Flossenschlägen fest in der Strömung stehen. Aus manchen
Häusern münden kleine Gewölbe in den Bach, gern würde er
diese Klüfte erforschen. Eine kleine Steintreppe führt zum
Wasser, man könnte durch den seichten, kühlen Bach waten,
sich die Füße streicheln lassen vom schlaff wallenden
Pflanzenteppich.

„Komm weiter Bub", sagt der Papa und nimmt ihn bei der
Hand. Sie gehen über Kopfsteinpflaster eine Gasse hoch,
fremd der Fassgeruch aus den Weingütern und
Straußwirtschaften. Sie treten durch eine Hofeinfahrt, sitzen
in der Weinlaube und essen Leberknödel mit Sauerkraut vom
selben Teller. Er darf mit eigener Gabel auf dem Teller
herum fahren und Knödelstückchen spießen, die ihm der
Vater zurecht geschnitten hat, das Glas Limonade hat zwei
Strohhalme. Der Papa weiß, wie der Wein gemacht wird,
aber Kinder dürfen davon noch nicht trinken. Er weiß fast

alles, er war in der Schule und hat ausgelernt.

„Nächstes Jahr kommst auch in die Schule. Da kriegst du von mir einen Ranzen und eine Tafel."

In der Weinlaube ein Vogelnest, da flattert es und die Kleinen pfeifen. Man soll sie nicht stören.

„Komm, Bub!"

Der Papa streckt ihm die Hand hin. Sie biegen in einen Hohlweg ein, er zeigt ihm die bunte Markierung für Wanderer auf dem Prellstein. Hinter dem Lattenzaun ein Obststück, es ist Kirschenzeit, eine Katze döst mit eingeschlagenen Pfoten auf dem Mäuerchen. Dann stehen sie in einem Kiefernwald, die himmelhohen Bäume duften nach Harz. Andreas vergisst die Zeit. Auf dem Weg eine Eichelhäherfeder. Der Kuckuck ruft, dann stehen sie irgendwann vor einer verwunschenen Ruine. Riesige Sandsteinmauern mit rotverweinten Fensteraugen, alles viel größer als der Lutherturm bei ihnen, ein weiter Blick ins Tal.

„Die „Limburg", weiß der Papa, „die ist ganz alt. Als ich selbst noch ein Kind war, ist sie auch schon so alt gewesen."

Der Turm ist viel kaputter als ihrer. Der wird vielleicht auch einmal so aussehen, wenn ganz viel Zeit vergangen ist. Aber so alt wird er nicht. Bestimmt werden sie ihn bald abreißen, wie es mit fast allen Kriegsruinen in der Stadt geschieht. Alles Alte landet irgendwann auf dem Müll. Das ist nicht schlimm, denn es gibt dafür neues: Kleider, die einem wieder passen, schöneres Geschirr, ein Rad. Das Alte bringt man in den Hof zu den Tonnen, oder es wird vom Altwarenhändler geholt. Den braun gegerbten Zigeuner mit seinem Dreiradauto kennen alle. Man hört ihn schon von Weitem, wenn er mit „Lumbe, Alteiiiiiise, Babier" durchs Viertel zieht. Dann haben es die Leute plötzlich eilig. Lumpensäcke werden hervor gezerrt, im Hof Verrostetes gerückt und vors Haus gestellt. Man muss umsichtig sein, es darf nicht das Falsche vorm Haus stehen. Drei Arbeiter vom städtischen Bauhof hatten sich eine Pause im „Bürgerbräu" gegönnt und ihre nagelneue Kleinkehrmaschine am Rinnstein vor dem Wirtshaus abgestellt. Als sie nach ausgiebiger Besprechung wieder heraus traten, war sie weg. Da alle drei viel Durst verspürt hatten, trauten sie sich nicht zurück und erstatteten erst am folgenden Morgen Meldung. Dem ledernen Zigeuner war nichts nachzuweisen. In den Bruchwiesen, wo er seinen Schrottplatz betrieb, fand sich nichts, er wird schlau genug gewesen sein, sagten die Leute. Keiner wusste, wie er hieß, aber jeder wusste etwas über ihn. Verwandte sollen in der Bayreutherstraße, andere in der Wollstraße gewohnt haben - Asphaltwegen zwischen Frankenthalerstraße, Gartenstadt und Oggersheim, wo sich zwischen verwilderten Gärten, Buschreihen und Gehölz allerlei Verstecktes aufhielt. Die Verwandten dort hätten zehn, zwölf Kinder, die in Lumpen herum liefen. Die Mädchen nur lange Kleidchen, die starrten vor Schmutz und die Jungs mit einem großen Schlitz unten in der knielangen Hose. Sie trügen keine Unterwäsche, sommers wie winters. Ein Bruder soll bei einer Messerstecherei auf der Kirmes umgekommen sein, er war als Schiffschaukelbremser unterwegs gewesen wie die meisten Erwachsenen dort. Sie hausten in einstöckigen Behelfsheimen, die nach dem Krieg für Flüchtlinge aufgestellt worden waren. Es gab kaum Möbel, weil wegen der Feuchtigkeit alles in kürzester Zeit zusammenfaulte. Der Papa war einmal in der Wollstraße, als dort ein gebrauchtes

Moped angeboten wurde. Herr Löhr hat ihn begleitet und sofort gemerkt, dass mit dem Motor was nicht stimmte.

„Papa, erzähl von früher!"

„Ach, da gibt es so viel...."

Auf der Rückfahrt von Dürkheim sitzen sie wieder in der „Rhein – Haardt – Bahn." Da greift der Papa in die Tasche und holt eine Mundharmonika heraus. Er setzt sie an die Lippen und fängt an zu spielen. Der Wagen ist voll besetzt und Andreas erschrickt. Doch kaum erkennen die Leute die Melodie, beginnen die ersten mitzusingen: „Muss - i denn, muss - i denn, zu - humm Städele hinaus" und „Mein Hut, der hat drei Ecken." Überall hellen sich die müden Ausflugsgesichter auf, die Münder werden breit, Augen strahlen, der ganze Wagen ist am Ende voll Gesang, dass man meint, er schunkle auf seinem Gleisbett ein wenig mit. Dass sie zu weit gefahren sind, bemerken sie erst, als ein tiefes Dröhnen von unten hörbar wird. Es zeigt an, dass sie gerade den Rhein überqueren. Zur Kaiser Wilhelm Straße müssen sie am Mannheimer Bahnhof umsteigen und noch einmal zurück fahren. Trotzdem kommen sie glücklich zu Hause an. So schlimm kann der Philipp doch nicht gewesen sein. Wann hat das nur so angefangen mit ihm? Die Zeit hat alles verdorben. Sie frisst das Leben auf.

Man kann froh sein, wenn Einzelnes überdauert. Die Küchenuhr bei der Oma, ein Hochzeitsgeschenk aus den zwanziger Jahren. Ein Service mit Zwiebelmuster, einer Tasse fehlt der Henkel. Taft und Tüll in ihrem alten Schlafzimmerschrank, Das Eichenbuffet, Gelsenkirchener Barock mit dem ausschweifenden Gesims. Der Küchenherd, den Jürgens Eltern immer noch benutzen, mit den

Krallenfüßen, gusseiserner Platte, einem Warmwasserbehälter und Messingbeschlägen, die freitags blankgeputzt werden. Im Winter heizt er bei Schuhmachers die halbe Wohnung und erinnert an eine Uroma, knüpft ein Band, das weit zurück reicht. Jürgen kennt diese Frau aus Erzählungen seiner Mutter und stellt sie sich mit Engelsflügeln, Kittelschürze und Schöpfkelle vor, wie sie ihren sieben Kindern aus dem großen Hafen auf die Teller häuft. Die Häuser waren damals neu, die Stadt jung, die Söhne noch lange nicht im Krieg. Doch solche Erinnerungen schmelzen wie Schnee in der Sonne, es wird längst elektrisch gekocht und mit Öl geheizt, es lässt sich absehen, wann die letzten Erinnerungsstücke auf den Sperrmüll kommen. Spätestens bei der Wohnungsauflösung. An jedem neuen Tag verliert der Abreißkalender der Kreissparkasse ein Blatt.

Andreas hätte sich gewünscht, der Papa wäre immer so geblieben wie er früher war. Aber dann wäre er ebenfalls geblieben wie er früher war und nie gewachsen. Das wollte er auch wieder nicht. Es hatte schon alles seine Richtigkeit mit der Zeit, all die neuen Sachen brachten auf neue Gedanken.

Und die Zeit im Turm schritt ebenfalls voran. Wie ein Tuch lag die blaue Dämmerung über der Stadt. Nur wenige Lampen durchdrangen den Schleier, viele Straßenzüge lagen ganz im Dunkel. Graue, flockige Traumwolken bezogen den Nachthimmel.

XIV

In der Stube riecht es nach Freitag. Freitags gibt es Fisch, der ist gesund und man muss froh sein, denn früher wäre man froh gewesen. In der Küche steht der verbeulte Aluminiumtopf auf dem Herd, da brodelt es drin mit Wacholderbeeren, Lorbeer und Koriander, die weißen Fladen schwimmen im Sud wie lebendig, wenn der Holzlöffel darin rührt. Mit Pellkartoffeln kommt der Kabeljau auf den Tisch. Punkt zwölf Uhr, zum Schlag der Glocken.

Samstags gibt es „Quellde" mit Leber und Griebenwurst, graue und schwarze Reiter, die schwarzen Ritter mit weißen Grieben auf dampfenden Kartoffelpferdchen.

Sonntags kommt die Oma mit dem Zug. Dann gehen sie mit ihr in den Park, drehen einige Spazierrunden um den Schwanenweiher, schauen bei den Volieren vorbei und sitzen auf der Terrasse vor dem „Stern- Café'." Mama und Oma haben Kuchen auf dem Teller, er bekommt ein Eis mit großem Schlagsahnehut, im großen Springbrunnen tummeln sich Enten.

Montags ist Waschtag, da geht die Mama mit dem Weidenkorb in die Waschküche hinunter. Das Feuer im gemauerten Kessel, Holz und Briketts stapeln in der Ecke, der Zinkhahn mit dem roten Gummischlauch, das grobe Rührholz im Zinkbottich. Dampfschwaden wallen auf, wenn der Blechdeckel angehoben wird. In klobigen Stücken liegt die Kernseife bereit, schleimige Rinnsale fließen in den kochenden Zuber. Wer durch die wacklige Tür eintritt, steht im Brodem, der die Kleider am Leib kleben lässt. Die nasse

Wäsche klatscht auf den Legetisch. Mamas Rechte fasst die Wurzelbürste, es ratscht laut und spritzig über Hosen und Hemden, dass ihm der Mund trocken wird und sein Rücken Gänsehaut bekommt. Sie prüft seine Anstelligkeit, indem sie ihm Wäschestücke zum Aufhängen gibt. Die Leinen im kalten Nachbarkeller sind so hoch, dass er die tropfenden Stücke nur auf Zehenspitzen festklammern kann.

Der Dienstag ist grün, weil es zu den Salzkartoffeln Salat gibt und im Winter oft Spinat. Der Spinat muss im Mund bleiben, so voll er auch wird. Kommen Flecken an die Wand, gehen sie nicht mehr raus. Frau Malthus hat die halbe Küche neu streichen müssen, weil einer ihrer Zwillinge im Trotz den vollen Mund ausspuckte, ein Spinat – Sprühregen auf die weiße Wand. Und als sie ihm kräftig eine langte, ging das Gleiche beim anderen los. Das wäre jetzt beinahe umsonst gewesen.

So sind die Tage.

Es gibt noch den Mittwoch und den Donnerstag, da ist er bei Tante Frieda. Ihr Hexenhäuschen liegt über den Schienen in einem Garten mit Scherenzaun. Zu Tante Frieda kommen viele Kinder, die meisten so alt wie Andreas. In ihrer großen Stube stehen Tische, überladen mit Holzbauklötzen, darauf entstehen Türme, die immer wieder krachend umfallen. Die Mädchen sitzen in der Puppenecke neben großen Kisten und bespielen einen Kaufladen. Dort gibt es weniger Lärm, selten Zank. Bei den Buben vergeht kein Tag ohne Haare raufen und Tränen, weil nicht genug Klötze da sind, oder das Brauchbare schon in einem anderen Turm steckt. Am großen Tisch wird vor dem Essen gebetet. Tante Frieda steht mit ihrer getupften Kittelschürze am Kopfende und lädt den lieben Herrn Jesus zu Gast, aber der kommt nie. Dabei hätte man jemanden gebraucht, der die Reste aufisst. Aus einem großen Hafen wird mit dem Schaumlöffel ausgeteilt. Der Teller muss leer werden. Nur wenige melden schüchtern Nachschlag an, jedes Mal bleibt übrig. Es sei im Grunde genommen eine Sünde, aber zum Glück gibt es jemanden, der die Reste abholt, ein Bauer aus Maudach, der zweimal die Woche mit seinem Lloyd kommt, einen leeren Kübel bringt und einen vollen auf der Rückbank mitnimmt. Irgendwie kann er damit etwas anfangen, es heißt, er hat einen Stall voll Wutzen, dann ist es nicht so schlimm. Dass die Wutzen am Ende kriegen, was für den Herrn Jesus war, findet Andreas nicht ganz korrekt.

Man muss auf die Tante hören, weil sie keinen Lärm aushalten kann. Wird es zu laut, bekommt sie rote Flecken ins Gesicht, wie die Oma, wenn der Bohnenkaffee zu stark gebrüht ist. Am liebsten versammelt sie einen Kreis Kinder um sich und liest aus dem großen Buch vor. Buben werden ab und zu in den Keller gesperrt. Dort müssen sie manchmal lange bleiben, bis die Tante sich wieder an sie erinnert. Andreas kommt dran, nachdem er den Reiseintopf „eklig" genannt hat. Im Keller vom Hexenhaus fürchtet er sich so, dass er zum ersten Mal im Kindergarten weinen muss. Es ist nicht wegen der Dunkelheit, es ist wegen der Gefahren, die hinter Kellertüren lauern können, von denen man nichts ahnt.

Es ist nicht lange her, da haben die Zwillinge der Frau Malthus von den gelbgrünen Kugeln genascht, die in den Gewölben unter ihren Häusern überall herum lagen. Warum auch nicht? Es gab manches dort unten, was niemandem gehörte. Die Untergeschosse waren in große Nischen eingeteilt, die nicht abgeschlossen wurden. Auf Regalen standen Dosen, Päckchen und Gläser. Briketts stapelten sich in den Ecken, davor lagen aufgeschüttet Eierbriketts, Haufen von Kohle und Koks. Alte Küchenschränke und Fahrräder standen herum, jeder wusste, wem was gehörte. Es gab auch Durchgänge zu den Nachbargebäuden, wo ganze Wohnungseinrichtungen zusammen gerückt standen und Nischen mit Maschinen, deren Zweck sie nicht kannten. Überall lag aber auch Gerümpel herum, für das sich niemand zuständig fühlte Deshalb kam es nie nach oben, wenn der Lumpensammler durchs Viertel zog. Für Kinder fand sich dabei allerlei nützliches.

Diese unterirdische Welt barg in ihrer labyrinthischen Düsternis vieles, was erst noch erforscht werden wollte. Andreas hat von den Kugeln nur deswegen nicht probiert, weil die Stimme der Mama ihn durchs Treppenhaus zum Essen gerufen hatte. Den Zwillingen sind sie nicht bekommen. Am Morgen danach stand ein Krankenwagen vorm Haus. In der Nacht zuvor meinte er von unten Schreie gehört zu haben, Malthus wohnten Parterre. Im Krankenhaus fielen den Zwillingen die Haare aus und lange hieß es, sie müssten sterben. Die Eltern haben ihn zur Rede gestellt und ausgeschimpft. Dabei konnte er überhaupt nichts dafür. Schuld war der Herr Schickelgruber. Er hatte die Kugeln in den Kellern ausgelegt. Wegen der Ratten. Herr Schickelgruber war der Hausmeister und durfte das. Die Ratten waren schädlich und mussten ausgerottet werden. Ungeziefer musste weg, sonst wurde der ganze Volkskörper krank und kümmerlich. Niemand konnte da etwas sagen. Der Herr Schickelgruber fragte auch nicht. Er tat, was er für richtig hielt. Er zürnte mit den Kindern, wenn sie ihn beim

Zeitung lesen störten. Im Nachbarkeller, hinter der Eisentür, gab es eine kleine Stube. Dort brannte eine Birne, sobald er unten war, um ein Fenster zu reparieren oder einen Wasserhahn. Alle Kinder blieben oben, wenn sie ihn dort hämmern oder feilen hörten, sie fürchteten sich vor ihm. Er rief einen beim Namen, dann musste man tun, was er verlangte; er durfte das. Er teilte Ohrfeigen aus oder sperrte jemanden in eine Kammer. Die Eltern meinten, er wär´ der Hausmeister und es sei nicht verkehrt, wenn jemand für Disziplin und Ordnung im Haus sorge.

„Der Herr Schickelgruber weiß alles mit den Häusern." Er lebe ganz bescheiden in einer kleinen Dachwohnung und opfere sich für die Allgemeinheit auf. Manche sagten, er wäre hier immer schon der Blockwart gewesen. Außerdem, die Zwillinge seien doch selbst Schuld an allem und Andreas ebenso, denn er sei ein Jahr älter und hätte es wissen müssen. Wie kann man so dumm sein?

Als die Zwillinge wieder nach Hause kamen, erschraken alle, die sie am Krankenwagen beim Aussteigen erblickten. Auch Andreas hat sie ohne Haare kaum wieder erkannt. Einer zieht seitdem den linken Fuß nach, der andere musste zwei Tage später wieder zurück ins Hospital, weil die Arznei gegen die Schmerzen nicht half. Er brauchte wenigstens nicht sterben, und Andreas fühlte sich entlastet. Die Frau Malthus konnte ebenfalls froh sein, sie hatte die Wand in ihrer Küche wegen der Spinatflecken nicht umsonst neu gestrichen. Aber sie hatte weiterhin Last mit ihren Kindern.

Im Parterre beeilt sich Andreas seitdem, wenn er an ihrer Wohnungstür vorbeikommt, damit er Frau Malthus nicht begegnet.

Hinter Türen lauern nicht nur Gefahren, auch seltsame Gedanken wohnen dort. Wenn er bei der Oma zu Besuch ist, in ihrem Dorf, fängt das schon am Hoftor an. Schon das Klingelschild ist seltsam. Es soll ein fremder Name drauf stehen, obwohl sie doch die Oma ist. Die Leute sagen zu ihr „Frau Wächter." Sie ist nicht die Mama der Mama, aber auch nicht die Mama vom Papa.

Wenn sie bei ihr klingeln, sagen die Hühner:

„Der Junge steht mit seiner Frau Mutter vorm Haus. Wenn sie darinnen sind, werden sie sich an den Tisch setzen und unser Gockelhähnchen aufessen."

Die Tauben plustern ihren Kropf und sagen zu einander: „Ruckedigu, ruckedigu, er möchte uns wieder füttern mit gutem Korn, zweifellos erfreulich. Jedoch, er ist kein artig Kind, er will uns fangen mit seiner bösen Hand. Will mit uns tun, was man nicht soll, man müsste es Frau Mutter sagen."

Nur der Dackel freut sich: „Hei, guter Jung, gehen wir heut' wieder jagen? am besten gehn wir allsogleich, über's freie Feld, beim Altrhein, auf die Enten!"

In der Haustür steht die Oma und lacht, weil ein Sonntag ist. Sonntags steigt sie nicht in den Zug, stattdessen fährt er manchmal mit der Mama zu ihr. Mit der ruckelnden Eisenbahn eine ganze Stunde. In Speyer steigen sie um. Auf dem Gegengleis wartet jedes Mal schon die schmauchende Lokomotive. In der Küche riecht es nach Milchkuh und Hühnermist, auf dem Herd die gusseisernen Tiegel, am Wasserstein wäscht er die Hände. Hinter dem Esstisch sitzen sie auf Kissen, damit man auf der Holzbank nicht von unten kalt bekommt. An der Wand gegenüber ist die Oma immer am Heiraten. Sie trägt einen Schleier, ein Mann im Anzug hält den Hut vor sich und hat seine Rechte mit der linken Oma-Hand verschlungen. Im Hintergrund die Kirchentür, an der sie jedes Mal auf dem Weg vom Bahnhof vorbei kommen. Andere Bilder zeigen die Oma mit einem Kind auf dem Arm, eine Gruppe Konfirmanden in schwarzen Anzügen vor dem Altar und einen jungen Mann in Uniform mit Schiffchen.

„Der Alfons ist ja schon einundvierzig gefallen", heißt es, wenn die Rede auf das Hochzeitsbild kommt, „wenigstens den Jungen hätten sie uns lassen sollen."

„Hat sich extra freiwillig zur Luftabwehr gemeldet, damit ihm das erspart bleibt und da…!"

sagt die Mama dann jedes Mal und das Gespräch bricht ab. Dann hört man nur noch das Ticken der Uhr, die Sekunde um Sekunde ein Stückchen Zeit abhackt und verwirft. Müde und resigniert sitzen sie am Tisch, als warteten sie auf eine Erlösung, die nie kommt oder auf den nächsten Migräne-Anfall. Es ist Wetter dafür und die Oma steht schon ächzend auf, geht zum Schrank, nimmt eine Aspirin-Tablette aus dem Röhrchen, füllt sich am Wasserhahn ein Glas und stelle es vor sich hin. Über dem Tisch kreist eine Stubenfliege, vor dem Fenster die Tauben, die Glocke schlägt dreiviertel, innen ist alles erstarrt.

Bis endlich jemand Atem schöpft und sagt: „So, jetzt trinken wir aber Kaffee."

Der Papa war an diesen Sonntagen nie dabei. Wenn sie spätabends vom Bahnhof heimkamen, war er ausgegangen. Andreas hörte ihn niemals zurück kommen in der Nacht.

XV

„Es wird Zeit!" Der Fremde schaute auf seine Uhr.

Sie stiegen eine letzte Treppe hinauf. Die Steinstufen wanden sich um eine gemauerte Spindel und führten in ein Stockwerk fast ohne Licht. Ganz spärlich fiel durch Schlitze in den Mauern etwas von der Dämmerung herein, die schon weit fortgeschritten war. Man musste sich auf seinen Orientierungssinn verlassen, kein Problem für. Andreas. Er konnte das verrostete Uhrengestell ertasten, von dem in halber Höhe vier Hohlwellen nach draußen führten. Sie hatten einst die Uhrzeiger bewegt. Von den Seilwinden, den Gewichten und Elektromotoren musste man sich fern halten. Auf dem Zementboden ertasteten sie leere Bierkästen, darauf setzten sie sich gegenüber. Die Dunkelheit ließ das Gesicht des Fremden trotz langsamer Gewöhnung nur erahnen. Seine Nähe rief ein breites Gefühl von Vertrautheit hervor, er konnte nicht sagen, warum. Als dieser ihm erneut die Zigaretten hinhielt, verstärkte sich dieser Eindruck. Streichhölzer flammten auf, ihre Blicke begegneten sich. Dann glühten abwechselnd zwei Punkte durch ihr Schweigen.

Als er klein war, auf dem Balkon, mit seiner hölzernen Eisenbahn, war er oft in die Fremde gefahren. Dort traf er den Papa, der in einem Zelt lebte wie der wilde Jägersmann und auf Löwen, Büffel und Gazellen ging. Beide trugen breite Tropenhelme, Andreas durfte das große Schießgewehr tragen. Wenn ein Wild in Sicht kam, reichte er die Flinte.

Oft regnete es unter den aufgehängten Wäschestücken. Dann fuhr seine Bahn um die kleinen Pfützen auf dem Zementboden herum. Sie überquerte Brücken aus Zinkblechstücken, die vom Dach herab gefallen waren. Er rief die Stationen aus und pfiff, wenn die Lokomotive anfuhr. Am Ende seiner Geschichten brachte der Zug den Vater aus der Fremde nach Hause. Jedes Mal. Über Flüsse und Gebirge, an Dörfern und Städten vorbei bis zur Endstation. Als die Lokomotive mit Pfiff und Fauchen im Hauptbahnhof einfuhr, stieg er mit einem großen Koffer voller Schokolade, Leberwurst und Spielsachen aus. Andreas stand auf dem Bahnsteig. Sobald der Papa ihn sah, ging ein Lachen über sein Gesicht. Andreas rannte auf ihn zu, er breitete die Arme aus, nahm ihn hoch, wie Onkel Hans es machte, wenn er zu Besuch kam, nur noch viel höher, und dazu drehte er sich im Kreis, bis beiden schwindlig wurde. Dann liefen sie Hand in Hand über den Ludwigsplatz bis zur Bahnhofstraße, überquerten die Bismarckstraße und bogen rechts ab, bis sie die Mama an der Tür stehen sahen. Sie hob beide Arme hoch und der Papa überreichte ihr beim Begrüßen einen riesigen Blumenstrauß.

An einem Abend saß in ihrer kleinen Küche ein unbekannter Mann. Er trug einen langen Mantel und hatte den Hut vor sich auf dem Tisch liegen. Er blickte sich um. Die Mama ging zum Küchenschrank und holte zwei Gläser mit Untersetzer. Als sie Andreas in der Schlafzimmertür erblickte, rief sie:

„Guck mal Bub, das ist dein Papa! Na, ist das eine Überraschung?"

Der Mann streckte ihm eine Hand hin und sagte:

„Bist du der Andreas?"

Er hatte überhaupt nichts mitgebracht. Weder Schokolade noch eine elektrische Eisenbahn. Als er den Mantel auszog, kamen zerschlissene Hosen zum Vorschein, die von der Mama geflickt werden mussten und sein Hemd roch nach Fabrik. Andreas war trotzdem froh, endlich den Vater zu haben. Obwohl er das in Wirklichkeit gar nicht war, aber das kam ja erst Jahre später heraus. Jetzt konnte er mit ihm angeben. Bei Tante Frieda im Kindergarten berichtete er von seinem Löwenjägerpapa, der im Busch herum gestreift war, und mit dem Gewehr viel umgelegt hatte. Der nach allerhand Abenteuern jetzt endlich nach Hause gekommen war. Das Bild hielt sich lange und beschenkte ihn mit viel grandiosem Traumüberschuss, wenn er mit sich allein war, abends in der Betthöhle unter dem verhangenen Fenster.

Er war schon in der vierten Klasse, als ihm an einem Weiherabend beim Angeln die überfällige Frage in den Sinn kam:

„Wie heißt eigentlich das Land, wo du gewesen bist?"

Der Papa warf einen abgebrochenen Ast ins Wasser und schwieg. Erst nach einer Pause, in der seine Augen hin und her wanderten, sagte er: „An der Kanalküste waren wir und in Russland."

„Habt ihr da mit den großen Gewehren geschossen?"

„Ja."

„Und wie viel hast du umgelegt?"

232

„Das weiß ich nicht. Sei froh, Bub, wenn du da nie hin musst."

Erst im Nachhinein erschrak Andreas, als ihm bewusst wurde, dass es sich womöglich nicht um Großwild gehandelt hatte, jedenfalls nicht um solches, das man jagen konnte, ohne seltsame Gefühle dabei zu bekommen. Sondern solches, worüber man nicht sprechen konnte, was die Augen auf Wanderschaft schickte wie bei einer Lüge.

„Und warum streiten die Mama und Du immer so?"

Philipp schwieg jetzt noch beharrlicher. Erst nach einer langen Pause sagte er, wie zu sich selbst: „Im Grund ist es...."

Abrupt unterbrach er den Satz, was ihn bei Andreas um so tiefer verankerte. Was war das „im Grunde"? bei der Mama? Hatte es mit dem schneidigen Herrn Bellut zu tun, der zeitweise zum Kaffee kam und irgendwann nicht mehr? Er wohnte ganz in der Nähe. Ein Modellschiff hatte er ihm geschenkt. Den Krieg hatte er Großteils als Fregattenkapitän in einem norwegischen Fjord verbracht. Was war ein Fjord? Wo ist Norwegen? Was ist eine Mitternachtssonne? die Tirpitz? Herr Bellut war ein geduldiger Erklärer. Es hätte Andreas gefallen, wenn statt dem Philipp er abends von der Schicht gekommen und sich bei ihnen eingewohnt hätte, doch er war schon verheiratet und außerdem Vorsitzender da und dort. Zur „Marinekameradschaft Großadmiral Dönitz" fuhr er sogar tageweise ins Saarland, er hatte wenig Zeit. Mit Wörtern wie „Ehebruch", außerehelich", Scheidungsgrund hätte er zu dieser Zeit wenig anfangen können, außerdem waren die Eltern ja gar nicht verheiratet. Dass die Schlafzimmertür manchmal abgeschlossen war, wenn der

Philipp sich auf Nachtschicht befand, beschäftigte Andreas nicht.

Inzwischen kann er sich solche Verhältnisse gut vorstellen. Aber er weiß, dass er nie die Wahrheit erfahren wird, denn immer logen die Erwachsenen: Philipp und die Mutter, die Oma und die Tante Frieda, der wackere Herr Schickelgruber. Nie konnte man sicher sein, woran man war. Vor allem belogen sie sich gegenseitig und er war fast immer irgendwie darin verwickelt. Lügen haben ihm Fremdes in Vertrautes verwandelt und Vertrautes in Fremdes.

Vom kleinen Balkon ihrer Wohnung konnte man damals aufs Kirchengrundstück blicken. Der ausgebrannte Mauerring war schon teilweise abgerissen, um mit den Steinen eine neue Kirche zu bauen. Über die alte Kirche musste sich der Herrgott geärgert haben, so dass er sie nun Stück um Stück ganz untergehen ließ. Nur den verwüsteten Turm würde er als Ruine stehen lassen, der ganzen Menschheit zur Mahnung. Eingefasst von den stehen gebliebenen Resten war eine Wildnis aufgewachsen: Eine hohe Grasflur, überwuchert von Brombeere, Schneeball und Holundergebüsch, auf den Schutthügeln Melde, Johanneskraut, Weidenröschen und die anderen Trümmerblumen, die überall blühten. Ein Land für Trapper, Goldsucher und Rothäute, die in Erdhöhlen wohnten. Sie erlebten damals das Gelände immer nur aus der Zwergen perspektive, mit himmelhohen Baumkronen und turmhoch ragendem, beschädigtem Mauerwerk, über sich nichts als Zweige, Vögel und Wolken. Sinnloses Gesims auch und verfallener Zierrat, die Tunnels im Hollergebüsch, in denen man nur kriechend voran kam. Das Schneckenland, wo nach Regengüssen reger Verkehr herrschte, die

Vogelnester in der Weißdornhecke, welche seitlich aus dem Portal wucherte. Gepunktete und gesprenkelte Eier, nicht größer als die süßsauren Drops aus dem Glas, das in der Messplatzbaracke bei Oma Ransmeier auf der Theke stand neben der Kasse.

Die letzten Mauerreste verschwanden überraschend, vor allem der seitliche Spitzbogen über der kleinen Freitreppe, wo sie ihren Schatz aus Pfeile verschießenden Plastikindianern und Colt ziehenden Cowboys versteckt gehalten hatten. Es war während der aufregenden Einschulungswochen geschehen. Niemand war auf die Idee gekommen, den Jungen vorher Bescheid zu geben, damit sie etwas hätten retten können. Kinder in erwachsene Pläne einzubeziehen, lag außerhalb jeder Erwägung. Freilich geschah derzeit so viel Neues, dass auch sie völlig abgelenkt waren. Schreiben mit Griffeln auf der Schiefertafel, die Fibel, und immer wieder ein neues Lied. Die neue Schulklasse unternahm sogar Ausflüge durch die Stadt, zwei und zwei an der Hand mit dem Lehrer voraus. Zum Bahnhof, zum Pfalzbau, zum Rhein.

Die reißende Strömung führte abgerissene Zweige mit und leckte an den Ufersteinen. Auf dem Wasser ging es geschäftig zu: flussab und flussaufwärts die langen Schiffskörper, beladene Kähne mit Schleppern davor, die mit stampfenden Motoren gegen die Strömung ankämpften, mitten im Strom versuchte einmal ein Schiff zu wenden. Ein Rauschen hing in der Luft, der Rhein lebte. Auf einem Schüttgutkahn stand ein Schiffsjunge mit dem Schlauch und spritzte die Planken ab. Wo sie abgedeckt waren, türmten sich Kieshaufen. Den Schiffen nachschauen mit ihren

Ladungen, wie sie hinter der Biegung an der Parkinsel verschwanden, auf Nimmerwiedersehen in fremde Länder. Im Rheinknie, hinter der Parkinsel, der Luitpoldhafen: Schleusentor und Pegeluhr, die Verladekräne. Wenn große Pakete Stückgut, Säcke und Kisten aus den dicken Schiffsbäuchen gehoben wurden, ranzte und quietschte es. Sie erschraken vor den Pfiffen der Loks, die zwischen den Ladehallen verkehrten, auf den Schienen musste man aufpassen. Herr Lehrer Röper wusste, wo die Schiffe her kamen, was sie transportierten, wie viele Tage sie vom Meer bis hierher brauchten. Über die Drehbücke ging es zurück, vorbei an einem riesigen Korklager, in dessen Höhlungen und Spalten Giftschlangen lauerten. Man sollte nicht hinein fassen. Erstaunlich, wie nah doch die gefährliche Ferne lag, die Gerüche von Afrika und Asien. Dem Hafenbecken durfte man nicht zu nahe kommen, es gab kein Geländer, und niemand aus der Klasse konnte schwimmen.

Ein andermal wurden sie am befestigten Rheinufer entlang dirigiert, Richtung Doppelbrücke, wo die grobe Uferbefestigung bis zur Wasserlinie hinab reichte. Gelbe Eisenstäbe zeigten den Wasserstand an. Unterwegs erzählte Herr Röper von seinem Heimatort. Über Silvester habe es dort mal ein Rheinhochwasser gegeben. Von Haus zu Haus habe sich die Nachricht verbreitet: „Der Rhein steht in der Straße." Die Kinder wären trotz des Regens auf die Straße gerannt. Schon hinter der nächsten Ecke eine riesige Pfütze von Gehsteig zu Gehsteig, der Regen entfachte ein Trommelfeuer darauf. In den Kellern stieg die Flut bis unter die Decke, in den finstereren Seen schwammen Bretter und Koksbrocken. Mit Kochtöpfen und Beuteln schöpften die Leute tagelang, doch die Gewölbe blieben ein ganzes Jahr lang feucht und schimmelig. Auch in die Parterrewohnungen hinauf wölkte der Schwamm, und da der Sommer regnerisch ausfiel, hielten sich die schädlichen Einbürgerungen bis ins folgende Jahr.

Als sie das gewaltige Brückenbauwerk gerade über sich hatten, donnerte ohne Vorwarnung ein Güterzug darüber, dass alle zusammenfuhren. Solchen Lärm waren sie nicht gewohnt, auch wenn man die Züge bis in ihr Viertel hörte. Sie wohnten weit genug weg, erklärte Herr   Röper.

In den folgenden Jahren sollte diese neue, gefahrvolle Welt immer wichtiger werden. Von der alten würde nur noch der Turm übrig bleiben. Seine breite, schartige Freitreppe zur Amtsstraße hin, wo ein Paar magere Birken ihr erbärmliches Auskommen fanden, würde zum Portal, durch das man gelegentlich in die vergangene Epoche eintreten konnte. Vier Evangelisten hielten über den vergitterten Toren Wache und schreckten Unbefugte mit strengen Blicken ab.

Die ersten Septembertage 1950, noch sonnig, doch schon von Herbstklarheit durchsponnen. Andreas, Jürgen und einige andere aus der Nachbarschaft lockte es auf die Freifläche des Messplatzes, wo ältere Jungs ihre Drachen steigen ließen. Wild fuhr der Wind umher, zauste Haare und Jacken, warf die Drachen hoch und dann im Sturzflug auf die Erde. Sie rennen um die Wette, um als erste dort zu sein. Um die bunten Flieger aus dem staubigen Gras zu heben und wieder an den Himmel zu geben. Das ist ganz leicht. Aber nein, das sind ja eigentlich keine Drachen, es sind lebendige Gesichter, die vom Firmament herab lachen, sie wedeln mit dem Schwanz und tanzen, rufen und nicken sich zu. Sie sind ganz lebendig. Andreas ist ebenso lebendig. Er muss nur die

Arme ausbreiten, dann kann er selbst vom Boden abheben und schweben. Der Wind ist lau und harmlos, er zupft an der Hose und lässt die Ärmel ein wenig schlackern. Wie beim fliegenden Robert im Struwwelpeter-Buch, nur ohne Regenschirm und Hut. Er spürt keinerlei Furcht, im Gegenteil. Der Platz, die Häuser, die Stadt liegen unter ihm und er kann nicht fallen. Auch die Kameraden sind oben, sie stehen am Himmel wie Sterne. Sie albern und freuen sich über das unerwartete Glück. Er kann ganz fest in der Luft stehen, er kann die Arme vor sich halten, dann geht es vorwärts. Je höher er steigt, desto schneller kann er fliegen. Rhein und Neckar als silbriges Band, die Fabrik liegt ganz friedlich seitwärts, auf der Brücke ein Zug. Die Ebene leuchtet herbstbunt: Wälder, Felder und Wiesen, die Ortschaften eingestreut. Er sucht das Dorf, wo die Oma wohnt, es liegt am Spiegelbach zwischen weiten Feldern und Trockenschuppen im Tabaksländchen. Daneben gleich das Pfefferminzländchen und der große Bellheimer Wald, wo sie einmal spazieren waren und Maikäfer fanden. In einer Papiertüte trug er sie heim und hielt sie eine ganze Woche lang im Schuhkarton. Wenn er die Arme hängen lässt, landet er sanft auf dem Boden. Die Oma hat den Kaffeetisch gedeckt, der Hund wedelt mit dem Schwanz. So schön ist es zu leben.

Als er die Augen aufschlug, war ein neuer Tag. Er musste nicht zur Schule, der Kaffeetisch war gedeckt. Was machte man an einem Sonntag?

Die Glimmstängel waren aufgeraucht, mit dem Fuß trat der Fremde ihre letzte Glut aus, Finsternis umgab sie.

„Angenommen, alle würden künftig aufhören mit dem Lügen und nur noch die Wahrheit sagen", überlegte Andreas laut, „würde sich da viel ändern?"

„Du würdest die Welt nicht wiedererkennen. Zum Glück gibt es so eine Welt nicht."

„Es wär´ doch alles viel einfacher."

„Nein, komplizierter. Ständig müsste man darüber diskutieren, was der Fall ist und wie man etwas beurteilen soll. Weil jeder einen anderen Blick hat, wird alles ganz schwierig. Es erleichtert vieles, wenn man sich gegenseitig seine Illusionen gönnt. Hättest du gewusst, dass dein Vater ein ganz anderer Mann ist, der Philipp hätte nie eine Rolle für dich gespielt. So ist er eine Zeitlang wichtig gewesen. Wenn deine Mutter ihn rausgeworfen hätte, wärst du allein mit ihr aufgewachsen. Eine ledige, alleinstehende Frau mit Kind, das ist nicht leicht. Wäre dann heute irgendwas besser?"

Er dachte daran, wie ihm die Mutter vor ihrem Sprung aus dem Fenster eine Abrechnung hingelegt hatte. Das Haushaltsgeld: Fünfundzwanzig Mark mit den Kassenzetteln der letzten Woche. Eine Mark sechzehn war übrig. Daneben lag die aktuelle Einkaufsliste: Einen Laib frisches Mischbrot, Velveta Käseecken, hundert Gramm Leberwurst und Butter fürs Abendessen. Der Fremde hatte vielleicht recht.

„Die Unwahrheit kann manches vereinfachen, da geb´ ich Ihnen recht", sagte er. „Aber bringt diese Bequemlichkeit nicht immer neue Illusionen hervor? Man wiederholt doch seine Fehler. Das haben Sie vorhin selbst gesagt. Wär´ meine Mutter ehrlich zu sich selbst gewesen, hätte sie dem Philipp

239

nicht erlaubt, wieder bei ihr einzuziehen. Sie hätte ihn gleich rauswerfen müssen, als er anfing zu trinken. Vielleicht hätte er dann sogar noch die Kurve bekommen."

„Hm, Manchmal trifft eher das eine zu, manchmal das andere."

„Wie soll man wissen, was gerade richtig ist?"

Der Fremde schwieg. Auch er schien mit seinem Latein am Ende.

Andreas, den rülpsenden und wiederkäuenden Philipp vor Augen, dachte: Wer sich der Wahrheit nicht stellt, verliert schnell den Kontakt zur Welt. Die dreht sich weiter und wird immer bedrohlicher für ihn. Ein neuer Grund, sich zu verweigern. So driftet er mehr und mehr ab. Eigentlich würde er aber gebraucht, um einiges zu richten.

Er sah den Krähenschwarm vor sich, der seit Jahren das Kirchengelände besetzt hielt. Ihr Krächzen, Ratschen, Quarren, ihren Streit um jedes Stück weggeworfenes Brot. Längst hatten sie die Singvögel verjagt, die letzten Eidechsen vertilgt, die Käfer und Schnecken mit den bunten Panzern und Häuschen. Jetzt lebten sie vom Müll und gediehen prächtig. Sie vollendeten, was die Menschen angefangen hatten. Arbeitsteilig mit den Tauben schissen sie Stück um Stück die Stadt zu. Unter ihren Brutbäumen, wo es in den verzottelten Nestern nie Ruhe gab, wuchsen die Haufen. Dächer, Balkone, Gesimse, Laternen bekackten sie, nicht Mal der Kaugummiautomat blieb verschont. Manchmal hielten sie inne mit ihrem Gegröle, das konnte sich erholsam anfühlen. Doch minimale Anlässe genügten — ein kleiner Rangstreit, ein Steinwurf — um die ganze Horde in aufwallender Erregung in den kalkigen Winterhimmel aufzuscheuchen, kreischend, rasend, kreisend über den Häusern wie ein Schmutzstrudel. Es dauerte dann, bis alles ausgetobt war, und sie wieder in die kahle Lindenreihe einfielen. Krähen, Tauben, Ratten, sie lebten besser als die Menschen hier. Sie besetzten Raum um Raum, erlaubten sich mehr und mehr, während die Menschen allmählich verkümmerten. Konnte man sich vorstellen, dass sie einmal das Rathaus besetzten, Räte und Bürgermeister vertrieben und anfingen, die Stadt zu regieren? Wäre das einmal der Fall, seine Alten würden es nicht einmal bemerken.

XVI

Dem Unbekannten schien es jetzt sehr zu pressieren, Andreas war ganz gelassen. Dennoch folgte er ihm die letzte Leiter hinauf. In vierzig Metern Höhe standen sie an der Brüstung des Umgangs. Mondbeschienene Landschaft. Rhein und Neckar, die Häfen und Fabriken. Andreas erschrak vor diesem Anblick: Überall nur ausgebrannte Gebäude, leere Fensterhöhlen, kahl aufragende Schornsteine, Krater. Wo einmal die große Fabrik stand, ein Chaos aus Ruinen und verbogenen Stahlskeletten. Unter ihnen Schutthügel, zwischen denen Pfade verliefen. Im Mondlicht erschien alles Schwarzweiß, als wären der Stadt nach einem chemischen Bad sämtliche Farben ausgegangen. In einigen Kellern und Gebäuderesten wohnten wohl Menschen, weil aus Luken und brettervernagelten Fensterhöhlen Ofenrohre ragten. Wo einmal Bismarck- und Ludwigstraße standen, hatte man halbwegs freigeräumt. Auf einer der Pisten, zwischen meterhohen Schuttbergen, brummte ein Armeelaster. Auf der Ladefläche ein gutes Dutzend GIs. An diese Zeit erinnerte er sich nicht. Doch bei den Berichten von Onkel Hans, als er mit roten Ohren am Küchentisch gelauscht hatte, war es ihm manchmal vorgekommen, als sei er trotzdem dabei gewesen, so lebendig konnte der erzählen: „In den Schützengräben, vor allem an der Ostfront, gab es tagelang nichts zu essen, getrunken haben wir aus Pfützen." Tiefliegerangriffe auf die Deutsche Reichsbahn. Das Gesicht der Mutter, wenn sie über den Hunger sprach, als es trotz Lebensmittelmarken nichts zu kaufen gab. Die Nächte in halbfertigen Bunkern. Das Frühgeborene einer Nachbarin, welches zwischen dem Stillen eingewickelt in einen Bräter gelegt und in den warmen Backofen geschoben wurde, damit es in der Winternacht nicht erfror.

Der Fremde starrte mit offenem Mund. Andreas blickte in ein junges Gesicht, vielleicht Anfang zwanzig, mit kurz geschnittenem Haar. Seine Militäruniform, das begriff Andreas jetzt, gehörte in diese Zeit.

„Dass es so wenig genutzt hat...!" stieß er hervor. „Die haben uns glatt verheizt."

„Waren Sie damals hier?"

„Wir waren ein Flugmeldeposten und mussten feindliche Bomber an die Flakstellung melden. Dafür gab es spezielle Apparate. Auf der Berufsakademie haben sie uns angeworben, Offiziere von der Wehrmacht. Wer sich als Flakhelfer meldete, wurde nicht eingezogen und blieb in der Heimat."

„Sie sind freiwillig hingegangen?"

„Andernfalls wären wir an die Ostfront gekommen."

„Sie kommen also von hier."

„Ursprünglich aus der Nähe von Germersheim. Aber ich habe bei der IG Farben gearbeitet und in Mannheim gelernt. Wollte technischer Zeichner werden. War am Ende alles umsonst."

Ohrenbetäubender Glockenschlag unterbrach ihr Gespräch. Es schlug drei, vier, fünf, dazwischen rasselten die Seile, um die Hämmer für den nächsten Schlag zu heben. Sieben, acht, neun, Andreas zählte nicht mehr mit. Danach betäubte Stille. Plötzlich Sirenen. Eine ganz nah. Ihre an - und abschwellenden Panikstimmen ließen alles vergessen, stehen und liegen. Luftschutzübungen waren ihm vertraut, Probealarm gab es zweimal im Jahr. Bloß nie bei Nacht. Kein Licht weit und breit, nicht mal Laternen brannten. Doch auf der Straße wurde es lebendig. Gestalten huschten vorbei, aus den Häusern quollen sie und liefen, rannten, alle in dieselbe Richtung, mit Taschen und übergestreiften Mänteln, Mütter mit Kindern an der Hand und auf dem Arm. Erst jetzt fiel ihm auf, dass die Stadt wieder verwandelt war. Kein Schutt lag auf den Straßen, in den Blocks fehlte nur ein Teil der Häuser, ein Meer aus Dächern, Schluchten und Kaminen. Im Hafengelände erkannte er ein Krangestell. Die Fabrik schien zu arbeiten, als sei sie aus ihren Ruinen neu erstanden. Trotz der späten Stunde war es warm.

„Es ist erst Voralarm, aber ich muss ans Gerät!" sagte der Fremde. Er schritt hastig um die Turmspitze herum, die wie ein Zuckerhut ins Nachtblau ragte. In der Ecke, hinter der Balustrade stand, geschützt durchs Mauerwerk, ein hölzerner Kasten. wie ein altes Grammophon sah er aus, oben lief es in einen breiten Trichter aus. Er holte ein Fernglas aus seinem Futteral. Was sollte das jetzt nützen?

„Tagsüber beobachten wir den Himmel", sagte er, nachdem er Andreas Gesicht richtig gedeutet hatte, „nachts horchen wir, aus welcher Richtung sie kommen und geben es weiter an die Scheinwerferbatterie. Aber in einer Nacht wie heute ist es gut, auch was zu sehen."

„Wofür haben Sie diesen Kasten?"

„Damit hör´ ich", gab er zur Auskunft und hatte das Fernglas schon an die Augen gesetzt. Im Halbdunkel sah Andreas aus der Box eine Kurbel herausragen und gewundene Drähte.

„Es kann sein, dass wir von englischen Jagdfliegern angegriffen werden. Wenn sich einer nähert, musst du dich sofort dort hin werfen, hast du mich verstanden?"

Erneut heulten die Sirenen. Am Himmel schoben sich silberne Schleierwolken vor den Mond. Der Mann hantierte am Kasten, aus dem Inneren kam leises Rabenkrächzen. Auf der Straße bellte ein Hund, nur noch vereinzelt huschten Schatten über die Trottoirs.

Konzentriert lauschte der Fremde in sein Gerät, schwenkte den Trichter vorsichtig hin und her, dann eine blitzschnelle Bewegung zum Feldtelefon: „Vier zwei, zahlreiche Flugzeuge, sehr hoch, vier drei!"

Es dauerte eine Weile, bis Andreas es ebenfalls vernahm: Ein Vibrieren, das man als erstes auf der Haut spürte, dann als unterschwelliges Brummen in der Luft, das langsam anwuchs, deutlicher und lauter wurde, schließlich hörte es sich an, als läge man unter einem Bienenstock.

Scheinwerfer leuchteten auf: Zwei, drei Lichtfinger durchkämmten den Nachthimmel.

Weitere Zahlen, dazwischen schnarrte ein kleiner Lautsprecher.

„Nachmeldung zu vier sieben. Sieben bis eins, mehrmotorig, englisch, vier neun."

„Wollen Sie hier oben bleiben, wenn es anfängt?" fragte Andreas, nicht ohne Sorge.

„Auf dem Bunker drüben steht ein Flak–MG."

„Sie meinen, das hilft, wenn die Bomben fallen?"

Über dem Rhein bellten erste Geschütze. Auch hinter ihnen fing es an. Die Scheinwerfer wurden hektisch. Es herrschte ziemlich klares Wetter, eben erschien im Lichtkegel ein Flugzeug. Es tauchte ab, zog zur Seite, der Scheinwerfer folgte, ein zweiter Leuchtstrahl kam hinzu, es konnte nicht mehr entrinnen. Geschützfeuer, kleine Explosionen, denen Feuerkaskaden folgten.

„Das gibt doch jede Menge Splitter! Wenn Sie getroffen werden, wird Ihnen niemand helfen!"

Er zuckte die Schultern. Aus dem Kopf zitierte er: „Die Ehre des Soldaten liegt im bedingungslosen Einsatz für Volk und Vaterland bis zur Opferung des Lebens." Dabei griff er sich in die Jackentasche und holte mit schiefem Lächeln ein neues Zigarettenpäckchen heraus.

„Darauf würd´ ich pfeifen, wenn ich tot bin", entfuhr es Andreas.

„Das könnte deine Mutter gesagt haben.", entgegnete der Mann, während das Streichholz aufflammte.

Andreas dachte zuerst an einen Hörfehler. Dann sah er in ein erschrockenes Gesicht. Das Hölzchen brannte herunter.

„Wer sind Sie?" brach es aus Andreas heraus.

Er bekam keine Antwort. Mit schrillem Pfeifen fielen die ersten Bomben.

Die Flakabwehr hinter ihnen schoss, was das Zeug hielt, der Feindflieger im Fadenkreuz der Lichter explodierte in einem Feuerball. Da machten sich die Lichtkanonen erneut auf die Suche. Es dauerte lange. Von Westen her wälzte sich ein Hagelgewitter heran.

„Was jetzt?" Andreas kam kaum gegen das Getöse an.

„Unsere Zeit ist um!" brüllte der Andere zurück, blieb jedoch auf seinem Posten.

„Wir müssen weg, Mann!"

Er rührte sich nicht.

Da stürzte sich Andreas auf ihn, wollte ihn zur Falltür zerren, schlug nach ihm.

„Idiot!"

Sie rangen in vierzig Metern Höhe, während Sprühregen von Flakgranaten niedergingen, Splitter neben ihnen einschlugen und der Bombenhagel näher kam.

„Die Zeit ist um!"

„Du lügst dir in die Tasche, genau wie die anderen!"

„Es ist doch alles längst passiert!"

Der Mann hatte seine Handgelenke gepackt, Andreas trat nach ihm, da erhellte eine nahe Explosion sein Gesicht. Es war das Gesicht an Omas Wand, das Gesicht des Mannes, über den nie gesprochen wurde.

„Mach, dass du weg kommst", schrie er atemlos, und es war Angst in seiner Stimme.

Das Flugzeug bemerkten sie erst, als es schon anfing, auf sie zu feuern. Sie warfen sich hinter einen Eckpfeiler. Die MG-Salve fuhr in den Turm. Andreas fand die Holzklappe und stürzte über die Treppe hinunter zum Uhrenstockwerk. Die Glocke unter ihm schlug Viertel, ihr Dröhnen verhängte für Augenblicke die wild gewordene Welt. Kurz darauf deckte der Bombenteppich alles zu. Unter ihm schwankte der

Boden, Blitze schossen durch die Fensterschlitze. Der zitternde Bau schien standhalten zu wollen wie ein Betrunkener, der sich nach einem kräftigen Stoß wieder fängt, weil er nicht in die Gosse fallen will. Zitternd hockte Andreas in der Ecke, während es draußen tobte. Jetzt näherte sich Feuerprasseln. Es kam aus der Kirche. Da ging erneut die Glocke, erst die kleine, dann die mittlere, schließlich die Große. Als ob Herr Lebedier, der alte Kirchendiener, sich auf sein Amt besonnen und endlich mit dem Sturmläuten begonnen hätte. Im Halbdunkel unter sich konnte er, im flackernden Feuerschein sehen, wie die Glocken schwankend ihrem Geschäft nachgingen, sie pendelten hin und her, die sodomitische Katastrophe ringsum schien sie nichts anzugehen. Es war, als machten sie gerade eine überfällige Feststellung: „Soll man das da draußen ernst nehmen?" Dann ein Brummen, splitternd ging etwas durchs Kirchendach. Trümmer fielen, eine Explosion, und die Glocken läuteten.

XVII

Als erstes sah er die Lichtstreifen. Sie kamen von den Schalllamellen der Glockenstube und tasteten den löchrigen Putz auf der gegenüberliegenden Mauer ab. Er lag auf der Seite neben seinem Schlafsack. Während er sich langsam aufrichtete und die Glieder reckte, riefen sich die Reste eines einsamen Turmabends in Erinnerung: Leere Bierflaschen, zerfledderte Zeitschriften, leere HB-Schachteln. Von draußen wehte es warm herein, ein weiterer Hitze-Tag kündigte sich an, doch war die beredte Stille von gestern einem betriebsameren Alltag gewichen. Sein Blick blieb am rostigen Stahlgerüst hängen: Das Glockenseil hing nur noch an wenigen Fäden, fast war es durchgescheuert, doch er erschrak nicht. Der dumme Tod hatte ihn hier ja nicht gefunden. Auch Bob hatte er nicht erwischt, den er nach Berlin und später wahrscheinlich an eine andere Front geschickt hätte, Pit war hier vor seinem Alten sicher gewesen. Selbst als der Herrgott damals um vier Uhr sechsundzwanzig aus seiner Kirche auszog, war er blind am Turm vorbei gegangen. Deswegen hat er auch den Herrn Lebedier nicht gefunden, der unten die Glocken geläutet hat, mit der Kaltblütigkeit eines Verdun - Veteranen. So erzählten es die Leute im Viertel. Er habe dabei einen Stahlhelm aufgehabt, was sicherlich vernünftig war. Der Tod war dumm, weil er das Lachen aus der Welt schaffen wollte.

Draußen detonierte der Himmel. Das Turbinenpfeifen eines Überschallflugzeugs kündete vom Überwinden der Schallmauer. Das passierte jeden Tag. Seit Bob jedoch von Übungen erzählt hatte, die Piloten auf Angriffsziele in

Hessen und Bayern trainierten, weil man im Kriegsfall mit dem Vorrücken der roten Armee bis zum Rhein rechnete, erschien ihm das Himmelsereignis bedrohlich. Zum Glück gab es den Turm, dachte er. Sollte es tatsächlich einmal unvermittelt blitzen wie von tausend Sonnen, dass die Fensterscheiben vom bloßen Anblick schmelzen und die Stadttauben mitten im Flug zu rötlichen Federbällen zerplatzen, wenn Bäume und Häuser wie Streichhölzchen weggeblasen würden, wäre es gut, hier zu sein. In der japanischen Stadt, deren Namen er sich nicht merken konnte, gab es mitten drin einen Kuppelbau, der war damals einfach stehen geblieben, als sei ihn das Inferno nichts angegangen. So stellte er sich seinen Turm vor. Er war „Ein feste Burg", standhaft wie sein Namensgeber, der sich von nichts aus dem Konzept bringen ließ, „und wenn die Welt voll Teufel wär´ und wollt uns gar verschlingen." Niemals käme Andreas auf die Idee, sich in die Melanchthonkirche zu flüchten, in die Holzhütte, wo papierne Prediger papierne Reden hielten. Nur hier würde er sich verstecken und das Glockenseil in beide Hände nehmen, wie der Herr Lebedier. Hinterher vielleicht unter den herbei gewehten Trümmern wieder hervor kriechen, in der glühenden Mondlandschaft umher blicken, sich recken und strecken, vielleicht sogar lachen, weil der Tod ihn schon wieder nicht gefunden hatte, der dumme Tod, der das Lachen verbieten wollte. Stellte er sich vor.

Im Aufstehen klopfte er den Staub aus den Kleidern. Er blickte aus einem Fenster und sah eine Weile den Mauerseglern zu. Ihre waghalsigen Flugmanöver konnte kein Mensch nachmachen. Auf schmalen Mauervorsprüngen bauten sie ihre Nester und nie stürzte einer ab. Hilflos wurden sie nur, wenn sie auf dem Boden landeten. Dann musste man sie aufheben, weil sie aus eigener Kraft nicht hochkamen. Sie waren für die Menschenwelt nicht geschaffen, so wie er vielleicht auch. Fürs Kämpfen musste man geboren sein, fürs Resignieren und Gehorchen auch, beides fand da drunten statt. Für die dazwischen Lebenden, die Akrobaten, die zwischen Himmel und Erde schweben wollten, gab es keinen Platz.

Er würde sich wieder was zurechtlegen müssen für die Werkstatt, weil er bestimmt länger als nur einen Tag hier oben verbracht hatte; sein Resturlaub dürfte abgelaufen sein. Auch für die Freunde und für Marianne musste er sich was überlegen, falls sie ihn fragten. Mit dem Walter, seinem richtigen Vater, konnte er ihnen nicht kommen. Sie würden sagen: „Der Andreas säuft zu viel, er gehört in die Klapsmühle" und hätten damit vielleicht recht. Kein vernünftiger Mensch redet über Dinge, bei denen man sich leicht täuschen kann.

Das galt schon für einfache Sachverhalte, die in Wirklichkeit ja gar nicht so einfach waren. Als der Philipp noch nicht so viel getrunken hat, schnitzte er ihm sonntags im Auwald bei Rheingönnheim kleine Flöten aus Weidenzweigen, mit denen sich einfache Melodien spielen ließen. Manchmal machte er sogar beim „Mensch ärgere dich nicht" mit, und einmal, beim Vatertags-Ausflug in Dürkheim, hat er ihn, den Hänfling, sogar auf dem Buckel bis zum Bismarckturm hinauf getragen. Es gab auch die andere Seite, die verschüttete Flanke, jetzt unter Schichten von Traurigkeit begraben. Vielleicht war für ihn all das so unentrinnbar gewesen wie ein Bergrutsch. Deswegen musste die Mutter sich um ihn kümmern, deswegen hatte sie ihn nach ihrem

„Unfall" wieder einziehen lassen. Obwohl er da schon die Arbeit los war wegen seiner Sauferei. Betrachtete man die Dinge genauer, wurde alles auf einmal kompliziert und man musste sich fragen, wie man selbst diesen Schlingen entkommen wäre.

Andreas klemmte die Tasche unter den Arm und stieg langsam die Treppe hinab. Grell stach die Sonne durch die Fensterhöhlen, die ihm gar nicht mehr so traurig vorkamen.

Auch der Mutter wollte er nichts von Walter erzählen. Es würde sie aus der Bahn werfen. Ihr Mann ist der Philipp. Seinetwegen hatte sie alle Leute belogen, hatte Andreas sogar den Tod auf den Hals gehetzt. Seinetwegen hatte sie vielleicht die Affäre mit dem feschen Herrn Bellut beendet. Vielleicht machte sie sich Vorwürfe, dass es ihr nicht gelang, den Philipp in die Reihe zu bringen. Der Philipp war ihr eigentliches Kind, unbeherrscht, gutgläubig, aufsässig und ziellos. Andreas war eines zu viel für sie. Er hatte ihr schon viel zu viele Sorgen gemacht, ihr junges Leben von Anfang an versaut. Als Mutter kurz nach dem Krieg, das muss schrecklich gewesen sein. Was hätte er an ihrer Stelle gemacht? Den Philipp gegen den Herrn Bellut eingetauscht, ja, aber wäre der bereit gewesen, alles übrige mit in Kauf zu nehmen?

„Ihr werdet die Wahrheit erkennen und die Wahrheit wird euch frei machen." Hm, seinen Konfirmationsspruch hatte er zerrissen, aber offenbar hat er sich nicht abschütteln lassen.

Wenn er sich selbst beobachtete, spürte er keine Trauer mehr wegen der Mutter. Er brauchte sie längst nicht mehr. Seit sie ihn aus seinem alten Leben warf, hat er angefangen zu wachsen, und das hat nicht aufgehört bis heute. Das sieht auch Marianne so. Die er nicht mehr vom Turm aus beobachten muss. Die auch schon lange nicht mehr im Wohnzimmer den Fernseher anschaltet und sich vorm Fenster frisiert.

Am Freitag wird er sie vom Büro abholen. Bei der Anilin macht sie eine halbe Stunde später Schluss, damit er es mit seiner Kreidler zum Tor Zwei schafft. Zu zweit will er mit ihr durch den Hemshof gehen, das Fahrzeug neben sich her schieben. Er muss es noch putzen. Die Pommibude am Ludwigsplatz. Mit den duftenden Tüten werden sie sich in die Anlage beim Café Laul setzen. Die Bänke unter den Platanen stehen ungestört. Er fürchtet sich vor seinem Herzklopfen und einer brüchigen Stimme, sie darf das nicht bemerken, sonst wird es schlimm für ihn. Er muss möglichst lässig wirken wie ein Hardy Krüger oder besser wie ein Humphrey Bogart in „Casablanca." Er weiß noch nicht wie er das hinbekommt, aber er ist fest entschlossen, seine Angst auszuhalten, damit es ihm nicht geht wie den Alten. Zum Glück hat er das Moped. Er wird sie irgendwann einladen, auf seinem Sozius Platz zu nehmen, dann braust er mit ihr über die Rheinbrücke. Das macht Eindruck, ohne dass man viel dazu tun muss. In Mannheim der Luisenpark, die Reißinsel, das Rheinufer. Er wird mit ihr spazieren gehen, vom Saumpfad aus werden sie dem Fluss hinterher schauen. Sie werden vielleicht am Ufer sitzen. Es duftet dort würzig nach dem Wasser, nach den Trauerweiden vom Park und aus den Feuchtwiesen melden sich tausend Blüten. Hier erbrechen sich keine Abwasserrohre wie sonst überall.

Viele Orte hat er sich überlegt. Ins Kino sowieso und irgendwann auch nach Altrip an die blaue Adria, wo man sich in Badesachen sieht. Man kann nur nicht gleich beim ersten Treffen damit kommen, das wirkt wie mit der Tür ins Haus. Sie wird nicht weniger befangen sein als er, das spürt er.

Schon beim ersten Mal hat er gemerkt, dass sie über alles reden können, sogar über den Philipp. Sie versteht so viel, ganz anders als früher, wo sie manchmal in der Clique dabei war und über etliches den Kopf schüttelte. Weil eben nur Buben verstehen, dass manches geheim zu bleiben hat, oder dass es manchmal einfach krachen muss. Sie ist dann weg geblieben. Jetzt kann sie das alles erklären, viel besser als er. Sie sieht so verdammt gut aus, dass es ihn einzuschüchtern droht. Er wird es überspielen müssen. Mit Reden. Über alles, was bisher zu beschweigen war. Außer über den Walter natürlich.

XIII

Zwei Tage später hatte sich Andreas immer noch nicht in der Werkstatt gemeldet. Er war ziellos durch die Straßen gestreift, vor Schaufenstern stehen geblieben, ohne etwas zu sehen, blind in der Tortenschachtel die Rolltreppen rauf und runter gefahren. Hausfrauen an den Grabbeltischen hat er angerempelt, am Bahnhof wäre er fast in ein Taxi gelaufen. In der Schalterhalle gingen ihm die Augen wieder ein wenig auf. Hinter den Scheiben die Fahrkartenverkäufer, die sonst streng aus ihren Bundesbahnuniformen blickten. Sie schienen ihn einzuladen, näher zu treten. In den Blechautomaten, aus denen sie die braunen Fahrkarten zogen, gab es da nicht ganz viele Fahrziele? Da warteten doch dutzende, hunderte von Kärtchen darauf, ausgewählt und gestanzt zu werden. Nie hatte er sich für ein Ziel entschieden. Dabei war es so einfach. Es lockten jetzt auch die ganzen Zeitungs- und Zeitschriftenauslagen, die er sonst nicht beachtete. Das Bahnhofsrestaurant bot Stammessen auf einer Tafel in schwungvoller Kreideschrift, wie weit würde sein Geld reichen? Man musste zwischendurch etwas essen, doch was wäre mit Marianne?

Er wandte sich um und trat vor die Halle. Mittagssonne stach durch die dichten Dunstschleier, er musste die Augen schließen. Die Fabriksirene tönte.

Da fasst ihn jemand auf die Schulter.

„He, was ist los? Wo warst du denn? Hat der Pit dich mit seiner Grippe angesteckt?"

Er blickt in Jürgens Gesicht. Der ist ganz aufgekratzt. Es muss sofort heraus.

„Stell dir vor, der Bob hat angerufen!"

„Aus Frankreich?"

„Er hat in Paris zwei Landsleute getroffen. Auch ehemalige GIs. Die sind vor ´nem Jahr schon abgehauen und betreiben jetzt im Süden ein Bistro. Direkt am Strand. Das ist in einem Ort bei Nizza. Die könnten noch einen brauchen, der bei ihnen einsteigt."

Andreas braucht einen Moment, um zu begreifen.

„Und deine Schwester?"

„Die fährt natürlich hin, was denkst du denn? Bob hat eine Adresse durchgegeben und eine Telefonnummer. Ich fahr mit. Mit dem Schnellzug über Paris nach Marseille, oder direkt über Straßburg, ich weiß noch nicht. Dann müssen wir weiter sehen. Hab erst mal Urlaub genommen. Kommst auch mit?"

Was eine Frage!

Andreas sieht sich mit Jürgen, seiner Schwester, Bob und Marianne am Strand liegen. Aus den Musikboxen der Strandkneipe dröhnen Bill Haley und Elvis: „Rock around the Clock"und „Are you lonesome tonight". Sie trinken Cola aus der Flasche, und wenn sie Lust haben, gehen sie rüber in eine der Eisdielen. Die reihen sich an der Strandpromenade wie Zugvögel auf einer Freileitung. Bob wird ihnen das Schwimmen beibringen, dann können sie ins Meer, das hier so blau strahlt, dass einem die Augen davon schmerzen.

Sie haben eine eigene kleine Kneipe, dort teilen sie sich die

Arbeit, jeder von ihnen verdient mehr als in der Werkstatt und sogar mehr als bei der Anilin. Wenn es sich ergibt, reparieren sie einem Franzosen gern auch mal den Peugeot. Es fahren viele davon herum, die meisten ziemlich altersschwach. Im Prinzip gäbe es viel zu tun, aber eine Reparaturwerkstatt wäre ihnen zu viel. Unter der Woche, wenn weniger los ist, setzen sie sich auf ihre Motorräder und fahren in den Bergen der Provence herum, Weinberge, Obstplantagen, Lavendelfelder, ab und zu ein Dorf im Tal. Sie tragen Lederjacken wie Elvis und frisieren sich die Haartolle mit viel Pomade.

An Ludwigshafen denken sie nur selten. Die Einberufung zum Wehrdienst hängt mit einer Stecknadel gepinnt am Korkbrett. Von früher sprechen sie wenig, weil so viel Neues passiert. Er wohnt mit Marianne in einer kleinen Wohnung mit Blick aufs Meer. Sie leben zusammen, ohne verheiratet zu sein, bis vielleicht einmal Kinder kommen. Ob sie irgendwann zurück kehren? Vielleicht, nach Jahren, wenn sie genug Geld beisammen haben, um an der Blauen Adria ein Ausflugslokal zu eröffnen, das zugleich aber eine Art Tanzlokal sein soll. Tag und Nacht Rock 'n Roll oder so. Oder auch nicht. Das wird alles nicht mehr so wichtig sein.

Nur Walter wird ihm manchmal im Kopf herum gehen. Davon wird er zu niemandem etwas sagen. Der Einzige, mit dem er sich vorstellen kann, noch einmal über ihn zu sprechen, wäre der alte Herr Lebedier. Der sicherlich manchmal noch mit Stock und Baskenmütze auftaucht, um seine Runde durchs Quartier zu machen. Früher hat er ihnen nachgestellt, als die Gerüchte aufkamen und wenn er sie auf dem Grundstück herumlungern sah. Heute glaubt Andreas, es tat ihm weh zu sehen, wie barbarisch in seiner früheren Kirche gehaust wurde. Halt so, wie man es Halbstarken zutrauen musste, die mit zornigen Mopeds vorfuhren und auf der Freifläche ihre Kofferradios anstellten. Halbstarken wie ihnen.

Er würde ihn gern fragen, wie das damals war, als ihr Viertel in Schutt und Asche fiel. Ob er einen Walter gekannt hat, der oben im Turm Flugzeuge beobachtet hat. Und warum er nicht in den Bunker, sondern in die Kirche geflüchtet ist. Und ob er manchmal noch seine Glocken hört, die er mitten im Bombenhagel geläutet hat. Er stellt sich vor, wie der alte, schrullige Kirchendiener auf einmal gesprächig würde. Wie er mit raunendem Unterton von seinen Träumen erzählt, in denen er wieder an den Seilen zieht, damit sein Turm stehen bleibt, während um ihn herum die Hölle tobt, und es ist jedes Mal vier Uhr sechsundzwanzig. Um vier Uhr sechsundzwanzig sei unser Herrgott aus seiner Kirche ausgezogen, sagten die Leute. Aber Andreas glaubt das heute nicht mehr. Wäre er wirklich ausgezogen, wäre vieles in seinem Leben anders gekommen. In Wahrheit war es doch so, dass der alte Herr Lebedier ihn einfach nicht hat gehen lassen.

Ich bedanke mich bei

Klaus Haag, der Korrektur gelesen hat, Barbara Franke und Caroline Anslinger für Kommentare und Anregungen, Ralph Schock für letzte Anmerkungen und Nicole J. Küppers, der Verlegerin.

WINFRIED ANSLINGER

Winfried Anslinger – DER AUTOR

Geboren 11.8.1951 in Ludwigshafen/Rhein

Grundschule, Abitur.

Spielte kurz in einer Band und Laientheater.

Studium Theologie, Psychologie, Philosophie und VWL in Heidelberg.

Studienreisen, u.a. nach Indien, Ostafrika, Israel.

Tätigkeiten im Asta, Studentenparlament und Selbstverwaltungsgremien der Universität Heidelberg.

Umwelt und Friedensbewegung

Bis 2013 als evangelischer Pfarrer in Homburg (Saarpfalzkreis) tätig.

80er und 90er Jahre Kandidatur zu Bundes und Landtagen auf aussichtslosen Plätzen.

Vorstand in der „Energiewende Saar e.V." und NABU, Kommunalpolitiker.

Seit 1982 verheiratet, 5 Kinder und viel Besuch, Ehefrau spielt im „Homburger Frauenkabarett."

Mitglied im „Literarischen Verein der Pfalz", im VS und im Literaturwerk Rheinland Pfalz/Saar. Seine Erzählungen und Romane (bzw. Projekte) spielen in der Vorderpfalz und den angrenzenden Regionen zwischen Saarbrücken und Heidelberg.

Verzeichnis von Veröffentlichungen und Erzählungen (seit 2006):

„Wassermusik für Frau Bercelius", Erzählungen aus Dreiviertelland, 187 Seiten, Zweibrücken 2006

„Schmidt & Sohn", Roman, 765 Seiten, Bocholt 2010

„Windsbraut", neue Erzählungen aus Dreiviertelland, 158 Seiten, Reihe Schrittmacher Zell/Mosel 2010

„Gott und Antigott", Essay in: „Chaussee" Nr. 21 (2008) „Faust und andere Teufel"

„Im Käferthaler Wald", Erzählung, in: „Chaussee" Nr. 18 (2006) „Wald- uns Deutschen ans Herz gewachsen"

„Reise nach Mesanesien", Erzählung in: „Chaussee" Nr. 26 „Was uns allen in die Kindheit scheint"

„Am Rosenmontag", Erzähllung in: „Streckenläufer" Nr. 22

„Friedelslegende", Erzählung in: „Neue literarische Pfalz" (NLP) Nr. 35

„Brautstrauß" in: Detlev Kirschnik (Hrg) „Luftküsse"

„Lutherturm", Erzählband, 240 Seiten , Bocholt 2018

„Evolution oder Schöpfung?" (zusammen mit Erich Steitz und Manfred Müller), Essen, Oldib Verlag, 2017

und weitere literarische Beiträge in „Pfälzisches Pfarrerblatt", deutsches Pfarrerblatt und NLP

derzeitige Projekte:

Holidaypark (Kurzroman, soll Sommer 2018 fertig sein)

Hilberthaus (Roman, geplant 2019)

Winfried Anslinger

Emilienstr. 45

66424 Homburg

winfried@anslinger.de

Tel.: 06841 - 64422